KB042905

노는영어

노는영어

초 판 1쇄 2022년 01월 20일

지은이 노관평
펴낸이 류종렬

펴낸곳 미다스북스
총괄실장 명상완
책임편집 이다경
책임진행 김가영, 신은서, 임종익, 박유진

등록 2001년 3월 21일 제2001-000040호
주소 서울시 마포구 양화로 133 서교타워 711호
전화 02) 322-7802~3
팩스 02) 6007-1845
블로그 http://blog.naver.com/midasbooks
전자주소 midasbooks@hanmail.net
페이스북 https://www.facebook.com/midasbooks425

© 노관평, 미다스북스 2022, *Printed in Korea*.

ISBN 978-89-6637-232-4 03190

값 15,000원

미다스북스는 다음세대에게 필요한 지혜와 교양을 생각합니다.

올 해 도 영 어 공 부 를 다 짐 했 던 당 신 에 게

노 는

P.L.A.Y.

영 어

노관평 지음

미다스북스

이 책이 한국에 필요한 이유

이 책은 당신에게 영어를 습득하는 비법을 알려준다고 약속하는 책이 아니다. 나는 당신이 생각조차 못 해본 기발한 방법을 제시할 수도, 당신을 단기간에 영어 실력자로 만들 수도 없다. 어쩌면 이 책은 당신에게 시간 낭비일 수도 있다. 책의 제목에 내가 하고 싶은 말이 다 담겨 있기 때문이다. 〈노는영어(Playinglish)〉. 놀면서 배우는 영어, 그것이 전부다.

나는 항상 궁금했다. '왜 한국어는 말부터 배웠는데 영어는 글부터 가르치는 걸까?' 당신이 한국에서 학교를 다녔다면 제도권 교육의 영어 수업이 얼마나 비효율적인지 경험했을 것이다. 나는 한국에서 영어를 10년 동안 배웠지만 영어를 한마디도 하지 못했다. 그것이 내가 미국으로 떠난 이유이고, 당신이 서문을 읽고 있는 이유일 것이다.

당신도 알다시피 해외 생활을 한다고 마법처럼 외국어 실력이 향상되지도 않는다. 외국인 친구라도 사귀어야 할 텐데, 어떤 자비로운 외국인이 말도 안 통하는 사람과 시간을 보내면서 대화가 가능할 정도의 영어 실력을 갖출 때까지 기다려줄까? 대체 누가 소중한 여가 시간에 손짓 발짓해가며 놀아줄까?

만약 당신이 미국으로 떠났을 당시의 나보다 영어를 잘해서 기초 회화가 가능하다고 치자. 그럼 원어민 친구를 만들기 쉬울까? 여전히 어렵다. 새로운 사람과 친해지는 과정을 생각해보자. 몇 살인지, 어디 출신인지, 관심사가 뭔지, 공통점을 찾아 공감대를 형성하면서 우리는 가까워진다. 하지만 살아온 환경도, 자라온 문화도, 학창 시절 경험도, 즐겨 보던 TV 프로그램도, 자주 하던 놀이도, 무엇 하나 겹치는 것이 없는 외국인이 나와 무슨 이야기를 하며 친해질 것인가? 식사 여부, 날씨, 취미, 좋아하는 영화, 배우, 가수 등 1시간이면 대화거리가 소진될 주제로는 깊은 소통이 힘들다. 어쩌면 그가 한국 문화를 좋아해서 한국인인 당신과 친해지고자 할 수도 있다. 그러나 당신도 한국 문화의 열렬한 팬이라 함께 덕질할 수 있는 것이 아니면 몇 번의 만남 이상의 관계 발전은 어렵다.

나 또한 그랬다. 언어도 안 통하고 외국인과 공유할 관심사도 없었다. 비싼 돈을 내고 어학원에서 영어를 배웠지만 식당에서 주문하고 마트에서 장을 보고, 혹은 가끔 운 좋게 시작된 대화에서 훌륭한 리액션으로 상대의 기분을 좋게 만드는 것 외에는 외국에 살면서 기대할 수 있는 언어적 이점을 발견하지 못했다. 나의 영어 실력은 2년간 제자리였다.

미국 학교에서 공부는 잘했다. 원래 나는 학창 시절 OMR 카드만 받고 시험지는 뒤로 넘기는 학생이었다. 그러나 예전의 나를 모르는 사람들에게 나는 공부를 잘하는 사람이었다. 내가 모은 돈으로 낸 학비가 아까워서 열심히 했기 때문이었다. 열심히 하다 보니 열심히 하는 것에 익숙해졌다. 맨 앞에 앉아 필기하고, 남들의 서너 배 시간과 노력을 투자했다. 과제는 친구들에게 검토를 받아 제출하고 시험 기간에는 잠 안 자고 공부하면서 성적을 유지했다. 공부에 대해서는 여한이 없을 만큼 후회 없이 공부했다. 하지만 영어로 수업을 듣고 공부해도 나의 영어 실력은 형편없었다. 그럼 이쯤에서 궁금할 것이다.

'그럼 넌 뭐가 잘나서 영어 관련 책을 썼냐?'
'이 책엔 뭐가 담겨 있냐?'

간단하다. 평생을 공부하고 외국에 나가서 살면서도 빌빌대던 내 영어 실력이 급속도로 성장하게 된 경험, 그 이후 지금까지도 나에게 실험하고 있는 영어 습득법, 실험체 노관평을 관찰하며 깨달은 언어 학습의 진리를 많은 사람들에게 알리고자 이 책을 썼다. 진리라는 어휘에서 무거운 책임감이 느껴진다. 진리가 네잎 클로버도 아니고 어디 쉽게 찾을 수 있는 것인가? 하지만 언어 학습에는 진리가 있다. 언어는 공부하는 것이 아니다. 익숙해지는 것이다. 우리가 학창 시절에 외우고 문제 풀면서 배운 것은 언어가 아니다. 문자다. 영어가 아니라 영문인 것이다. 영어는 외울 필요가 없다. 많이 보고 들으면서 익숙해지면 되는 것이다.

이 책은 영어에 노출되는 시간을 늘려서 당신도 모르는 사이에 영어에 익숙해지는 방법을 제시한다. 또한 '꽤 그럴듯하네? 나도 어디서 들어봤는데, 당신도 똑같은 소리를 하네. 시간 나면 해볼게.'라고 생각하는 당신을 설득하는 내용이 담겨 있다.

영어 습득을 더 이상 미루지 말라. 지금 당장 시작하면 내년에 영어로 놀고 있을 것이다. 그러나 시작하지 않으면 내년에 당신은 또다시 영어 공부를 다짐하고 있을 것이다. 당신은 과거 10년간 영어를 배웠음에도 영어를 못하지만, 지금 시작하면 3년 뒤에는 외국인과 영어로 대화할 수 있다. '가벼운 회화는 2년 전에 되기 시작했지.'라고 회상할 수 있다. 여행지에서 눈이 마주친 외국인에게 안부를 묻고 공통 관심사를 찾아 수다 떨며 짜릿한 일상 탈출을 경험할 수 있다. 우연히 만난 인연과 영원히 헤어지는 것의 반복을 끝내는 것이다. 평생 영어 한마디 못 하던 당신이 갑자기 영어 강사가 될 수도 있다.

그게 바로 나다. 단어 암기가 싫어서 영포자(영어 포기자)로 학교를 졸업하고, 문법 하나 배우지 못한 채 성인이 되어 26살에 미국으로 떠났다. "Thank you.", "Yes.", "No."만 할 줄 알던 내가 이제는 정보 습득을 영어로 하고, TV를 영어로 보고, 오디오북을 영어로 듣는다. 한국어 없이 살 수 있는 사람이 되었다. 여전히 문법과 철자는 잘 모른다. 하지만 영어로 사는 데 아무런 문제가 없다. 영포자가 해냈는데, 당신이 못 할 이유가 무엇인가?

나는 누구나 놀면서 영어를 배울 수 있다고 확신한다. '야 너도 영어할 수 있어!'라는 카피가 떠오른다. 〈노는영어〉는 책값 외에 어떤 추가적인 결제를 요구하지 않는다. 정해진 커리큘럼도, 준비된 자료도 없다. 하지만 당신의 취향에 맞게 최적화된 영어 습득 경험을 하게 될 것이다.

광고에서는 '너도 영어 강사들처럼 완벽한 영어를 하게 될 것'이라고 약속하지 않는다. 그러나 나는 약속할 수 있다. 당신은 나처럼 영어를 할 수 있다. 게다가 당신이 영어로 노는 것을 넘어 공부도 할 의지가 있다면, 당신은 나보다 영어를 더 잘하게 될 것이다. 나는 하루 30분씩 6개월이면 입이 트인다고 약속하지 않는다. 하지만 1년, 2년, 3년… 연 단위로 눈에 띄는 발전을 이룰 것이라고 약속할 수 있다.

어린아이들이 말을 배우는 과정을 지켜본 적이 있는가? 6개월 만에 새로운 언어를 구사하는 아이는 드물다. 아이들이 그러한데 한국어 패치가 끝난 우리가 어떻게 짧은 시간 동안 외국어를 습득하겠는가? 영어로 노는 데 투자할 수 있는 시간에 따라 다르겠지만 평균적으로 1년 안에 영어에 익숙해지고, 2년이면 영어에 능숙해질 것이다.

명심해야 할 것이 하나 있다. 여기서 말하는 영어에 '능숙해진 상태'는 미국의 중학생 수준이 아니다. 그건 능숙해진 수준이 아니라 그냥 영어 원어민이다. 영어를 모국어로 사용하는 10대 인간의 언어 능력을, 한국어를 쓰며 성인이 된 우리가 얻을 수 있다고 생각하는가? 언어 학습의 목표를 원어민 수준으로 두는 것은 새총으로 '250미터 엎드려 쏴'를 하는 것과 같다. 우리는 2미터 앞의 물병을 목표로 연습해야 한다.

우리의 첫 번째 목표는 영어로 생각을 표현하는 것이다. 문법, 단어, 발음, 억양 등을 신경 쓰지 않고 내 머릿속에 있는 영어 지식을 총동원해서 하고 싶은 말을 영어로 표현하는 것이다. 그것이 1년 안에 이뤄질 일이다. 그리고 3년 뒤에는 미국의 4세 어린아이 수준이 목표다. 즉 이제 말을 시작해서 정치적 · 철학적 논의는 어렵지만 영어로 듣고 말하고 읽고 쓰는 일상생활을 영위하는 수준이다. 영어권 국가의 4세 어린아이 수준이야말로 우리에게는 2개국어 사용자라고 할 만한 외국어 능력의 기준이다.

　그때부터 당신에게 영어는 외국어가 아니다. 제2의 언어이다. 당신은 한국어와 영어를 번갈아가며 의미를 전달하고 정보를 습득할 수 있다. 그리고 당신이 영어에 대한 노출을 끊어버리지 않는 이상, 당신의 영어 실력은 당신의 모국어 실력을 따라 전진만 할 뿐 후퇴하지 않을 것이다. 그렇게 되는 데 3년이라는 시간은 결코 긴 시간이 아니다.

　당신이 학창 시절에 〈노는영어〉를 시작했다면 어땠을 것 같은가? 혹은 당신의 자녀가 작년에라도 〈노는영어〉를 시작했다면? 아쉬운 마음이 드는 당신을 위해 당신의 자녀 또는 미래의 자녀를 위한 영어 학습 지도 방법을 담았다. 핵심은 같다. 하지만 취향과 주장이 발달하지 않은 아이들은 지도와 관심이 필요하다. 저자가 한국에 돌아와서 다양한 수준의 아이들을 가르치며 깨달은 점을 토대로 적었다. 분명 도움이 될 것이다.

　'당신은 왜 영어를 배우고 싶은가?'

　이 질문은 틀렸다. 이에 대한 답으로는 영어 학습을 3개월도 유지할 수 없다.

'당신은 왜 영어를 배워야 하는가?'

이 질문에 대한 명확한 답이 있다면, 혹은 찾고 싶다면 다음 장을 넘겨도 좋다. 당신이 영어를 배워야 하는 이유, 당신의 목표를 달성하기 위한 재미있는 도전을 이제 시작해보도록 하자.

나는 최선을 다해 당신을 설득할 것이다. 영어로 놀라고, 놀다 보면 영어를 잘하게 될 것이라고. 당신이 설득된다면 당신은 목적을 이룰 것이고, 그렇지 않다면 당신은 내년에 또다시 영어 공부를 다짐하고 있을 것이다. 누군가는 이 책의 논리적 오류를 찾는 데 힘을 기울일 것이다. 믿고 싶지 않은 것의 이유를 찾는 것은 너무나 쉬운 일이니까. 하지만 이미 영어를 잘하는 사람이라면 이 책을 관통하는 나의 주장을 부정할 수 없을 것이다.

나는 3년 만에 영어 공부의 늪에서 탈출했고 그 방법을 정리하는 데 또다시 3년이 걸렸다. 여기 그 결과물이 있다. 선택은 당신의 몫이다. 그럼 시작해보자.

목차

공부하지 말고 익숙해지세요

▶ PART 2

PLAY-ENGLISH! 노는 게 답입니다

PART 1

P.L.A.Y.

공부하지 말고
익숙해지세요

▶ 01

당신이 영어를 욕심내야 하는 이유

영어의 세상에는 이렇게 많은 이야기가 있구나!

2010년 여름, 친구의 소개로 가입한 패션 커뮤니티에서 저는 패션의 매력에 빠졌습니다. 처음에는 멋있어 보이고 싶은 욕구였습니다. 동경하는 연예인을 따라서 입고 나가면 괜히 어깨가 으쓱했습니다. 그러다 점차 나만의 취향이 생기면서 해외 패션 정보를 찾아보기 시작했습니다. 하지만 한국어로 된 정보는 영어로 된 정보에 비하면 턱없이 부족했습니다. 게다가 당시의 번역기 수준은 처참했습니다. 번역되어 나오는 것을 보면 한국어인데도 이해하는 데 많은 시간이 필요했죠. 영어를 잘하고 싶은 욕구가 생겼습니다.

인터넷 세상에 한국어로 된 데이터는 얼마나 될까요? 일단 우리가 자주 쓰는 네이버만 해도 끝을 알 수 없는 방대한 양의 자료가 있습니다. 그 외에도 구글, 페이스북, 인스타그램, 트위터에 한국어로 검색을 하면 수천만 개의 검색 결과가 나타납니다. 한국 문화 열풍에다가 경제력 순위도 10위권인데 한국어로 된 데이터가 못해도 5%는 되지 않을까 생각했습니다. 하지만 현실은 달랐습니다. 인터넷상에 한국어 데이터는 0.6%에 불과합니다. 반면 영어는 60%에 육박합니다.

네이버와 다음이 섬이라면 영어로 된 인터넷 세상은 대륙입니다. 작은 섬에서 태어난 아이가 마침내 그 섬을 떠나는 날, 점이 되어 사라지는 고향을 뒤로하고 저 멀리 수평선을 가르며 나타나는 대륙을 바라보는 기분. '이렇게 많은 사람들이 여기서 생각을 나누고 있었구나.' 제가 영문 커뮤니티에 입문하면서 받은 느낌입니다.

그래도 10년 배웠는데 겨우 레벨 2라니

2012년 봄, 가로수길. 패션 커뮤니티 사람들과 모임을 가졌습니다. 외국에서 온 동생이 한 명 있었어요. 영국에서 유학을 하다가 온 친구인데, 그 친구가 들려주는 유럽의 패션 이야기는 정신을 쏙 빼놓을 만큼 재미있었습니다. 웃기는 일화가 있거나 말을 재미있게 하는 것도 아니었어요. 단지 외국에서의 삶에 대한 동경과 '영어를 할 줄 아는 한국인이 외국에 살면 어떤 느낌일까?' 하는 생각에 빠져 그의 목소리에 집중했습니다.

그날 저는 외국에 나가기로 결심했습니다. 그때 당시 저는 전문대에 다니면서 편입을 준비하고 있었습니다. 편입 학비를 위해 붓던 적금이 떠올랐습니다.

'이 돈으로 미국에 가자. 한국에서 학교를 2년 더 다니느니 미국에서 영어를 배우는 게 낫겠어.'

지금 생각해보면 참 무모한 생각이었습니다. 어떤 계획이나 뚜렷한 목표가 있는 것도 아니었어요. 당시 제 나이는 26살이었습니다. 미국에 대한 동경과 영어를 배우고 싶다는 욕구, 그리고 취업 압박에서의 도피. 그게 저를 미국으로 가게 한 동기였습니다. 친척들이 사는 플로리다, 캘리포니아, 워싱턴 중 한 곳에 가면 되겠다고 생각했고, 이듬해 저는 미국땅을 밟았습니다.

미국 어학원에서 본 레벨 테스트는 충격적이었습니다. 그래도 나름 10년 동안 영어를 배운 데다가 듣기 연습을 위해 〈굿모닝팝스〉를 하루 두 번씩 들었습니다. 그런데 레벨 2가 나왔습니다. 참고로 레벨 1은 알파벳을 배웁니다. 26살의 저는 알파벳을 알고, 영어로 된 글자를 읽을 수 있는 수준이었던 겁니다.

미국에 갈 때 5개월치 어학원 학비를 결제하고 갔기 때문에, 5개월 뒤에도 칼리지(college)로 편입하지 못하면 집으로 돌아가야 하는 상황이었습니다. 자주 쓰이는 문장과 템플릿을 외워서 겨우 칼리지에 입학할 수 있는 토플 점수를 받았습니다.

여전히 대화를 이어가는 것은 불가능했지만 충분한 시간이 주어지면 하고 싶은 말을 영어로 꺼낼 수 있는 수준으로 들어간 칼리지에서의 첫 1년은 힘들었습니다.

미국 학생들은 5분이면 읽고 5분이면 쓸 수 있는 A4 용지 한 페이지 분량의 일일 과제가 있었는데, 저는 그것을 읽는 데 1시간, 문제를 이해하는 데 10분, 문제의 답을 적는 데 또 1시간이 걸렸습니다. 그래도 재미있었습니다. 자유분방한 미국의 대학 강의실에 앉아서 외국인과 함께 강의를 듣는 내 모습, 영화에서나 보던 장면에 내가 있는 경험은 비록 그것이 상상했던 것처럼 낭만적이진 않을지라도 꿈처럼 느껴졌습니다.

정말, 정말 영어를 잘하고 싶었어요

미국은 다인종 국가입니다. 다양한 국가 출신의 사람들이 함께 어우러져 삽니다. 영어권 국가에서 온 친구들은 생활에 불편함이 없었어요. 억양이 조금 다를 뿐 영어가 유창한 그들은 미국인들과 편하게 지냈습니다. 나도 하고 싶은 말이 머릿속에 가득한데, 저 대화에 끼고 싶고 저 사람과 친해지고 싶고 저 무리의 일원이 되고 싶은데, 소통의 기본인 말이 안 나온다는 사실이 너무 답답했습니다. 정말, 정말 영어를 잘하고 싶었어요.

아시다시피 한반도를 벗어나면 우리의 모국어로 의사를 전달하기 어렵습니다. 호주 사람은 서양의 어느 나라를 가도 언어에 대한 걱정을 하지 않죠. 나의 모국어가 세계 공용어인 기분, 저는 앞으로도 절대 느껴볼 수 없는 기분일 것입니다. 경기도에 사는 내가 여수시 돌산읍에 위치한 맛집을 찾아가려고 할 때 언어 걱정을 하지 않는 것처럼, 영어는 세상을 여행하는 데 있어 불필요한 걱정을 덜어줍니다. 읽고 쓸 줄은 몰라도 됩니다. 듣고 말할 수만 있으면 되죠.

여행을 하다 보면 옆자리에 앉은 사람과 대화를 하게 되는 경우가 생깁니다. 저는 미국에 가던 날 비행기에서 만난 사람과 친해졌습니다. 60대 흑인 남성 지미. 그는 저의 손짓 발짓 영어를 다 이해해줬습니다. 시애틀 공항에서 헤어지면서 이메일 주소를 교환했습니다.

한 달 뒤, 그는 시애틀까지 7시간을 운전해 저를 만나러 왔습니다. 함께 저녁을 먹었고, 그 인연은 8년이 지난 지금까지 이어지고 있습니다. 당신이 영어를 배워야 하는 이유가 오로지 여행에서 자신의 의사를 전달하는 데 있고 외국인 친구를 사귈 마음은 없다면, 지금 이 책을 덮고 회화책을 펼쳐서 암기를 시작하세요.

Can I try this on? (입어봐도 돼요?)
You know where bathroom is? (화장실이 어디예요?)
I'm from South Korea. (저는 한국에서 왔어요.)
Hey, excuse me, do you guys have kimchi? (저기요, 여기 혹시 김치 있나요?)

회화책에는 특정 상황에서 사용하는 표현들이 정리되어 있습니다. 나의 말에 답하는 상대의 대답도 적혀 있지만, 그 대답 이후 이어질 수 있는 대화는 고려되지 않습니다. [일방적인 의사 전달 → 예상되는 대답 → 대화 종료]의 구조입니다. 어쨌든 내가 하고 싶은 말을 했고 대답도 들었으니 대화라고 할 수는 있겠습니다만, 그게 정말 대화일까요? 감정이 담기지 않은 정보의 교환은 번역기로도 할 수 있습니다. 타지에서 우연히 만난 소중한 인연과 짧은 만남을 끝으로 영원히 헤어지는 것의 반복을 당신은 영어로 막을 수 있습니다.

두 개의 언어를 안다는 것은 두 개의 영혼을 갖는 것과 같다

샤를 마뉴는 말했습니다. "두 개의 언어를 안다는 것은 두 개의 영혼을 갖는 것과 같다." 내 할 말만 하는 회화에서 벗어나 그 언어를 내 것으로 만들면 그 문화에 맞는 새로운 페르소나가 생깁니다. 저 같은 경우는 영어를 쓸 때 '목소리를 깔고 말을 짧게 하는 무심한 남자' 가면을 씁니다. 그 가면 뒤에서 저는 자유를 느낍니다.

이제는 너무나 익숙해서 편하다고 여기지만 상황과 상대에 따라 태도와 언어를 달리 써야 하는 한국 문화는 꽤 많은 에너지를 소모합니다. 하지만 영어를 사용하면 누구에게나 똑같은 나다움을 보일 수 있습니다. 살갑지는 않지만 배려하고, 대화를 주도하기보단 듣고 공감하는 사람, 상대에 대한 관심을 질문과 리액션으로 표현하는 사람. 저는 그런 사람이었습니다.

화가는 그림으로, 음악가는 음악으로, 사진작가는 사진으로 말합니다. 예술은 그들의 내면을 표현하는 방법, 즉 또 다른 언어입니다. 당신은 어떤 언어로 자신을 표현하고 계신가요? 옷, 신발, 핸드폰 케이스, 화장, 헤어스타일, 손톱, 안경, 플레이 리스트, 취미 등 나를 표현하는 방법이 많아질수록 삶은 풍요로워집니다. 새로운 언어를 배우는 것은 그들의 감성, 문화, 가치관을 받아들이는 것입니다. 그들의 언어로 나를 표현하는 것을 넘어, 그들의 감성을 내 방식대로 표현하는 것이 가능해집니다.

여행을 못 가니 영어로 표현할 일이 없다고요? 이 책은 앞으로 영어 콘텐츠를 소비하는 법뿐 아니라, 영어로 입장 가능한 정보의 바다에서 영어로 노는 법도 소개할 것입니다. 영어로 보고 듣고 읽고 쓰고 말하는데 어떻게 영어에 익숙해지지 않을 수 있을까요?

02

번역기의 시대, 그럼에도 불구하고

이제 더 이상 영어를 배울 필요가 없는 것일까요?

'지이잉.' 조용한 방의 정적을 깨는 진동이 울립니다. 고개를 돌려 확인하니 한국에 사는 친구에게 메시지가 왔습니다. '지잉, 지이잉.' 하나가 아닌가 봅니다.

"도움이 필요해. 뭐라는지 모르겠어. 왜 딜레이 된 거지? 직구한 운동화인데 내가 뭘 해야 되나? 첫 번째 사진 문장 끝에 '체인지(change)'가 있는데 뭐지? 이런 경우는 처음인데 번역기에 돌려도 알 수 없는 말만 하네."

2019년 당시에도 영어로 이메일을 받았을 때 번역기를 쓸 수 있었습니다. 그런데 친구는 번역 결과를 보고도 이해가 되지 않아 연락한 것이었습니다. 당시에는 비슷한 연락이 자주 왔습니다. 당시 번역기는 한국어로 번역된 결과를 이해하기 위해 추가적인 노력이 필요했기 때문입니다. 한국어를 영어로 번역하려고 할 때는 먼저 한국어를 일본어로 번역하고, 그 결과를 영어로 번역하는 과정을 거쳐야 결과물이 잘 나온다는 꿀팁이 인터넷을 떠돌았을 정도입니다.

하지만 요즘은 번역기의 성능이 좋아졌습니다. 중국의 온라인 쇼핑몰 '알리바바'는 외국인이 접속하면 웹사이트를 통째로 번역해줍니다. 찾고 싶은 물건도 내가 사용하는 언어로 검색할 수 있습니다. 판매자와 메시지를 주고받을 때도 실시간 번역 기능이 제공됩니다. 상품 후기도 마찬가지입니다. 번역 결과가 완벽한 것은 아니지만 상품을 고르거나 필요한 정보를 얻는 데는 부족함이 없습니다.

소리를 주고받는 번역은 어떨까요? 미국에 간 지 7일째 되는 날이었습니다. 중고거래 사이트를 구경하다가 한국에서 60만 원에 거래되는 운동화를 20만 원에 판매한다는 글을 발견했습니다. 거리는 멀지 않았습니다. 시계는 저녁 9시를 가리키고 있었습니다. 사촌동생에게 운전을 부탁했습니다.

인적이 드문 국도를 달려 약속 장소인 인근 마트에 도착했습니다. 학교 운동장만 한 주차장에 차가 세 대밖에 없었습니다. 불이 환하게 켜진 마트 입구에서 판매자를 기다렸습니다. 무서웠습니다. 미국에서 한밤중에 직거래를 하는 사람이 어디 있냐고 되묻은 사촌동생이 이해되는 순간이었습니다. '911'을 입력해놓은 스마트폰을 왼손에 쥐고 기다렸습니다.

저 멀리서 차 한 대가 들어옵니다. 보닛이 긴 흰색 승용차. 커다란 차체에 비해 작아 보이는 바퀴, 번쩍이는 크롬 휠이 인상적이었습니다. 차가 멈췄습니다. 운전석의 남성이 스마트폰을 쥔 손을 흔듭니다. 작은 체구의 흑인이었습니다. 30대 후반으로 보이는 남성. '하이.' 왼손은 점퍼 주머니 속에 넣고 어색하게 오른손을 들어 인사했습니다.

이후 그가 한 말은 하나도 이해할 수 없었습니다. '여긴 어디? 나는 누구?'를 얼굴로 표현하고 있는 저를 보고는 사촌동생이 거래를 주도했습니다. 사촌동생이 말하기를 운동화의 구매 시기와 착용 횟수에 관한 이야기였습니다. 현금을 건네자 그는 운동화 박스를 건넸습니다. 구매 영수증도 있고 박스 상태도 좋아 보였습니다.

거래를 마치고 헤어지려는데 판매자가 주먹 쥔 오른손을 저에게 내밀었습니다.

'?'

저는 그를 빤히 쳐다봤습니다. 그는 어색하게 손을 내리더니 인사로 추정되는 말을 몇 마디 던지고 차를 타고 사라졌습니다. 그로부터 7년이 흘렀습니다. 이제는 구글 번역기가 있으면 외국인과의 직거래에 통역을 동행할 필요가 없습니다. 번역 결과까지 몇 초 간의 지연이 있고, 번역기를 배려하여 올바른 표현을 또박또박 말해야 하며, 그래도 완벽하게 번역되는 것은 아니지만 가벼운 소통을 하는 데는 문제가 없습니다.

미국에서 한국식 고깃집에서 아르바이트를 하던 때의 일입니다. 어떤 중국인에게 주문을 받으려고 갔더니 그가 핸드폰을 주섬주섬 꺼냅니다. 아니나 다를까 구글 번역기를 켭니다. 언어 설정을 힐끔 보니 중국어와 영어입니다. '난 한국어가 더 편한데….' 당시 영어를 잘 못했던 저는 긴장했습니다. 그 중국인에게 저는 영어를 잘할 것이 뻔한 점원이었을 겁니다. 다행히도 번역기에서는 이해할 수 있는 문장이 흘러나왔고, 미처 듣지 못한 내용은 화면에 뜬 글을 보고 이해할 수 있었습니다. 저도 차분하게 영어로 대답했습니다. 번역기 녀석, 저의 형편없는 발음을 용케 알아듣고 중국어로 번역해주었습니다. 그렇게 구글 번역기는 중국말밖에 못하는 중국인과 영어가 약한 한국인 사이의 영어 대화를 가능하게 만들었습니다. 이제는 번역기로 글자만이 아니라 소리로 된 정보도 주고받을 수 있게 됐습니다. 지연 시간과 번역의 정확도도 매년 발전하고 있습니다. 그럼 이제 더이상 영어를 배울 필요가 없는 것일까요?

번역기만 믿고 영어를 포기하기엔 잃는 것이 너무 많다

번역기는 복잡하지만 형식이 분명한 말을 번역하는 것을 잘합니다. 뉴스 기사나 논문, 장문의 이메일이나 설명서를 알아보기 쉽게 번역할 수 있습니다. 그러나 일상 대화는 아직 번역기가 넘지 못한 벽입니다. 어쩌면 영원히 넘을 수 없을지도 모릅니다. 우리의 일상 대화에는 소리만이 아니라 눈빛, 표정, 억양이 녹아 있습니다. '알았어.'라는 대답은 '알았어.', '알았어!', '알았어….'일 때 모두 다른 감정을 담고 있습니다. 단편적인 정보만을 번역하는 기계가 이해할 수 없는 인간성이 일상 대화의 핵심입니다.

상대가 기대하는 대답을 하는 능력, 시시콜콜한 이야기로 웃고 떠드는 능력, 감정을 담아 상대를 설득하는 능력, 지난 삶을 공유하며 공감하고 정을 나누는 능력은 여전히 그 언어와 문화를 내 것으로 만들어야 사용 가능한 영역입니다.

"오늘은 10일이니까. 10번 일어나봐."

선생님이 학생에게 교과서 34쪽의 예문을 읽어보라고 지시합니다. 10번 학생은 종이 위에 나열된 글자를 소리 내어 읽습니다. 이어서 11번은 억양, 소리의 강약과 속도 등을 조절해가며 문장을 읽습니다. 이때 누구의 말이 더 잘 전달될까요? 두 학생 모두 한국어가 완벽합니다. 그러나 문장이 길어질수록 10번 학생이 읽은 내용을 기억하는 학생의 수는 줄어들 것입니다. 번역기 앞에 놓인 벽과 이 두 학생 사이에 놓인 벽의 높이는 같습니다.

번역기는 감정이 담긴 인간의 언어를 기계적으로 희석시킵니다. 한 방향 소통 또는 가벼운 대화를 통역하는 임무는 훌륭히 수행할 수 있습니다. 하지만 사람과 사람의 내적 교류는 만들어낼 수 없습니다. 지구촌 시대, 영어는 더이상 선택이 아닙니다. 번역기만 믿고 영어를 포기하기엔 함께 포기해야 할 가치가 너무나 많습니다.

03

리사, 손흥민, RM은 어떻게 제2의 언어가 그렇게 능숙할까?

완벽한 영어를 구사하는 그들의 대화를 보고 듣는 게 핵심이다

블랙핑크의 리사, 축구선수 손흥민, BTS의 RM. 이 세 사람의 공통점이 뭔지 아시나요? 세 사람 모두 고국을 떠나 외국에서 활동하고 있고, 제2의 언어가 유창합니다. 태국인인 리사는 한국어를 잘합니다. 손흥민 선수는 영어와 독일어에 유창해요. RM은 유창한 영어 실력으로 그룹 내에서 영어 인터뷰를 전담하고 있습니다. 그리고 이들에게는 또 하나의 공통점이 있습니다. 같은 방법으로 외국어를 배웠다는 사실입니다.

이들은 하나같이 미디어 콘텐츠를 보면서 언어를 배웠습니다. 배우 공유를 좋아하는 리사는 한국 드라마 〈도깨비〉를 매일같이 보면서 한국어를 따라 했다고 합니다. 손흥민 선수는 〈스펀지밥〉을 영어로 보면서 영어를 배우고 훗날 독일어가 필요해지자 〈스펀지밥〉을 독일어로 봤다고 하죠. RM은 어떨까요? RM은 미국 드라마 〈프렌즈〉를 영어 자막으로 보면서 영어를 연습했습니다.

이처럼 언어를 배우는 데 있어서 중요한 것은 문법이나 단어 같은 이론적인 공부가 아닌 실제 그 언어를 사용하는 사람들의 대화를 직간접적으로 많이 듣는 것입니다.

문자가 아닌 '언어'를 배우는 방법은 세 가지입니다. 첫째는 해당 언어를 모국어로 사용하는 부모 밑에서 자라는 것, 둘째는 그 언어를 사용하는 친구와 생활하는 것, 셋째는 그 언어를 사용하는 사람들의 대화를 보고 듣는 것입니다.

저는 방금 '보고 듣는 것'이라고 말했습니다. 왜일까요? 듣기만 해서는 안되는 걸까요? 듣기는 언어의 시작입니다. 하지만 말하는 모습을 보면서 들어야 효과적으로 상황을 인지하고 이해할 수 있습니다.

예를 들어볼게요. 방에서 컴퓨터를 하고 있는데 거실에서 웅성거리는 소리가 들립니다. 가족들이 드라마를 보고 있네요. TV에서 나오는 소리를 가만히 들어보니 젊은 남녀들의 말소리가 들립니다. 오랜 친구 사이인 듯 편하게 대화를 나누는 그들. 그중 두 남녀가 연인 사이인데 남자는 그 자리에 있는 그녀의 친구를 좋아하는 것 같아요. 여자친구의 고백을 거절하기 어려워서 받아주긴 했는데 마음은 다른 데 가 있던 거죠. 그런데 그 사실이 들통났나 봅니다. 그 자리에 있는 다른 남자는 화가 났는지 언성이 높아졌어요. 이걸 듣는 저는 궁금해지기 시작합니다. '저 사람들은 어디에서 대화하고 있는 걸까?', '목소리의 주인공들은 어떻게 생겼을까?' 속마음을 터놓는 남자와 그걸 듣고 있는 친구들의 표정이 궁금합니다. 그걸 알면 왠지 모를 답답함이 해소될 것 같습니다. 결국 하던 일을 멈추고 거실로 나가서 TV화면을 확인합니다.

저는 이 상황에서 '듣기'만으로도 전체적인 분위기와 내용을 파악할 수 있었습니다. 도대체 뭐가 답답했던 걸까요? 원인은 간단합니다. 언어를 이용한 다자간의 소통은 소리와 더불어 공간, 입 모양, 눈빛, 고개의 각도, 안면근육의 움직임, 몸 동작 등 눈에 들어오는 모든 시청각 정보가 어우러진 하나의 콘텐츠이기 때문입니다.

　전화가 발명되기 이전에는 소리로만 대화하는 일이 드물었습니다. 종교의 고해성사나 비밀 조직에서 가림막을 사이에 두고 임무를 전달하는 경우에나 있을 법한 일이었죠. 하지만 기술이 발전하면서 우리는 목소리로만 대화하는 일이 잦아졌습니다. 모국어로 대화할 때는 그것이 크게 불편하지 않습니다. 이미 익숙한 언어이기 때문에 상대방의 표정이나 입 모양을 보지 않고도 의미를 이해하는 데 어려움이 없습니다. 하지만 익숙하지 않은 언어라면 시청각 정보가 완전한 콘텐츠를 소화해야 화자의 말을 이해할 확률이 높아집니다.

마치 한마디도 못 했던 아기가 말을 배우듯

　우리는 외국어를 배울 때 문법과 단어부터 공부하는 실수를 범합니다. 그것들을 알아야 머릿속에서 문장을 만들고 입 밖으로 꺼낼 수 있다는 주장은 꽤 타당하게 들립니다. 하지만 우리가 한국어를 말하기 시작할 때 문법과 단어를 공부했는지 생각해보세요. 우리는 그저 가족들의 대화를 보고 들으면서 의미를 추측했습니다. 추측하여 이해하는 것이 수월해지자 그들의 말을 따라 하면서 자신의 생각을 전달하기 시작했습니다.

　외국어도 같은 방식으로 배워야 합니다. 영어를 사용하는 부모 밑에서 자라는 것은 우리에게 이미 불가능한 일입니다. 한국에서 외국인 친구를 사귀는 것도 어렵고, 사귀더라도 오랜 시간 붙어 있을 수 없죠. 그래서 영어 콘텐츠를 소비해야 합니다. 드라마, 만화, TV쇼, 다큐멘터리, 영화 등 볼 게 너무 많아 고민인 세상입니다. 한글 자막으로 보는 것은 의미가 없습니다. 영어 자막을 달고 보세요.

　스크린 속 그들에게 말을 걸 수는 없지만, 완벽한 영어를 구사하는 그들의 대화를 보고 듣는 것만으로도 우리는 영어 듣기를 마스터할 수 있습니다. 마치 말 한마디 못 하는 아기가 한국어를 이해하게 되는 것처럼이요.

콘텐츠 속 등장인물들은 병원, 공원, 마트, 음식점, 방 안, 학교 등 장소를 불문하고 분명 어떤 '공간'에서 말을 하고 있습니다. 공간 정보는 그들이 하는 대화 범위를 큰 폭으로 줄여줍니다. 언어가 달라도 사람 사는 건 다 똑같습니다. 병원에서 옷 환불하러 왔다고 하지 않고, 지하철에서 브로콜리는 어디 있냐고 물어보지 않습니다.

그렇게 공간 정보로 좁혀진 추측 가능한 대화의 폭은 그들의 외모에서 한 번 더 좁혀집니다. 성별, 외모, 옷차림으로 서로 친구인지, 동료인지, 남인지, 고객인지 그들의 관계를 추측할 수 있습니다. 그리고 그들의 표정, 입 모양, 눈빛, 말투로 기분을 알 수 있죠.

억양은 분명 차분하고 친절한 것 같아도 표정을 보면 심기가 불편하다는 것을 우리는 본능적으로 알 수 있습니다. 그렇게 주어진 시각 정보로 추측 가능한 대화의 폭을 줄이고 나면 이제 그들이 하는 대화는 뻔합니다. 그것을 분석하고 이해하는 일만 남았습니다.

완벽하지 못해도 추측하는 것부터 시작이다

행동경제학의 창시자이자 노벨경제학상을 수상한 최초의 심리학자인 대니얼 카너먼 박사는 우리 인생의 근원인 생각을 두 가지로 구분하여 설명합니다. 우리가 생각이라고 부르는 것은 시스템 1과 시스템 2, 두 가지 시스템이 상호작용한 결과입니다. 이는 마치 컴퓨터에 맥OS와 MS윈도우, 두 가지 운영체제가 설치된 것과 비슷합니다. 맥에서는 파이널 컷으로 영상을 편집하고 은행 업무는 윈도우에서 보는 것이죠.

우리의 생각 시스템 1은 '빠른 직관', 시스템 2는 '느린 이성'입니다. 유튜브를 켜자마자 보이는 자극적인 썸네일을 보고 그걸 누르고 싶은 충동에 휩싸이는 것은 시스템 1입니다. 그와 동시에 썸네일 낚시에 당했던 기억을 떠올리며 그것이 시간 낭비였음을 인지하고 '똑같은 10분을 유튜브 시청에 투자한다면 아무래도 〈J크의 노는영어〉가 낫지….'라며 시스템 1을 달래서 제 영상을 클릭하게 만드는 것은 시스템 2입니다.

앞으로 영어 콘텐츠를 시청할 때 화면 밖의 우리는 시시각각으로 바뀌는 상황과 등장인물들의 표정, 억양 그리고 몸동작으로 그들이 전하고자 하는 의미를 추측해야 합니다.

완벽하게 이해하지 못해도 상관없어요. 이어폰을 꼽고 음악을 듣던 중 갑자기 다가온 친구가 하는 말에 대충 끄덕이며 대답해본 경험이 있을 것입니다. 친구가 뭐라고 말했는지 정확히는 모르지만 나와 그의 관계, 지금 있는 공간과 직전까지의 상황, 그의 표정과 손짓, 입 모양을 보고 분석한 결과 그가 나에게 했을 말은 뻔하기 때문에 가능한 일입니다. 여기서 분석은 내가 한 것이 아닙니다. 시스템 1이 자동으로 한 분석이죠. 착실한 비서인 시스템1이 분석해서 제출한 결과를 받아보고 시스템 2가 행동한 것입니다.

그렇게 화면 속의 외국인들이 뭐라고 떠드는지 추측하는 것이 '듣말읽쓰'(듣기, 말하기, 읽기, 쓰기) 중 듣기의 시작입니다. 그럼 이제 이 훈련이 어떻게 언어 공부가 되는 것인지 알려드릴게요. 그전에 언어가 뭔지 알아야겠죠?

▶ 04

언어란 무엇인가?

언어는 생각을 타인에게 전달하는 도구일 뿐이다

당신은 지금 이 글자들을 아무런 노력 없이 읽고 있습니다. 외국인이 보면 귀여운 꼬부랑 글씨인 한글을 당신은 눈에 담기만 해도 거기에 담긴 의미가 이해됩니다. 자음, 모음 등 문자의 구조는 생각 안 해본 지 오래되었죠.

'그런가? 근데 그게 뭐?' 지금 당신이 머릿속으로 중얼거린 생각도 언어입니다. 문자가 만들어지기 이전에는 소리로 이뤄진 언어밖에 존재하지 않았습니다. 그럼 언어라고 할 만한 소리의 규칙들이 생기기 이전의 인류는 어땠을까요? 암묵적 합의에 의해 사용하는 몇 가지 단어를 제외하면 누군가를 부르거나 지시하는 소리 지름, 대답을 하는 맞받아침이 다였을 겁니다.

언어는 의사를 전달하기 위해 만들어진 도구입니다. 저 멀리 이름 모를 누군가를 부를 때 우리는 '어이!'라 소리칩니다. 다양한 문화권에서 저 멀리 있는 누군가를 부를 때 '어이!'가 쓰입니다. 입을 벌리고 혀와 입술의 간섭없이 낼 수 있는 가장 쉽고 큰 소리가 '어'이기 때문입니다. 아기가 옹알이를 할 때, 입술을 다물었다가 벌릴 때 나는 '마' 소리가 가장 발음하기 쉽기 때문에 어머니를 뜻하는 어휘는 여러 언어에서 비슷합니다. 이처럼 언어는 기본적인 의사 표현에서 시작했습니다. 누구를 부르고 지시하고 대답하고 거절하던 기능에서 시작해서 제안하고 설득하고 생각을 나누는 기능으로 발전한 것이죠.

저는 초등학교 2학년때 영어를 처음 배웠습니다. 그전까지 저에게 언어라는 개념은 존재하지 않았습니다. 생각이 머릿속으로 하는 말이라는 건 알았지만 내가 한국어로 생각하고 있다는 인지는 없었습니다. 그것이 유일한 언어였기 때문입니다. 붉고 얇은 껍질로 뒤덮인 주먹만 한 크기의 단단한 과일을 사과라고 부르는 건 당연했습니다. 다른 가능성이 있을 거라는 생각조차 하지 못했죠. 그러다 처음 외국어를 배우기 시작하면서 온갖 사물들에 또 다른 이름이 있다는 걸 알게 됩니다. 내가 사과라고 부르는 과일을 어떤 사람들은 'Apple'이라고 부른다는 사실, 이는 아이에게 부담입니다. 반 친구들의 이름을 겨우 다 외웠는데, 그들에게 또 다른 이름이 있다는 사실을 알게 된 것 같은 거부감이 들죠. 단어를 외워야 한다는 전제조건은 이미 모국어가 유창한 사람들에게 외국어를 어렵고 지루한 것으로 비치게 합니다. '이따위 스펠링들 외우지 않아도 말할 수 있는데 굳이?' 외국어 공부의 필요성보다 불필요성이 커지는 순간입니다. 그렇게 많은 사람들이 외국어 공부를 포기합니다. 하지만 언어는 머릿속의 생각을 타인에게 전달하는 도구일 뿐입니다. 철자를 반복적으로 적어가며 단어를 암기할 필요가 없어요.

영어는 지구 반대편의 사투리일 뿐이다

사투리 연기를 잘해서 이슈가 되는 배우들이 있습니다. 그 지역 사투리 사용자가 아니라 얼마나 완벽한지는 알 수 없지만, 사투리가 어색하다는 느낌은 받지 못하는 경우가 많습니다. 배우들은 사투리 연기를 준비할 때 해당 지역에 방문한다고 합니다. 사람들이 많이 오가는 시장에 들러서 그들이 사용하는 억양, 말투, 표정, 입 모양을 보면서 따라 하고 사투리에 담긴 문화를 체득하기 위해서입니다.

영어도 사투리입니다. 한반도에 사는 인류가 한국어로 소통하듯, 영어권 국가에 사는 인류가 의사 소통을 위해 쓰는 사투리가 영어입니다.

'사투리는 방언인데 전혀 다른 언어를 사투리라고 부르는 것이 말이나 되냐?'

맞습니다. 하지만 한국, 미국, 중국, 태국, 영국 등 국가를 구분한 것은 우리 인간 아닌가요? 우리 모두는 지구라는 행성에 사는 이족보행 영장류일 뿐인데, 땅 위에 선을 긋고 나라를 구분한 것은 우리 스스로 한 일입니다. 지금 이 글을 읽고 이해하는 당신은 지구라는 행성의 특정 지역에 사는 인간입니다. 그리고 우리가 배우려고 하는 영어는 어떤 다른 지역에 사는 인류가 쓰는 언어일 뿐입니다. 소리와 전달 방식은 달라도 같은 내용을 담고 있죠.

"선배님, 김주임께 머랜 해쑤꽈?"(선배님, 김주임한테 뭐라고 했습니까?)
"무사?"(왜?)
"저기서 혼자 붕당붕당 거려부난."(저기서 혼자 투덜거리고 있길래요.)
"메께라? 뭐랜 고람시?"(뭐? 뭐라는데?)
"일이 하댄 햄수게…. 어떵해야 될꺼우꽈?"(일이 많다고 하더라구요…. 이걸 어떡하지요?)
"게난이…."(그러게….)

무사 = 왜, 어째서

게난이 = 그러니까 말이야

메께라 = 뭐라고

붕당붕당 = 투덜투덜

제주도 사투리를 들으면 가끔은 한국어가 맞나 싶습니다. 단어부터 표현까지 너무 달라 의미를 추측할 수 없을 때도 있습니다. 그럼에도 제주도에서 쓰는 말은 여전히 한국어의 방언이라고 말합니다. 제주도가 한국땅이기 때문입니다. 그러니 제주도에 사는 사람도 한국인이고 한국인이 쓰는 말이니 한국어의 방언이 되는 것입니다.

영어도 똑같습니다. 그저 영어를 쓰는 그들이 우리와 같은 인간이라는 사실만 기억하세요. 영어는 특정 지역에 사는 지구인이 사용하는 사투리일 뿐입니다. 서로 떨어져서 살다 보니 다른 언어를 쓰게 됐지만, 제주도민들처럼 그들도 우리와 같은 인간입니다. 많이 듣고 익숙해지면 영어도, 제주도 방언도 사용할 수 있습니다.

읽기와 쓰기보다 듣기와 말하기가 우선이다

언어는 인간이 타고난 능력입니다. 우리의 뇌는 나의 의사를 전달하고 상대방의 의미를 이해할 수 있게 발달했습니다. '사과'를 뜻하는 영어 단어 'Apple'를 모르는 사람에게 영어로 사과가 어디 있냐고 물을 때, 그것의 철자 'A.p.p.l.e'는 중요하지 않습니다. 그것의 소리인 [aepl]만 알면 됩니다. 글자를 몰라도 의사 소통에는 문제가 없습니다. 중요한 것은 듣고 말하는 능력이지 문자가 아닙니다.

영어와 영문은 다릅니다. 우리는 아이들에게 영문을 가르치고 있으면서 아이들의 영어 실력이 늘지 않는다고 답답해하고 있습니다. 그리고 이것은 우리가 영어를 못하는 이유와 같습니다.

언어는 아기가 말을 배우는 순서대로 배워야 합니다. 많이 들어서 소리에 담긴 의미를 알게 되는 '듣기'와 그 소리로 내 의사를 전달하는 '말하기'가 우선되어야 합니다. 읽고 쓸 때 사용하는 '문자'는 나중의 일입니다. 소통 능력만 필요하다면 사실 읽고 쓰는 능력은 필요하지 않습니다. 어려운 시기를 겪으면서 글자를 배우지 못한 어르신들이 소통에 지장이 없는 것처럼요.

'사과'를 읽고 쓰지 못해도 됩니다. '사과'라고 남이 알아들을 수 있게 소리 내고 그 소리를 이해할 수 있으면 됩니다. 언어는 그런 것입니다. 그럼 이제 이 언어라는 것이 어떻게 습득되는 것인지 알아봅시다. 사실 알아볼 것도 없습니다. 모두가 아는 내용이거든요. 그런데 우리는 마치 영어는 언어가 아닌 것처럼 지루하고 답답한 방식으로 가르치는 세상에 살고 있습니다.

05

말보다 글을 먼저 배운 사람들

말보다 글을 먼저 배운 김씨들이여, 이제 말을 배우자!

사례 1) 80대 박 할머니는 한국어로 자녀들과 대화하고 시장에서 상인들과 흥정을 한다. 하지만 한글을 읽고 쓰지 못한다.

사례 2) 30대 직장인 김씨는 학창 시절 내내 영어를 배웠다. 대학 졸업 후에는 스터디그룹 활동으로 원하는 토익 점수도 얻었다. 하지만 외국인을 만나면 머리가 하얘진다. 한글은 한 글자도 찾아볼 수 없는 영어시험에서 고득점을 했지만 영어 대화는 어렵기만 하다.

박 할머니는 어려운 시절을 겪으면서 기본 교육을 접하지 못해서 문맹이 되었습니다. 그럼 영어가 포함된 정규 교육 과정을 모두 이수한 김씨가 영어를 말하지 못하는 이유는 무엇일까요?

이유는 간단합니다. 김씨는 영어가 아닌 영문을 배운 것이기 때문입니다. 박 할머니는 한국어로 말하지만 한글을 읽고 쓰지 못합니다. 반면에 김씨는 영문은 읽고 쓸 수는 있지만 영어로 말을 할 수 없습니다. 최초에 언어라는 것이 발생할 때 입으로 소리 내고, 귀로 듣는 '말'이 먼저 만들어지고, 이후에 그것을 기록하기 위한 '문자'가 만들어졌습니다. 즉, '해당 언어로 말을 하는 사람'이 배우는 것이 그 언어의 문자입니다. 하지만 김씨는 영어로 말을 못 하는 상태로 글을 먼저 배운 것이죠.

영어로 말하는 아이들이 글자를 배우는 방식으로,
영어로 말 못 하는 사람에게 가르친다면?

이 책을 읽고 있는 우리가 원하는 것은 영문이 아니라 영어입니다. 아기가 말을 배우는 시기를 떠올려봅시다. 아기는 컵이 뭔지, 그릇이 뭔지, 밥이 뭔지 모릅니다. 아무리 알기 쉽게 설명해도 이해하지 못 할 뿐더러 문자는 그들에게 그림과 다를 게 없죠. 그럼 아기들은 뭐가 컵이고 뭐가 밥인지 어떻게 알게 됐을까요? 간단합니다. 눈앞에 컵을 보여주면서 '컵, 컵, 컵.'이라고 말하는 걸 보고 '아, 이걸 컵이라고 하는구나.' 알게 됩니다. 물론 그 순간 아기는 '아, 이걸 컵이라고 하는구나.'라는 생각조차 할 수 없었습니다. 그저 눈앞에 보이는 물체를 '컵'이라는 소리로 부른다는 우리 사회의 약속을 알게 된 것이죠.

이민자의 자녀 또는 다문화 가정에서 태어나 두 가지 언어를 동시에 배우는 아이들이 있습니다. 그들에게 두 번째 언어는 어떻게 다가올까요? 처음 영어를 배울 때 제가 느꼈던 부담감을 그들도 느낄까요? 아닙니다. 그들도 모국어 하나만 배우는 아이들과 마찬가지로 언어의 구분이 없습니다. '빨갛고 새콤달콤 맛있는 음식을 누구는 사과, 누구는 Apple이라고 부르는구나.' 하고 마는 것입니다.

이렇게 말을 할 줄 알게 된 아이에게 한글을 가르친다고 생각해봅시다. 아이에게 자음과 모음의 개념을 알려주고 그것의 조합이 단어가 된다고 설명합니다.

[ㄴ ㅏ ㅁ ㅜ]

[ㄴ]과 [ㅏ]가 붙은 '나'와 [ㅁ]과 [ㅜ]가 붙은 '무'의 조합이 '나무'가 되고 이렇게 생긴 글자를 "나무"라 읽는다고 알려줍니다. 그러면 아이는 창밖의 키가 크고 녹색 잎이 무성한 "나무"라고 부르던 식물을 [나무]로 쓴다고 알게 됩니다. 여기서 중요한 점은, 이 아이는 원래 한국어로 말을 하던 사람이라는 것입니다. '[나무] 이렇게 생긴 글자를 "나무"라고 읽고, 이것이 창밖의 나무를 글로 적는 방법이구나!' 이것이 언어 학습자가 글을 배울 때 깨닫는 사실입니다.

글자 공부는 지식의 연장입니다. 처음에는 어렵지만 알고 나면 깨달음의 즐거움을 주죠. 하지만 그 언어로 말을 하지 못하는 아이들에게 글자를 가르치면 '귀찮지만 하라니까 하는 공부'가 될 뿐입니다.

초등학교 때는 알파벳과 파닉스(발음법)를 익히고 사물들의 철자를 외웁니다. 중학교 때는 "I go to school yesterday."가 왜 틀린 문장인지 기초 문법을 통해 배웁니다. 고등학교에서는 목적격 보어, 과거 완료 진행 등, 분명 한국말인데 의미를 도통 알 수 없는 심화 문법을 배웁니다. 수능 시험에서는 고전 문학에서 발췌한 영어 지문의 빈칸에 알맞은 것을 고릅니다. 그리고 취업에 필요한 영어 능력 시험에서는 외국인이 보낸 이메일을 읽고 문제에 답합니다. 잠깐… 이것은 우리가 학교에서 국어를 배우는 과정과 비슷하지 않은가요?

한국의 영어 교육 시스템이 미국의 것을 본떠 만들어졌기 때문입니다. 영어로 말하는 아이들을 교육하는 시스템으로 한국어만 할 줄 아는 아이들을 가르치기 때문에 10년씩 영어를 배워도 말을 할 수 없는 것입니다. 그 시스템은 영어를 사용하는 학습자를 위한 영문 교육이기 때문입니다.

우리는 영어를 배웠나, 영문을 배웠나?

글은 학습자가 해당 언어로 말을 한다는 전제하에 가르쳐야 합니다. 하지만 기존의 영어 교육은 영어로 말할 수 없는 이들에게 글부터 가르치고 있습니다.

A: "Hi! How are you?"
B: "I'm fine. Thank you."
......

인사말 이후 대화를 이어갈 수는 없지만 셰익스피어를 읽고 문제에 답을 찾기 위해 공부합니다. 외국인에게 "안녕하세요? 저는 제이크입니다." 인사말을 알려주기도 전에 "'안'은 [ㅇ]과 [ㅏ]와 [ㄴ]의 조합으로 '안'이라고 읽고, 이 문장의 구조는….." 하고 글부터 가르치는 격입니다.

박 할머니는 비록 문맹이지만 한국어부터 배웠습니다. 이제 한글만 배우면 됩니다. 김씨는 영어를 읽고 쓸 수 있습니다. 하지만 말을 못 합니다. 말보다 글을 먼저 배운 김씨. 김씨는 우리 모두를 대변합니다. 우리는 이제 어떻게 해야 할까요?

우리는 그동안 '영문'을 배워왔습니다. 읽고 쓸 줄 알게 되면 듣고 말할 수 있는 줄 알았죠. 얼핏 보면 꽤 그럴듯합니다. 하지만 '영문'과 '영어'는 다릅니다. 영어에서 영문이 나왔기에 영어부터 배워야 합니다.

우리는 들을 수 있는 만큼 말할 수 있다

듣지 못해서 말할 수 없는 것입니다. 영어로 논문을 읽고 이메일을 쓸 수 있지만 말을 못 하는 이유는 듣기를 등한시했기 때문입니다. 물론 지식을 얻는 데 글자는 필수입니다. 하지만 언어를 배움에 있어서 듣기보다 중요한 것은 없습니다.

수능이나 토익 시험은 영어로 대화하는 능력을 요구하지 않습니다. 영어 인풋(듣기, 읽기)을 이해하는 훈련이면 충분합니다. 반면 '나는 더 이상 시험 볼 일도 없고, 내가 영어를 공부하는 이유는 소통이 전부다.' 하는 사람들에게 문법과 단어는 필요하지 않습니다.

우리는 들은 만큼만 말할 수 있습니다. 다양한 표현을 들어왔다면 다양한 표현을 사용할 수 있을 것이고, 고급스러운 어휘를 들어왔다면 고급스러운 어휘를 사용할 수 있을 겁니다. 영국 영어만 들었다면 영국 영어를 사용할 것이고, 호주 영어만 들었다면 호주 영어를 사용하게 될 것입니다. 듣지 못하면 말하지 못하는 원리는 언어의 전반적인 부분에 적용됩니다.

제가 군대에 있을 때 경상도에서 온 동기들이 있었습니다. 경상도 사투리가 멋있다고 생각했던 저는 동기들의 사투리를 따라 했습니다. '맞다!', '맞나?', '아이다.', '밥 뭇나?' 간단한 표현들을 따라 했는데, 제 딴에는 똑같이 따라 한다고 신경 쓴 말이었습니다. 그러나 동기들은 저를 보며 웃었습니다. '니 글케 할라믄 집어치아라. 글케 하는 거 아이다.'라며 놀렸습니다.

그러던 어느 날, 동기 한 명이 자기가 마시던 물을 건넸습니다. 저는 손사래를 치며 말했습니다. "나 방금 무따, 니 무라." 의도하지 않았고 신경 쓰지 않았습니다. 그저 자동으로 나온 말이었습니다. "오, 니 믄데? 야, 임마 봐라. 사투리 좀 하는데?" 그는 주위 동기들에게 말했습니다. 묘한 기분이 들었습니다.

신경 쓰고 따라 할 때는 놀림받고, 내 것으로 만들려고 집중할 때는 안 되던 것이 익숙해지니 저절로 나오는 것이었습니다. 그날의 경험은 언어 습득에 대한 깨달음을 줬습니다.

'언어는 듣는 게 전부다.'
'배우려고 듣지 말고 편하게 들어야 한다.'

듣는 것이 일상이 되고 너무나도 익숙해져서 그것이 다른 언어라는 사실을 잊을 때, 뇌는 그 소리의 약속들을 습득합니다. 자려고 누워 있는데 옆에서 친구들이 떠들면 그 소리를 듣지 않을 수 있나요? 그들의 말을 이해하지 않을 수 있나요? 우리 뇌가 언어로 인식한 이상 한국어는 우리의 의지와 관계없이 뇌로 전달됩니다. 그러나 아마도 당신에게 영어는 잘 때 들리면 조금 시끄럽긴 해도 잘 수는 있는 소음일 것입니다. 누군가 다리를 떨면서 내는 소리와 마찬가지일지도 모릅니다. 우리의 의식은 외국어를 언어로 인식합니다. 그러나 동시에 무의식은 그 소리를 소음으로 인식합니다. 무의식도 그것을 언어라고 믿게 만드는 것이 언어 획득의 첫번째 단계입니다.

저는 학창 시절에 락 음악을 즐겨 들었습니다. 128Mb 용량의 MP3에 50개 정도의 노래를 넣어서 다녔는데, 그중 가장 많이 들은 노래가 앙그라(Angra)의 〈Carry On〉입니다. 한 곡 반복으로 주구장창 들었습니다. 가사도 외웠습니다. 그러나 가사가 들린 적은 없습니다. 보컬이 입으로 내는 소리는 그저 음악의 일부였습니다. 15년이 지난 지금도 〈Carry On〉의 후렴구가 기억납니다.

쏘~ 캐리온~ 잇섯니 니투 러어어어~ 윗썸 레에에 니더 – 빠~
(So carry on, there's a meaning to life, which someday we may find.)

노래를 흥얼거릴 수는 있지만 가사에 담긴 의미는 몰랐습니다. 뇌가 영어 가사를 악기 소리와 같은 음악의 일부, 즉 소음으로 인식했기 때문입니다. 무의식이 그것을 소음으로 인지하고 있는 한, 아무리 많이 들어도 그 언어를 습득할 수 없습니다.

뇌가 영어를 소리가 아니라 언어로 인식하게 해야 한다

1996년 뇌신경과학자 폴라 털럴(Paula Tallal) 박사는 난독증을 가진 아이들에게 4주 동안 언어의 특정 소리들을 반복적으로 듣도록 훈련시켰습니다. 결과는 놀라웠습니다. 2년의 시간이 필요한 정도의 언어 능력 향상이 4주 소리 훈련을 마친 난독증 아이들에게 나타났습니다. 음절과 어휘를 구분하게 되어 뇌가 소음이라 여기던 소리를 언어로 인식하게 된 것입니다.

뇌는 비효율적인 장기입니다. 몸무게에 3%밖에 차지하지 않는 작은 기관이 하루 에너지의 30%를 사용합니다. 아무것도 하지 않는 순간에도 눈으로 반사되어 들어오는 빛을 시각 정보로 전환하는 작업을 합니다. 귀로 들어오는 소리를 분석하여 위험을 판단합니다. 피부로는 실시간으로 온도를 감지하고 끊임없이 숨을 쉬면서 후각 정보를 분석합니다. 분명 우리의 몸인데 우리는 그 실시간 기능을 끌 수 없습니다. 그저 경험할 뿐입니다.

언제나 바쁜 우리의 뇌는 불필요한 에너지 소모를 막기 위해 소리를 구분해놨습니다. 언어 이외의 소리는 소음으로 받아들여 의미를 분석하는 기능이 작동하지 않습니다. 생존에 필수적인 모국어를 잘 듣기 위해서 차단한 소리 중에 외국어가 있기 때문에 팝송을 수천 번 들어도 가사를 이해하기는커녕, 단어의 구분조차 없이 소리로 기억하는 것입니다.

털럴 교수는 말합니다. "우리 뇌가 소음으로 구분해놓은 그 소리를 언어로 들을 수 있게 연습해야 한다." 그러기 위해선 그것이 의미를 가지고 있다고 우리의 뇌를 믿게 만들어야 합니다. 이해할 수 있는 소리 정보를 반복적으로 입력하는 것입니다. 언어 학습의 핵심인 듣기, 듣기의 핵심은 이해할 수 있는 인풋(정보의 입력)입니다.

차에서 라디오를 듣는 상황을 생각해봅시다. 조용한 것도 싫고, 플레이 리스트는 질렸고. 뭐라도 듣기 위해 라디오를 켭니다. 하지만 아무리 뭐가 나오든 신경 쓰지 않는다고 해도 관심 없는 종교방송을 틀어놓는 사람은 없습니다. 이왕 틀어놓는 거 재미있고 흥미로운 채널을 선택합니다.

영어 듣기 능력 향상을 위한 연습을 할 때도 마찬가지입니다. 관심이 있는 흥미로운 콘텐츠를 보고 들으세요. 주제는 상관없습니다. 저는 주로 투자와 철학 관련 팟캐스트를 듣습니다. 친구는 건축 관련 이야기를 듣고요. 또 다른 친구는 사랑과 연애에 관한 것을 듣습니다. 그것이 요리가 됐든 목공이 됐든 낚시가 됐든 종교가 됐든 본인이 관심 있다면 좋습니다.

관심 있는 콘텐츠를 고를 때 주의해야 할 점이 있습니다. 해당 주제에 대한 관심과 더불어 배경지식이 있는 것이 좋습니다. 배경지식은 언어를 이해하는 데 중요한 요소입니다. 예를 들어 프로그램 개발자들이 업무 중에 나누는 대화를 녹화한 영상이 있다고 칩시다. 내가 비록 프로그램 개발에 관심이 있어도 그것에 대한 배경지식이 없다면 그들이 한국어로 말을 해도 대화 내용을 이해하기 어려울 것입니다.

강연이나 다큐멘터리를 좋아하신다고요? 아쉽지만 그것들은 내년을 기약합시다. 말의 의미를 추측할 수 있는 시각 정보가 부족한 경우가 많습니다. 표정은 있으나 동작과 상황이 없는 강연, 상황은 있으나 표정이 없는 다큐멘터리의 내레이션은 언어 학습의 초반에 어렵게 느껴질 수 있습니다. 어느 정도 귀가 트인 다음, 뇌가 영어를 언어로 인지한 다음에 시작하는 것을 추천합니다.

06

언어는 어떻게 습득되는 걸까?

매일 아침 3시간씩 들어도 소용없었던 러시아어
VS 애니메이션으로 나도 모르게 깨우친 일본어

제가 한국에 돌아와서 가장 많이 접한 외국어는 러시아어입니다. 의식적으로 노출시킨 영어는 두 번째였죠. 부모님이 운영하는 직업소개소에는 아침마다 일자리를 구하러 오는 외국인들이 많습니다. 그중 러시아어를 사용하는 타지키스탄, 우즈베키스탄 친구들의 비중이 높습니다. 저는 매일 새벽 사무실에 나가 부모님을 도와드리면서 2019년 3월부터 2년간 매일 아침 3시간씩 러시아어를 들었습니다. 그럼 그 사이 저는 러시아어를 습득해서 3개국어 사용자가 됐을까요?

아쉽지만 그런 일은 일어나지 않았습니다. 같은 공간에서 원어민들의 대화를 많이 들어도 그것이 내가 이해할 수 있는 인풋이 아니면 그 소리 정보들은 손가락 사이를 스치는 강물처럼 흘러가버릴 뿐입니다.

언어학자 스티븐 크라센 교수는 Comprehensible Input(이해할 수 있는 정보 입력) 이론의 창시자입니다. 인간이 언어를 습득하는 방법은 하나뿐이라는 이 이론의 핵심은 간단합니다. 의미를 이해할 수 있는 소리가 반복적으로 뇌에 입력되면 우리 뇌는 그 소리를 언어로 인지하게 되고, 나아가 그 소리의 약속들을 언어로써 의사소통에 사용하게 된다는 것입니다.

제가 매일 아침 3시간씩 원어민들의 러시아어 대화를 보고 들었음에도 러시아어를 습득하지 못한 이유는 그들이 어떤 내용의 말을 주고받는지 몰랐기 때문입니다.

'외국어인데 이해 못 하는 게 당연한 거 아니야?'

맞습니다. 하지만 이해할 수 있는 소리를 듣는 것이 언어 습득의 핵심입니다.

아침에 만나서 안부를 묻고 나면 그들은 서로 지난밤 있었던 이야기를 주고받습니다. 외국인인 제3자는 신경 쓰지 않고 서로 편하게 대화합니다. 저는 그 옆에 서서 그들의 대화를 듣습니다. 그러나 화자의 표정, 몸짓, 억양 등을 통해 말에 담긴 감정만 추측할 수 있을 뿐, 무슨 이야기를 하는지는 도통 알 수 없습니다. 그렇게 몇 시간을 그들 옆에서 그들이 하는 대화를 들어도 제가 알아듣는 것은 가끔 등장하는 아는 단어들뿐이었습니다. 상황을 추측하거나 이어질 말을 예측할 수 있는 힌트가 없었고, 저는 그들이 무슨 말을 하고 있는지 관심이 없었기 때문입니다.

사람들이 언어 학습에 대해 착각하는 것 중 하나는 외국에 살면 외국어를 잘하게 되는 줄 안다는 겁니다. 이는 반은 맞고 반은 틀렸습니다. 본인이 외국인들의 대화에 뛰어들고 직접 대화를 주도해서 나와 관련 있는 대화를 많이 만들어내는 사람은 그 나라 언어를 습득합니다. 하지만 그저 외국인들의 대화를 같은 공간에서 듣는 것만으로는 외국어를 습득할 수 없습니다. 이해할 수 있는 인풋이 적기 때문입니다. 만약 현지 언어를 쓰는 상황이 마트나 식당 등 몇몇 상황에 한정되어 있다면 거기서 습득한 표현은 익숙하지만, 다른 상황에서 쓰이는 표현은 여전히 언어로서 뇌로 전달되지 않고 흘러가버립니다.

미국에서 어학원에 다닐 때의 일입니다. 쉬는 시간에 자리에 앉아 있는데 뒤에서 떠드는 소리가 들립니다. 일본인 여학생 세 명이 대화를 나누고 있었습니다. 드라마에 나오는 연예인에 관한 이야기를 하며 웃고 놀라워하고 감탄합니다. 저는 속으로 웃으면서 생각했습니다.

'훗, 나도 연예인을 좋아하던 때가 있었지…. 근데 내가 쟤네 말을 어떻게 알아들은 거지?' 분명 다시 들어도 일본어인데 이해가 되는 것이 이상했습니다. 학창 시절 일본어 시간에 배운 히라가나를 읽고 쓸 수는 있지만 간단한 인사말을 제외하면 듣고 말할 수는 없었습니다. 그런데 무의식적으로 들려오는 일본어를 나도 모르게 이해하고 있던 것입니다. 등을 돌려서 그 친구들과 마주앉고 말했습니다.

"Hey, I know what you are saying."(나 너희가 뭐라고 하는 건지 알아.)

갑자기 뒤돌아서 말을 거는 한국인이 자기들끼리 떠드는 대화를 알아듣고 있었다는 사실에 놀란 그들은 되물었습니다. 물론 일본어로요.

"어떻게 알아들은 거야? 일본어 할 줄 알아?"
"몰라, 그냥 조금 알아들을 수 있었어."
"알겠다! 한국어랑 일본어가 비슷해서 그런 거구나! 내 친구가 알려준 건데, '마사지 산쥬뿐 무료' 이게 무슨 말인지 알아?"

발음이 조금 이상했지만 분명 '마사지 30분 무료'라는 말이었습니다. 분명 못한다고 믿는 언어이고 말도 할 수 없는데 듣고 이해가 되는 상황은 여전히 신기했습니다.
"마사지 30분 무료? Free massage for 30 minutes?"
"맞아! 역시 일본어랑 한국어랑 비슷한 표현이 많아서 이해한 거구나!"
"I don't think so…. I think….".(그런가…. 내 생각에는….)

그것은 모두 일본 애니메이션 덕분입니다. 중학교 때부터 10년간 일본 애니

노는영어

메이션을 봤습니다. 원피스, 나루토, 블리치, '원나블'이라고 불리는 일본 애니 3대장을 다 챙겨봤죠.

내가 일본어를 배우고 있다고 생각해본 적은 없습니다. 그저 재미있는 걸 많이 봤을 뿐입니다. 소리 정보의 출처에 대한 1차원적인 재미가 그 언어의 노출 시간을 늘려주었습니다. 재미있으니 이해하려고 했습니다. 이렇게 화자들이 어떤 상황에서 어떤 주제로 대화하는지 인지하고 있는가 아닌가의 작은 차이가 저에게 일본어를 이해하는 능력을 주었고 동시에 러시아어를 습득하지 못하는 결과를 만들었습니다.

뇌를 깨우는 두 가지 기준
① 그 소리 정보가 나의 감정을 자극하는가?
② 나에게 반복적으로 입력되는가?

새로운 언어를 습득하는 방법은 간단합니다. 이해할 수 있는 소리를 많이 듣는 것입니다. 우리가 한국어를 배울 때 단어와 문법을 먼저 배우지 않았다는 사실을 명심해야 합니다. 언어는 아기가 말을 배우는 것과 같은 순서로 배워야 합니다.

인간은 생후 6개월이 지나면 언어와 소음을 구분하기 시작합니다. 말은 대뇌에 청각피질에 전달되고 베르니케 영역과 브로카 영역이 생성됩니다. 베르니케 영역은 뇌에서 말의 의미를 이해하는 영역입니다. 엄마가 나에게 하는 말을 반복적으로 듣다 보면 그것의 의미를 알게 됩니다.

물이 담긴 저것은 '컵'이구나.
'하지 마.'라는 소리를 듣고 내가 동작을 멈추면 엄마가 더 이상 '하지 마.'라는 소리를 안 하는구나.

'뚝'이라는 소리를 듣고 내가 울음을 멈추면 엄마가 좋아하는구나.

간단한 표현의 의미부터 이해합니다. 이렇게 외마디 단어를 이해하다가 두 단어의 조합을 이해하게 되고, 어느새 문장을 이해하게 됩니다. 하지만 그때도 문장의 구조나 품사를 이해한 것은 아닙니다. 그저 어떤 긴 소리를 듣고 그것에 담긴 의미를 알 뿐이죠.

예를 들어 2살의 제가 '관평아, 저기 가서 할머니한테 안아 달라고 해.'라는 말을 들었을 때, 저는 아마 '관평'이라는 소리가 나를 지칭하는 것이고 '할머니'라는 소리는 '얼굴을 보면 구분이 가능한, 나를 예뻐하는 사람들 중 하나.'라는 인지만 가지고 있었을 겁니다. 그리고 '할머니'라 불리는 사람이 두 팔을 벌리고 이리 오라고 손짓하는 것을 보고 알았을 겁니다. '아, 저기로 이동하면 날 안아주겠구나. 안기는 건 좋아. 그러니까 저기로 가보자.' 그곳으로 갔더니 예상대로 할머니는 날 안아줬고, 그 말을 한 엄마와 할머니 모두 기뻐하는 표정에 덩달아 내 기분도 좋아집니다. 바로 그때, 엉금엉금 기어 다니던 2살의 노관평은 한국어 표현 하나를 알게 됩니다. '저기 가서 할머니한테 안아 달라고 해.'라는 소리를 들으면 방금 했던 행동을 하면 되는구나, 그럼 기분이 좋아진다.

우리는 이렇게 말을 배웠습니다. 뒤에서도 다시 언급하겠지만, 우리의 뇌가 기억해야 하는 정보와 잊어버려도 되는 정보를 구분하는 방법 중 하나는 '그 정보가 감정을 자극했는가'이고, 또 다른 하나는 반복 입력입니다.

우리가 언어를 습득하는 것도 이 두 가지로 설명됩니다. '그 소리 정보가 나의 감정을 자극하는가?', 또는 '나에게 반복적으로 입력되는가?' 그러나 그보다 선행되어야 하는 것은 내가 '그 소리 정보에 담긴 의미를 이해하는 것'입니다. 소리 정보 인풋을 표정, 억양, 몸짓, 상황 등 주어진 모든 정보를 사용해도 이해하지 못하면 우리 뇌는 그 소리를 언어로 인식하지 않습니다. 소음이 되어버리는 것입니다. 마치 가사의 내용을 찾아보기 전까지 팝송이 그저 음악으로 들리는 것과 같습니다.

그렇게 베르니케 영역이 활성화되면서 듣고 이해하는 표현들이 많아지면 우리 뇌에 브로카 영역이 형성됩니다. 브로카 영역은 들어서 이해한 언어를 말로 꺼내게 만드는 영역입니다. 베르니케와 브로카, 이 두 영역이 혀, 입, 목의 근육을 움직이는 운동 피질을 자극하여 우리는 말을 하게 됩니다.

새로운 언어를 배우는 데 필요한 침묵의 3년

말을 하게 되는 3년의 시간 동안 아기는 머릿속으로 단어의 정의나 문법 규칙을 생각하지 않았습니다. 그저 들었습니다. 수년간의 침묵의 시간. 모든 언어는 침묵의 시간을 요구합니다. 그럼 우리는 왜 10년씩 영어를 배웠는데 아직도 말을 못 하는 걸까요? 그 시간 동안 읽기와 쓰기를 배웠기 때문입니다. 한국어가 유창한 우리도 한국어 문법을 모르는데, 영어를 못 하는 우리에게 영어 문법을 가르치니 영어는 지루한 공부의 대상이 돼버렸습니다.

학교에서 영어 듣기를 연습할 때 우리는 어디선가 흘러나오는 원어민들의 대화를 반복적으로 듣습니다. 이것도 많이 하면 소리에서 단어가 구분되어 들리고, 발음에 익숙해져서 듣기 평가 문제를 잘 풀 수 있게 됩니다. 하지만 이것은 듣기 평가에서만 쓸 수 있는 능력입니다. 현실에는 그렇게 천천히 또박또박 말해주는 사람이 존재하지 않거든요.

원어민들의 대화를 보고, 이해하면서 들어야 합니다. 그들이 뭐라고 하는지 추측할 수 있어야 합니다. 그러려면 대화에 관심을 가져야겠죠. 제가 일본어를 들을 수 있게 된 이유는 '일본어를 배우고 싶어서'가 아니라, 주인공 루피가 악당에게 뭐라고 하면서 주먹을 날리는지 알고 싶었기 때문입니다. 그럼 여기가 외국도 아니고, 외국인 친구가 있는 것도 아닌데 어떻게 영어를 배울 수 있을까요?

관심 있는 영어 콘텐츠를 영어 자막과 함께 보세요. 남들이 영어 공부에 좋다는 것, 남들이 재미있다는 것, 내 수준에 맞는 것, 다 필요 없습니다. 내가 관심있는 것이 최고입니다. 내가 관심 있는 주제의 콘텐츠를 영어 자막과 함께 많이 보세요. 내가 알고 싶은 것이기에 그들의 대화에 집중할 것입니다.

영상 속 배우 또는 방송인들의 훌륭한 발음과 생생한 표정 연기는 그들의 말을 이해하는 데 도움을 줍니다. 어린 제가 할머니에게 기어가서 안길 수 있었던 것은 제가 그분의 표정과 손짓을 보고 의미를 추측했던 것이지, 그 말의 의미를 해석한 것이 아니었습니다.

영어로 콘텐츠를 볼 때 기존의 영어 교육에서 생긴 습관 때문에 단어와 문법이 머릿속을 어지럽히고, 그들의 말을 '해석'하려는 자신을 발견할 것입니다. 해석의 늪에서 벗어나세요. 언어는 의미를 추측하면서 익숙해지는 것입니다. 해석은 주어진 문장을 해석하여 문제의 답을 찾아야 할 때 필요한 것입니다. 외국인들과 편안한 대화를 할 때, 해석은 필요 없습니다. 뭐라고 하는지 알기만 하면 되죠.

새로운 언어가 요구하는 침묵의 3년은 이해의 선순환이 시작되면서부터 지루하지 않습니다. 그렇게 듣고 이해할 수 있는 Comprehensible Input에 지속적으로 노출되면서 우리는 그 언어에 익숙해지고 결국에는 그 언어를 습득하게 됩니다. '듣말읽쓰'에서 인풋에 해당하는 듣기와 읽기를 동시에 연습할 수 있는 훌륭한 방법. 바로 영어 콘텐츠를 영어 자막으로 시청하는 것입니다.

아기에게 원어민 부모와 그 시기에 특화된 언어 습득 능력이 있다면 우리에게는 상황 파악 능력과 관심사에 대한 배경지식, 그리고 자막을 읽을 수 있는 기초 영어 지식이 있습니다. 이것이 아기에게나 성인에게나 새로운 언어를 배우는 데 침묵의 시간이 3년으로 비슷할 수 있는 이유입니다.

07

언어를 습득하는 순서 - '듣말읽쓰'

아기가 말을 배우는 순서대로 하라

여유로운 주말 아침. 남자는 네 살 난 아들을 거실로 부른다.

"아들아, 이리 와 봐~"

방에 있던 아이는 가지고 놀던 사자 인형을 집어 들고 거실로 나온다. 남자는 두 눈을 동그랗게 뜨고 아이에게 말한다.

"놀이터 갈까!?"

아이는 사자를 힘껏 움켜쥐며 대답한다.

"응!"

지극히 평범한 가족의 일상입니다. 무엇 하나 특별할 것 없는 그들의 짧은 대화에서 한 가지 궁금한 점이 있습니다. 아이는 어떻게 남자의 말을 알아들은 걸까요? "아들아, 이리 와봐~"가 나를 오라고 부르는 의미인 것을 아이는 어떻게 알았을까요?

'오다'라는 동사가 구어체 명령조로 쓰인 [와봐]의 앞에 '이쪽'을 뜻하는 부사 [이리]가 붙은 문장, '이리 와 봐'를 해석한 걸까요? 지금쯤 이 글을 읽는 독자분들은 이런 생각을 할 것입니다. '당연한 걸 가지고 따지고 드네, 그냥 부르니까 온 거지 알긴 뭘 어떻게 알아!'

맞습니다. 아이는 자기를 부르니까 거실로 나온 것입니다. 무척 당연해 보이지만 세상에 당연한 것은 없습니다. 익숙함에 속아 당연하게 느껴지는 것뿐이죠. 아이는 '아들'이란 단어가 자신을 부르는 호칭들 중 하나라는 것을 압니다. '나를 '아들'이라고 부르는구나, 나는 아들인가 보다.' 지난 4년간 삶에서 아이가 경험으로 깨달은 것입니다. '이리 와봐.'라는 표현도 마찬가지입니다. 우리의 인생에서 "이리 와봐."를 처음 듣던 날을 떠올려봅시다.

어느 날, 스스로 몸을 움직이기 시작한 나에게 엄마가 이리 오라며 손짓합니다. '나를 보며 뭐라고 하는데 무슨 말인지 모르겠다. 손짓을 보니 저쪽으로 오라는 것 같은데 가볼까?' 엉금엉금 엄마에게 기어가자 엄마는 활짝 웃으며 나를 들어 올립니다. 그때, 나는 한국어 문장을 하나 배웠습니다. 경험으로 알게 된 것입니다. 남자와 아들의 이야기에서 형형색색의 놀이기구가 모여 있는 야외 공간을 '놀이터'라고 부른다는 것과 "갈까?" 하고 말 끝을 올려서 말하면 나의 의사를 묻는 것이라는 것도 아이가 스스로 듣고 유추하여 알게 된 사실입니다.

우리는 모두 한국말을 이렇게 배웠습니다. 남이 하는 말을 듣고 표정과 상황에서 힌트를 얻어 말의 의미를 이해했습니다. 그런데 왜 영어는 문법부터 배우는 걸까요? 우리가 '이리 와봐.'는 맞고 '봐 와 이리'는 틀린 표현이라는 것을 문법을 배워서 아는 것이 아닌데 말입니다.

어린아이들이 말하기 시작했을 때를 떠올려봅시다. 그들은 가만히 듣고 부모가 한 말의 의미를 추측합니다. 몇 번의 시행착오를 거치고 나면 가져오라면 가져오고, 가지 말라면 가지 않습니다. 그러다가 듣는 것이 익숙해지면 부모의 말을 중얼거리며 따라 합니다. 그리고 어느새 본인의 의사를 표현하고 대화를 하게 됩니다. 언어는 아기가 말을 배우는 순서대로 배워야 합니다. 한국어든 영어든 그 순서는 같습니다.

듣고, 말하고, (말)
↓
읽고, 쓴다. (글)

우리가 부모님에게 한국말을 배우고 학교에 가서 한글을 배운 것처럼, 영어도 듣고 말하는 것에 먼저 익숙해진 다음, 읽고 쓰는 것을 배우는 것이 맞습니다.

그럼 글부터 배운 김씨들은 어떡하죠?

앞에서 우리는 문맹 박 할머니와 말보다 글을 먼저 배운 김씨의 사례를 들어 기존 영어 교육의 문제점을 짚어봤습니다. 한국어로 말하는 박 할머니는 수월하게 한글을 익힐 수 있습니다. 글자를 읽고 쓰는 법만 배우면 되기 때문입니다. 그러면 김씨는 어떨까요? 올바른 언어 학습 순서의 반대로 영어를 배운 김씨는 헛고생을 한 걸까요? 아닙니다. 김씨는 영문을 읽을 수 있는 본인의 장점을 살려서 영어를 쉽게 배울 수 있습니다.

스티븐 크라센 박사는 자발적 독서야말로 언어를 배울 수 있는 최고의 방법이라고 말합니다. 크라센 박사는 그의 강연에서 1960년대 작가 데니얼 페이더가 연구한 자료를 예로 듭니다. 소년원의 아이들에게 주머니에 넣고 다닐 수 있는 포켓북을 나눠주고 그 책을 가지고 마음대로 하라고 지시했습니다. 읽든 말든 다른 책으로 바꾸든 본인의 자유였죠. 시간 제한도, 과제도 없었습니다. 아이들은 제임스 본드 시리즈 같은 흥미로운 책을 골라서 읽었습니다. 어떤 아이들은 1년 동안 평균적으로 이틀에 한 권을 읽기도 했죠. 아이들은 누구의 강요나 조건도 없이 자발적으로 책을 읽었습니다.

2년 뒤에 소년원의 아이들을 대상으로 언어 능력 테스트를 진행했습니다. 결과는 놀라웠습니다. 독해, 작문 능력의 향상은 물론 학습 태도까지 바뀌었습니다. 책을 읽지 않은 비교 그룹은 성적이 그대로이거나 오히려 떨어졌습니다. 저자는 소년원 아이들의 일상을 관찰했습니다. 다른 학교와의 농구 경기를 관람하는 시간에도 일부 아이들은 주머니에 있는 책을 꺼내 읽었습니다. 자발적으로, 본인이 원해서 독서를 한 것입니다.

독서를 한 학생들은 문법 시험에서 문법을 배운 학생들보다 좋은 성적을 거뒀습니다. 언어 학습에 있어서 문법은 기본이자 핵심이라는 기존의 언어 교육법에 따르면 문법 시험은 문법을 배운 학생들이 더 좋은 성적을 받아야 합니다. 크라센 박사는 이에 대해 이렇게 답합니다.

"당신이 책을 많이 읽으면 보편적인 작문 기술이나 단어, 그리고 문법 지식이 당신도 모르는 사이에 '습득'됩니다. '학습'하는 것이 아니라 무의식적으로 흡수되는 것입니다."

제가 어린 시절 무협 소설을 많이 읽고 국어, 사회문화, 도덕 등 문해력이 요구되는 수업을 쉽게 느꼈던 것처럼, 영어 사용자에게도 같은 결과가 나타난 것입니다.

사실 이것은 당연한 결과입니다. '글'에 해당하는 읽고 이해하는 능력은 누군가가 글로 꺼내놓은 생각을 읽으면서 연습할 수밖에 없습니다. 말과 마찬가지로 글도 인풋(읽기)이 선행되고 그것이 익숙해지면 아웃풋(쓰기)이 가능해집니다. '쓰기'에 익숙해지면 문법과 어휘에 대한 이해가 높아져 더 다양한 글을 읽고 이해할 수 있습니다. 그러면 그로 인해 더 좋은 글을 쓸 수 있게 됩니다.

글의 이해력 향상은 말하기 능력의 발달로 연결됩니다. 더 많은 문장을 이해하고 그것을 토대로 조리 있게 말할 수 있게 됩니다. 언어를 올바른 순서로 학습하면 최초의 '들말읽쓰' 사이클 이후에 각 항목은 다른 항목을 돕는 선순환의 구조로 성장합니다.

문법을 무의식의 영역으로 가져오는 연습을 하라

그런데 애초에 문법과 단어를 모르는데 어떻게 알아듣고 말을 할 수 있냐고 되물을 수 있습니다. 그럼 이 질문에 한번 답해보세요.

"당신은 한국어 문법을 설명할 수 있습니까?"

저는 평생 한국어를 사용하며 살아왔고 한국어로 유창하게 말하지만, 한글 문법은 설명할 길이 없습니다. 한국어 능력 시험을 본다면 고득점은 자신 있습니다. 쓱 읽어보고 어색하게 느껴지는 것이 틀린 문장일 테니까요. 문법을 배워서 아는 게 아닙니다. 한국어를 많이 들어봐서 아는 것입니다.
'말이 조금 이상한데…?'
'그렇게 말하는 걸 못 들어본 것 같은데…?'

문법적으로 잘못된 문장을 들었을 때 느껴지는 표현의 어색함. 그것은 우리가 한국어 사용자라는 의미이고, 문법을 경험으로 체득했다는 증거입니다. 언어에서 문법은 '원어민이 해당 언어로 말하는 규칙'입니다. 그들이 말하는 순서와 방식을 제3자의 관점으로 분석해서 설명해놓은 것이 바로 문법이죠. 글을 쓸 때 본인이 쓴 글을 소리 내어 읽으면서 어색하게 들리는 부분을 고쳐본 경험이 있을 것입니다. 이때도 우리는 '듣기'로 표현의 문법적 옳고 그름을 판단합니다.

단어도 마찬가지입니다. '놀이터'라는 단어의 의미를 학습하지 않았지만 아이는 '놀이터'라 부르는 곳이 어떤 곳인지 알고 그곳에 가자고 하면 좋아합니다. '놀이터'라는 단어를 듣는 순간 그곳의 이미지와 즐거운 기억이 떠오르는 아이에게 '놀이터'의 사전적 정의와 문자로 읽고 쓰는 법은 중요하지 않습니다.

마이클 얼먼 교수는 "언어란 두 가지 기억의 협력"이라고 말했습니다. 기억에서 어휘를 불러오고, 그것을 규칙에 따라 결합하는 것이 언어입니다. 전에 안 해본 말을 하거나, 누군가에게 무언가를 설명할 때 우리의 머릿속을 관찰해보면 먼저 적당한 단어를 떠올리고, 그것을 말의 틀에 끼워 넣는 과정을 확인할 수 있습니다. 한국어의 규칙, 즉 한국어 문법은 생각할 필요도 없이 적용되어 있어서 단어만 떠올리면 대화를 주고받는 데 지장이 없는 속도로 문장을 만들 수 있는 것입니다.

영어를 사용할 때도 과정은 똑같습니다. 단지 느릴 뿐입니다. '아까 전에 사슴을 봤다'고 말하고 싶을 때 우리는 단어를 먼저 생각합니다. '사슴'과 '보다'의 의미를 가진 단어를 떠올리고 그것을 영어 문법에 끼워 넣습니다.

〈영어는 동사를 먼저 말하는 거니까 '보다'를 앞에다 넣어야 하고… 과거의 일이니까 '보다'를 과거로 바꿔야지… See의 과거는 Saw… 그럼 Saw deer이구나, 그리고 내가 본 거니까 I saw deer이겠네. 맞다, 사슴 한 마리를 봤다고 해야 되지.〉

이 과정을 거쳐서 "I saw a deer."을 말합니다. 이런 식으로 번역의 과정을 거쳐서 말하면 정상적인 대화가 이뤄지기 힘듭니다. 그러나 '듣말읽쓰'를 한 번에 연습하면 머릿속에 영어 문법이 체화됩니다. 한국어를 말할 때처럼 영어 단어가 유유히 흘러가서 문법의 틀에 안착합니다.

단어와 문법 지식은 우리 뇌의 다른 장소에 저장됩니다. UCSD의 래리 스파이시 교수는 우리가 기억이라고 말하는 것들은 뇌의 바깥쪽 서술기억을 저장하는 곳에 있고 그 외의 비서술 기억은 뇌의 깊숙한 무의식적 기억에 저장된다고 말합니다.

서술기억은 암기를 통해 기억되는 것들로 사건, 사람, 사실, 장소, 과거 등에 해당합니다. 비서술적 기억(절차기억)은 기술, 습관, 감정적 학습에 의해 습득된 것입니다. 언어에서 단어는 암기를 통해 기억되는 것이고 문법은 기술이나 습관처럼 체득되는 것입니다. 크라센 박사가 독서를 하면 쓰는 기술과 문법이 흡수되듯 체득된다고 한 것과 일치합니다.

우리의 한국어를 예를 들어보면 어휘는 서술기억(암기)에, 그리고 문법은 절차기억(습득)에 저장되어 있습니다. 그래서 단어만 떠올리면 이후 추가적인 생각 과정을 거치지 않고 문장을 만들 수 있습니다. 그러나 우리에게 영어는 어휘와 문법 두 가지 모두 서술기억에 저장되어 있습니다. 그래서 생각하는 시간이 필요합니다. 어떤 것도 습득한 것이 없고 암기를 통해 기억했기 때문이죠. 기억 속에서 단어를 떠올리고, 떠올린 단어를 다시 기억을 더듬어 문법 규칙을 찾아 그것에 맞게 조합해야 하나의 문장이 되는 식입니다. 영어를 듣고 말하는 것이 느릴 수밖에 없는 이유입니다.

우리가 문법을 언어의 핵심이라 믿고 아이들에게 문법을 더 잘, 더 많이 가르치려고 할수록, 문법은 서술기억에서 꺼내서 써야 하는 기억의 하나로 남을 수밖에 없습니다. 영어 문법도 자전거 타는 법처럼 무의식적으로 사용할 수 있는 절차기억으로 전환해야 합니다. 메릴랜드 대학의 로버트 드 카이저 교수는 이렇게 말합니다.

"연습은 서술적 지식을 절차적 지식으로 바꾼다."

여기서 연습은 빈칸에 알맞은 단어를 끼워 넣는 연습이 아닙니다. 해당 언어를 유창하게 사용하는 사람들이 세상에 꺼내놓은 아웃풋을 반복적으로 접하는 것입니다.

<노는영어>로 듣말읽쓰, 모든 인풋과 아웃풋을 동시에 잡아라

언어는 놀면서 익숙해지는 것이라면서 읽기의 훌륭함을 강조하는 이유는 〈노는영어〉의 핵심인 '영어 콘텐츠 영어 자막으로 보기'에서 영어 자막이 독서를 대신하기 때문입니다.

영어 콘텐츠를 영어 자막으로 보면 '듣말읽쓰'의 모든 인풋과 아웃풋을 연습하게 됩니다. 눈으로는 상황과 표정, 입 모양, 그리고 자막 등 시각 정보를 받아들입니다. 그때 귀는 눈으로 읽고 있는 자막과 일치하는 청각 정보를 받아들여 두 시청각 정보로 대화의 내용을 이해합니다. 입 모양을 보면서 듣기 때문에 해당 언어를 소리 내는 법도 함께 익힙니다.

말하는 속도와 같은 속도로 나타나고 사라지는 자막을 읽다 보면 빠르게 읽을 수 있게 되고 말을 하는 규칙에 익숙해집니다. 우리는 읽는 연습과 동시에 쓰는 연습을 하게 됩니다. 문법과 단어도 이 과정에서 습득합니다. 문법이란 원어민의 말에 담긴 일정한 규칙을 분석하여 정리한 것입니다. 책을 많이 읽으면 독해력과 작문 능력이 향상되는 것과 마찬가지로, 영어 자막을 따라 읽다 보면 자연스럽게 영어 문법 규칙에 익숙해집니다. 우리가 한국어 문법을 모르지만 말할 수 있는 것처럼, 자막을 따라 읽으면서 영어 문법을 알지만 설명은 할 수 없는 상태가 됩니다.

이렇게 읽기와 듣기 그리고 쓰기 훈련을 동시에 하게 됩니다. 그 세 가지 연습에 익숙해지고 능숙해지면 영어로 말하는 능력이 생깁니다. 많이 듣고 이해하다 보면 특정 상황에서 원어민들은 어떤 식으로 말하는지에 대한 감이 생깁니다. 시간이 지날수록 특정 상황에 반사적으로 대답할 수 있는 표현들이 내 안에 쌓입니다. 영어를 듣고 이해할 수 있고, 문법 규칙을 알고, 상황에 맞는 대답을 생각을 거치지 않고 말하게 된다면 당신은 이미 영어 사용자가 된 것입니다.

말하는 법은 말하는 것을 보면서 배워야 합니다. 말하는 사람의 얼굴을 보면서 그 사람의 말을 듣고, 동시에 그의 말을 글자로 읽는 연습. 듣고 읽는 두 가지 인풋을 동시에 받아들일 수 있는 유일한 방법. 〈노는영어〉입니다.

08

영어 공부를 끝까지 하게 하는 두 가지 원동력

첫째, 재미 - 영어를 공부하지 말고 영어로 놀아라!

언어에 재미를 느끼려면 공부의 대상이 아니어야 합니다. 공부는 필요에 의해 해야 하는 중요한 일이라는 느낌이 납니다. '공부가 아닌 영어 공부'. 모순적이지만 언어 학습은 그래야 합니다.

놀아야 돼서 노는 사람은 없습니다. 놀고 싶어서 놉니다. 왜 놀고 싶을까요? 일상은 지루하니까, 재미를 얻기 위해서 놉니다. 돈을 벌어야 해서, 좋은 성적이 필요해서 등 모든 해야 하는 것들에서 자유로울 때 우리는 놉니다.

주말을 생각해봅시다. 친구와 만나기로 합니다. 이어폰을 꼽고 문을 나섭니다. 사람들을 구경하며 걷습니다. 약속장소에 도착합니다. 친구와 그간의 이야기를 나눕니다. 공원에서 산책을 하거나 영화를 보기도 합니다. 전시회, 등산, 캠핑, 낚시를 갈 수도 있습니다. 공간은 달라도 이 모든 활동들을 우리는 '놀이'

라고 부릅니다. 그리고 그곳에는 언제나 언어가 있습니다. 대화를 할 때도, 책을 볼 때도, 음악을 들을 때도, 영화를 볼 때도, 쇼핑을 할 때도, 혼자 생각을 할 때도 우리는 언어를 사용합니다.

언어와 문화는 하나입니다. 우리는 놀면서 언어를 쓰고, 그 맥락은 반드시 문화 속에서 존재합니다. 언어를 알아야 문화를 이해할 수 있고 문화를 이해해야 언어를 잘할 수 있습니다. 문화는 그 사회의 일원들이 반복적으로 해온 행동 및 생활 양식의 집합입니다. 영어 사용자들의 문화를 알면 영어 표현도 자연스러워집니다. 예를 들어 한국 문화에서 누가 탁 쳤을 때, "아, 뭐야!"라며 반사적으로 소리치며 뒤돌아봤는데, 그 사람이 윗사람인 것을 알면 "아, 안녕하세요."라고 말하는 모습은 문화에 따른 언어 규칙의 예입니다. 이처럼 영어에도 특정 상황에서 말하고 대답하는 규칙들이 존재합니다.

'이런 상황에서 이 사람들은 이렇게 말하는구나.' 상황에서 추측한 깨달음이 쌓이면 자연스레 비슷한 상황에 직면했을 때 한국어로 할 말을 생각하고 그것을 영어로 번역해서 입 밖으로 꺼내는 일련의 과정이 사라집니다. 생각을 거치지 않고 말하게 되는 것입니다.

외국인과 생활하면서 그들이 특정 상황에서 어떻게 말하는지 보고 들을 기회가 적은 한국 사람들은 어떻게 하냐고요? 그래서 미드나 TV쇼를 보는 겁니다. 원어민들의 일상을 저장해놓은 영상물, 친절하게 영어 자막도 달려 있고 뒤로 돌려볼 수도 있죠.

영어는 많이 접한 사람이 잘합니다. 1시간 영어에 노출되면 남들보다 1시간만큼 잘하게 됩니다. 흔히 시간과 노력은 거짓말하지 않는다고 하죠. 하지만 〈노는영어〉는 노력이 필요 하지 않습니다. 놀 때 노력하시나요? 그냥 즐기는 겁니다. 공부하는 마음으로는 많이 볼 수도 없고 보는 내내 즐길 수가 없어요.

놀면서 즐겨야 내 것이 되는데 한숨 쉬면서 단어나 찾고 있으면 시간만 낭비하는 겁니다. 재미있는 영어 콘텐츠를 영어 자막으로 보면서 노세요. 그럼 언어도 문화도 내 것이 됩니다.

관심을 가지고 다양한 상황을 접하는 시간이 많아질수록 이해하는 문장이 늘고, 이해가 늘면 관심으로 시작한 일에 재미가 생깁니다. 그럼 다양한 상황을 접하는 시간이 더욱 늘어나는 선순환이 시작됩니다. 영어를 놀면서 배워야 하는 이유입니다.

언어에 익숙해지려면 시간이 필요합니다. 긴 시간을 투자하려면 그것으로 놀아야 합니다. 영어로 노세요. 당신 삶의 모든 놀이를 영어로 하는 겁니다.

둘째, 목적 - 쉽게 충족되지 않을 절실함을 만들어라!

물론 노는 것도 지겨운 순간이 옵니다. 영어로 놀 때도 흥미로만 접근하면 3개월도 유지하기 어렵습니다. 흥미를 넘어 취미가 되어야 합니다. 이유를 넘어 목적이 있어야 합니다. 지루함의 늪에 빠져도 금방 빠져나올 수 있게요.

저는 영어를 배우고 싶었습니다. 영어를 하면 삶이 편해질 것 같았습니다. 미국에서 어학원을 다니면서 차츰 영어 실력이 늘었습니다. 영어로 말을 잘 하는 것은 아니었습니다. 충분한 시간이 주어지면 읽고 이해할 수 있었습니다. 또박또박 말해주면 들을 만했습니다. 그러나 단기간에 얻은 이 미미한 성취가 영어 학습의 이유를 뿌리째 흔들었습니다. 나태함이 찾아왔습니다. 영어 실력이 더 좋아질 여지가 충분했지만 의지가 약해졌습니다. 비록 조금이나마 영어를 배운 것은 맞기에 '영어를 배우고 싶다'는 목적이 달성됐기 때문입니다.

대부분의 신년 계획이 봄이 채 지나기도 전에 무산되는 이유가 여기에 있습니다. 초반의 성취는 생각보다 빠르게 나타납니다. 우리는 그 작지만 확실한 변화에 쉽게 만족합니다. '이 정도면 괜찮네.'라는 생각이 듭니다. '마음먹고 하면 금방 이렇게 되는데 뭐.' 우선순위가 밀리기 시작합니다. 점차 쉬는 날이 늘어납니다.

언어 학습도 같은 패턴으로 움직입니다. 불편함이 줄어들면 의지는 약해지고 스멀스멀 만족이 올라옵니다. 만족이 언제나 나쁜 것은 아닙니다. '나태함이 제시하는 만족'이 문제입니다. '영어를 배우고 싶다'는 초반의 목표는 금세 흐려졌습니다. 영어를 조금 배운 것으로도 충족되는 욕구였습니다. 분명한 필요가 필요했습니다.

미국에 간 지 3개월째 되던 어느 날, 어학원 친구들이 사는 아파트에서 저녁을 먹었습니다. 집에 가려고 버스를 타러 나온 시간은 밤 10시였습니다. 누런 가로등 불빛이 드문드문 길을 밝히고 있었습니다. 요란한 소리를 내며 지나는 자동차들. 거리에 사람은 없었습니다. 버스정류장에 도착해서 안내 화면을 보니 10분 뒤에 버스가 온다고 합니다. 벤치에 앉아 스마트폰으로 SNS를 확인합니다. 화면을 엄지손가락으로 세 번째 튕기려던 찰나, 갑자기 눈앞에 은색 총구가 나타납니다. 미간에 총구가 겨눠져 있었습니다. 너무 가까워서 총구가 두 개로 보입니다. 눈동자만 살짝 올려보니 마른 체형의 흑인 남성이 검정색 후드를 뒤집어쓰고 노려보고 있었습니다. "Give me your phone my nixxx." 거친 숨소리가 섞인 깨끗한 목소리. 목에 힘을 주고 말하고 있지만 그가 청년임을 본능적으로 알 수 있었습니다.

강도는 오른손으로는 총을 겨누고 왼손으로 저의 스마트폰을 뺏으려고 했습니다. 필사적으로 스마트폰을 양손으로 잡아 배 쪽으로 당기고 상체를 숙였습니다. 강도는 스마트폰을 쥔 손을 놓지 않았습니다. 총을 든 손으로 제 등을 마구 때리기 시작했습니다.

'포기한 건가?' 등에 가하는 공격이 멈춘 순간, '탕!' 눈앞이 번쩍하더니 총소리가 고막을 때렸습니다. 그렇게 가까운 거리에서 귀마개 없이 총소리를 들은 것은 처음이었습니다. 양쪽 귀는 '삐—' 소리 외에 다른 소리를 받아들이지 못했습니다. 화약 냄새 가득한 세상은 슬로우 모션처럼 천천히 움직였습니다.

　고개를 돌려보니 벤치 뒤쪽으로 3미터 지점에 낡은 차가 한 대 서 있었습니다. 차체가 낮고 보닛이 긴 짙은 녹색의 포드 자동차. 운전석에 앉아 있던 살집 있는 흑인 여자는 빨리 오라며 마구 소리칩니다. 여전히 천천히 움직이는 세상, 강도가 저에게 뭐라고 소리치는데 표정과 억양을 보니 욕이었습니다.

훗날 검찰에서 돌려받은 스마트폰 케이스. 강도의 지문이 남아 있는 핵심 증거라 밀봉하여 보관해왔다.

　그들이 탄 차가 어둠 속으로 사라지고 나서야 청각이 돌아왔습니다. 눈도 그제서야 세상을 정상 속도로 받아들이기 시작했습니다. 스마트폰을 쥐고 있던 오른손이 얼얼합니다. 어찌나 세게 쥐었는지 범퍼 케이스는 부서졌고 스마트폰은 그 안에서 배터리가 분리되어 있었습니다. 엄지와 검지 사이는 찢어져서 피가 납니다. 입고 있던 후드는 돌돌 말려서 우측 어깨 위에 놓여 있고 머리는 마구 헝클어져 있었지만 그것에 신경 쓸 정신이 없었습니다.

어서 자리를 피해야 했습니다. 미국 강도들은 복수하러 돌아온다는 말을 들었던 기억이 났습니다. 버스 정류장 뒤에 위치한 주유소로 갔습니다. 흰색 긴팔 티셔츠 위에 베이지색 디키즈 자켓을 입은 백인 남자가 트럭에 기름을 넣고 있었습니다. 그 남자가 말을 걸었습니다.

"방금 그거 강도야?"

그의 말을 이해할 수 없었지만 알아들을 수는 있었습니다. 그 상황에서 했을 질문은 그것뿐이니까요. 저는 대답했습니다.

"응."
"총 쏜 것 맞지?"
"그런 것 같아."
"와, 대단하다. 강도랑 싸우고 총을 쐈는데도 살아 있네."
"공포탄이었던 것 같아."

그의 말은 'Wow'와 'Alive'를 듣고 추측했습니다. 그는 엄지손가락을 치켜세우며 운이 좋다고 칭찬했습니다.

그는 처음부터 다 보고 있었습니다. 하지만 도와주기는커녕 구경만 하고 있었습니다. 그리고는 살아서 걸어오는 저에게 칭찬을 합니다. 그 순간 떠오른 서운함, 분함, 억울함은 이리저리 섞여서 내면을 지배합니다.

"뭐라고? 다 보고 있었으면서 도와주지는 못할 망정 조롱을 해? 이런 xxxx!!"

울분을 그에게 쏟아내고 싶었지만 한마디도 할 수 없었습니다. 아무리 생각해도 영어로 저 말이 떠오르지 않았습니다. 두서없이 'FxxK YOU!'를 외치자니 이어질 대화가 걱정스러웠습니다. 답답한 숨을 두어 번 크게 내쉬고 돌아섰습니다. 그날 밤, 침대에 누웠는데 내 의지와 상관없이 손이 부들부들 떨렸습니다. 이유 없이 수축하는 전완근을 멈출 수 없었습니다. 공포도 분노도 아니었습니다. 그렇게 그날은 잠을 이루지 못했습니다.

2014년 3월 20일. 그날 저는 다시 태어났습니다. 죽을 수 있었던 상황에서 살아남았고, 영어 습득의 이유도 분명해졌습니다. 더 이상 벙어리로 살고 싶지 않았습니다. 당장 하고 싶은 말이 머릿속을 맴도는데, 그것을 꺼내는 법을 모르는 것이 분했습니다.

모두에게 이런 경험이 필요한 것은 아닙니다. 누구나 상황에 맞는 절실함이 있습니다. 추상적이고 불분명한 이유로는 부족합니다. 미미한 성취 이후 만족해버리기 쉽습니다. 영어를 좋아하세요. 좋아지지 않는다면 좋아할 이유를 찾으세요. 찾을 수 없다면 만드세요.

09

잘하는 영어의 기준을 바꿔라

시험 점수가 높으면 영어를 잘하는 걸까?

영어를 잘한다는 건 어떤 상태일까요? 영어 시험 점수가 높으면 영어를 잘하는 걸까요? 제가 미국 어학원에서 레벨 테스트를 했을 때 토익 점수가 없는 저의 레벨이 2였고 토익 900점인 친구는 레벨 3이었습니다. 두 달 뒤에는 저도 레벨 3이 되었죠.

영어 성적이 높다고 영어를 잘하는 것도, 낮다고 영어를 못하는 것도 아닙니다. 저는 한국어 없이 살 수 있게 되었지만 토익 만점은 받지 못했습니다. 한국에 돌아오기 전 어느 날, 샤워를 하다가 문득 내가 토익을 보면 몇 점을 받을지 궁금해졌습니다. 귀국과 동시에 원서를 접수하고 모의고사 문제집을 샀습니다. 모의고사를 몇 번 풀어보고 시험장에 갔습니다.

제가 실수한 것이 있다면 모의고사를 풀 때 시간을 재지 않은 것입니다. 고사장에서 시간에 쫓기며 문제를 풀다 보니 초조했습니다. 남들 시험지 넘기는 소리가 들릴 때마다 머리가 하얘졌습니다. 시험지가 아직 두 장이나 남았는데 5분 전이랍니다. 그렇게 받은 점수가 905점입니다. 어학원 레벨 3이었던 친구의 점수를 제가 한국에 돌아와서 받은 겁니다.

영어는 언어입니다. 그리고 언어는 의미를 전달하기 위한 도구입니다. 영어를 잘한다는 것은 상대의 말을 듣고 내 의미를 전달할 수 있는 상태입니다. 전문 서적을 읽고 해석하는 능력은 영어를 잘하기 위해 필요하지 않습니다. 문학 작품을 감상하는 능력도 마찬가지입니다. 한글을 모르는 어르신들을 생각해보세요. 비록 문맹이지만 그분들의 소통 능력은 흠잡을 곳이 없습니다.

수조 원의 교육비, 평균 10년간의 공부, 그런데 왜?

전 세계의 영어 능력을 조사하는 EF EPI에 따르면 2020년 한국의 영어 능력 순위는 비영어권 국가 중 32위이며 '보통' 등급을 기록했습니다. 이는 읽기와 듣기 능력을 평가한 결과입니다. 그럼 토익, 토플 등 영어 능력 시험을 주관하는 ETS(Educational Testing Service)의 자료를 보시죠.

	2013	2014	2015	2016	2017	2018
China	77	77	78	79	79	80
Hong Kong	83	83	85	87	88	89
India	91	91	90	93	95	95
Indonesia	82	84	84	84	85	86
Japan	70	70	71	71	71	71
Korea, Democratic People's	82	82	80	82	83	83
Korea, Republic of	85	84	83	84	83	84
Taiwan	79	80	80	81	82	82

2013년부터 2018년까지 듣기와 읽기만이 아니라 말하기와 쓰기 능력도 평가하는 토플 시험의 점수 변화를 보면 영어를 외국어로 배우는 아시아 국가 중 토플 평균 점수가 낮아진 국가는 한국이 유일합니다. 2013년에 우리보다 점수가 낮았던 중국과 홍콩은 각각 3점과 6점이 올라서 중국은 4점 차이로 우리를 쫓고 있고, 홍콩은 5점이 앞선 상황입니다.

　"월스트리스 저널에 따르면 스위스의 민간교육기관 '에듀케이션 퍼스트'의 연례조사보고서에서 일본의 영어 능력 랭킹은 지난해 49위에서 4계단 더 떨어진 53위로 조사됐다. 반면 중국은 올해 처음으로 하위권을 벗어나 '보통 수준의 유창함'에 해당하는 40위로 올라섰다."
　- "영어실력 갈수록 느는 中, 떨어지는 日…문제는 대학 입시?", 〈중앙일보〉, 2019.11.11.

　중국의 영어 실력은 갈수록 느는데 일본은 실력이 매년 떨어지고 있다고 합니다. 이는 한국과 마찬가지로 읽기와 듣기 중심의 구태의연한 교육 방식의 결과로, 시험은 칠 수 있지만 여전히 실생활에서 영어로 소통하는 것은 어렵습니다.
　반면 중국은 대학 입시와 졸업 체계를 재정비하여 국민의 영어 실력을 향상시켰습니다. 중국 교육 당국은 대학 입학 시험에 말하기와 쓰기를 포함시키고, 일정한 영어 표현 능력 기준을 넘어야 졸업할 수 있도록 제도화했습니다. 그 결과 중국의 실용 영어 수준은 매년 상승하고 있습니다.
　1996년, 대한민국은 동북아시아에서 가장 먼저 초등 영어교육을 시작하고, 매년 수조 원의 교육비를 지출함에도 영어 실력은 오히려 낮아지는 아이러니한 상황이 발생했습니다. 이는 영어 교육의 시간이 부족해서 나타난 문제가 아닙니다. 한국인은 대학을 졸업할 때까지 평균 10년간 영어를 배웁니다. 이는

OECD 국가 평균의 1.5배에 달합니다. 이처럼 학습량이 충분한데도 영어 실력은 오히려 점점 떨어지는 이유는 무엇일까요?

전문가들은 교육과 학습평가 과정에 그 문제가 있다고 진단합니다. 중고등학교 영어 시간의 대부분을 독해와 문법 위주의 '수능 대비' 공부를 하는 데 쓰고, 대학에서는 취업을 위한 '시험 영어' 공부를 하는 데 쓰기 때문에 현재 대한민국의 영어 실력은 어찌 보면 이미 예견된 결과였는지도 모릅니다.

영어가 아닌 영문부터 가르치는 교육 시스템은 매년 국민들의 영어 수준을 떨어지게 하고 있습니다. 그런데 잠깐, 지금 이 책을 읽는 독자들 중 EF와 ETS에서 주관하는 영어 실력 테스트에 참가했던 사람은 얼마나 될까요?

다 집어치우고 '의사소통이 되느냐'에 집중하라

앞에서 언급한 데이터는 자신의 영어 실력이 궁금하거나, 입시 또는 취업 등의 목적으로 영어를 공부한 사람들이 시험을 치른 결과입니다. 자신의 영어 실력이 궁금하지 않은 일반인들의 데이터는 전혀 반영되지 않았죠. 일반인보다 잘하면 잘했지 못하지 않을 그들의 평균 영어 실력이 매년 떨어지고 있으니 일반인들의 영어 실력은 더욱 심각할지도 모릅니다. 우리는 교육 시스템 탓만 하고 있어야 할까요?

나는 영어를 못한다고 생각하는 것, 그렇게 믿기에 대화에 끼기 싫고, 영어로 말해야 하는 상황이 두렵고, 영어에 자신이 없는 그 상태가 그나마 아는 영어 표현마저 입 밖으로 나오지 못하게 만듭니다. 그 상태에서 우리의 뇌는 영어로 된 소리를 언어로 인식하지 않고 소음으로 흘려보냅니다. 그럼 영어를 듣고 말할 일이 없어지니 영어는 더욱더 나에게서 멀어지고, 나는 영어를 못한다고 다시 한번 확인하게 되는 악순환이 반복됩니다.

언어는 자신감입니다. 깊숙한 곳부터 자신감을 끌어내려면 영어를 잘하는 기준을 바꿔야 합니다. 한국은 그 기준이 유난히 높은 것 같아요. 당신이 생각하는 영어를 잘하는 기준도 원어민에 맞춰져 있지 않나요? 우리는 원어민이 아니고, 원어민이 될 수도 없으며, 될 필요도 없습니다. 영어는 우리의 제2외국어도 아니고 그저 외국어일 뿐입니다. 기준을 원어민에 두면 이번 생에는 자신 있게 말하기 어렵습니다.

문법, 단어, 발음, 억양 다 집어치우고 손짓 발짓 해가며 내 의미를 전달할 수 있는 상태를 잘하는 기준으로 잡으세요. 그럼 당신은 지금 있는 그대로 충분한 실력자가 될 것이고, 영어로 사람들에게 다가가기 쉬워지겠죠. 대화의 기회가 많아지면 당신의 영어 실력은 좋아지기만 할 것입니다. 영어 소통의 기회는 오프라인에만 있는 것이 아닙니다. 영어 아웃풋을 늘리는 방법에 대해서는 뒤에서 소개하도록 하겠습니다.

명사 또는 동사만 말해도 좋습니다. 표정, 손짓, 발짓 다 섞으면 더 좋습니다. '이건 얼마냐?'고 물을 때 꼭 완전한 문장을 사용해야 하는 것은 아닙니다. 그것을 가리키면서 엄지와 검지를 비벼도 상대는 이해합니다. '화장실이 어디냐?'고 물을 때 배를 움켜쥐고 인상을 찡그리며 "Where?"이라고 말해보는 건 어떤가요? 벌써 의사 소통의 범위가 넓어졌네요.

정말 영어를 잘하는 사람들은 단어나 문법을 신경 쓰지 않는다

배우 류준열 씨는 한 예능에서 수준급의 영어 실력을 보여줬습니다. 그는 한 매체와의 인터뷰에서 "영어 전문가들이 이런 이야기를 들으면 어떻게 생각하실지 정말 부끄럽다. 단지 시청자들이 인토네이션(억양)에 대해 자연스럽게 느꼈다면 아마 미국 드라마를 즐겨 봐서인 듯싶다. 보면서 자연스럽게 흉내 내다 보니 익숙해지더라. 일상적으로 듣게 되니까 그런 억양에 대해 오그라들지 않게 생각을 하고 있고, 영어를 해야 할 때도 자연스럽게 나오는 것 같다"고 말했습니다. 그의 영어 실력에 대해 단어와 문법이 초보 수준이고 틀리는 점도 많았다고 지적하는 네티즌도 있었습니다. 하지만 영어를 잘하는 것은 자신의 의사를 상대방이 이해할 수 있게 전달하는 것입니다.

한 방송에서 영어가 모국어가 아닌 핀란드 사람들의 영어 실력을 소개했습니다. 그들은 중학생 수준의 영어 단어를 틀린 문법으로 구사했습니다. 하지만 그들은 너무나 당당하고 자연스럽게 말했습니다. 누구도 그들의 영어 실력이 형편없다고 말할 수 없습니다. 문법과 단어, 발음이 영어 실력의 기준이라고 믿는 사람들, 그래서 남을 평가할 수는 있지만 정작 본인은 그 기준에 미치지 못해 영어로 말하지 않는 사람들만 남들의 영어 실력을 비판합니다.

단어나 문법, 발음 등 세부적인 것에 신경 쓰느라 말을 못 하는 것보다 아는 것을 총 동원해서 대화하는 것이 영어 실력 향상에 훨씬 도움됩니다. 류준열 씨도 본인의 영어를 수년간의 여행에서 부딪히며 배운 실전 영어라고 말했습니다.

정말 영어를 잘하는 사람들은 단어나 문법을 신경 쓰지 않습니다. 우리가 한국어 문법을 모르는 것처럼 외국인들도 영어 문법을 모르고 심지어 자주 틀립니다. 영어를 잘하는 기준을 바꾸세요. 내 마음대로 의사만 전달하면 되니 틀린다는 개념 자체가 무의미합니다. 잘하고 못하는 개념도 사라지죠. 그럼 심적 부담이 사라지고 그 자리에 자신감이 자리를 잡습니다. 이제 망설임 없이 영어 대화에 뛰어드는 일만 남았습니다.

10

쓸모 있는 영어 공부란?

그동안 배운 영어가 모두 쓸모 없었다

어떤 물건의 쓰임새는 아마 그 물건이 만들어진 이유와 같을 겁니다. 톱은 나무를 자르기 위해 만들어졌고, 의자는 앉기 위해 만들어졌습니다. 이처럼 이유는 곧 목적입니다. 그리고 저는 목적이 그것의 본질이라고 생각합니다. 그럼 언어의 본질은 뭘까요? 서로의 의미를 주고받는 것입니다.

우리가 그동안 해온 영어 공부를 생각해봅시다. 알파벳을 학습하고 기초 단어를 외웁니다. 기본 인사말을 배웁니다. 여기까진 좋습니다. 그런데 어느 날부터 온갖 문법 규칙을 관계대명사, 전치사, 현재완료 등 한글로도 이해하기 힘든 표현으로 배웁니다. 지문을 읽고 빈칸에 들어갈 알맞은 단어를 찾거나 순서가 잘못된 문장을 바로잡는 연습을 합니다.

문법 학습의 목적은 독해 능력 향상에 있습니다. 전문 서적을 읽고 거래처에서 보낸 이메일을 읽고 답하기 위해서입니다. 학교를 졸업하고 사회에 나왔지만 우리는 영어 공부를 멈추지 않습니다. 더 잘하고 싶어서가 아닙니다. 이제야 영어를 배워야겠다는 생각이 들었기 때문입니다. 그동안 영어라고 배운 것이 영어를 하는 데 쓸모가 없다는 것을 깨달은 것입니다. 일 잘하는 직장인을 위한 영어 학습은 마쳤지만 영어로 말은 못 합니다.

미국에서도 영어를 배웁니다. 문법도 가르치고 단어도 외웁니다. 글을 읽고 문제를 풀고 에세이를 쓰고 평가도 받습니다. 그러나 이 교육은 영어로 말하는 학생들이 영문을 깊게 배우는 과정입니다. 우리가 언어 영역을 공부하는 것과 같습니다. 듣고, 말하고, 읽고, 쓰는 순서로 배워야 하는데 우리는 학교에서 영어로 읽고 쓰는 것을 배우고 사회에 나와서 영어 말하기를 배우려고 하니까 막막한 겁니다.

그간의 영어 공부가 본인 삶에 유용했다면 더할 나위 없이 좋습니다. 영어 공부로 대학에 입학하고 졸업 후 취업해서 그동안 공부한 영어를 직장에서도 써먹었다면 그것으로 영어의 쓸모는 충족되었습니다. 그럼에도 이 책을 읽고 있는 이유는 아마도 그것에서 더 이상 쓸모를 발견하지 못했기 때문일 것입니다. 혹은 다음 레벨로 가야 하는데 기존의 방식에 한계가 느껴져서일지도 모릅니다.

당신도 듣고 말하는 영어가 필요한가요?

말하기는 읽고 쓸 줄 아는 사람들에게 다음 레벨이 아닙니다. 선행되었어야 하는 기초입니다. 주식 투자를 하기 위해 주식계좌를 만들고, 자전거를 타기 위해 자전거를 구매하는 것과 비슷합니다. 비약적인 비유로 느껴지시나요?

그만큼 그간의 영어 교육은 우리에게 잘못된 믿음을 심어줬습니다. '단어와 문법을 알아야 문장을 만들어서 말할 수 있다.' 그럴듯하지만 사실은 텅 빈 믿음입니다. 한국어 읽고 쓰기를 언제 배웠는지, 그리고 그걸 배울 때 어떤 언어로 배웠는지 생각해보세요.

쓸모 있는 영어 공부는 대화를 할 수 있게 만드는 것입니다. 대화는 내가 아니라 상대방이 먼저 시작할 때도 있습니다. 불특정 다수가 시작한 대화에 뛰어들어야 하는 상황도 있습니다. 대화는 상대방의 의미를 이해하는 것이 우선입니다. 그 뒤에 내게 말할 기회가 주어집니다. 그럼 상대는 그것을 듣고 자신의 생각을 말합니다. 우리는 듣는 동시에 이해하고 상대방의 말이 끝날 때쯤 이미 대답을 준비해야 합니다.

상대방의 말을 듣고 한국어로 해석하고, 내가 할 말을 한국어로 생각하고, 그걸 영어로 바꾸고, 문법적 오류를 점검하고, 신경 써야 할 발음에 집중해서 입 밖으로 꺼내는 동안 상대는 이미 딴생각을 하고 있습니다.

듣고 말하는 '영어'를 공부하세요. 영문은 이미 당신이 저보다 잘할 겁니다. 한국의 영어 교육 기준으로 저는 영어를 못하는 사람입니다. 하지만 영어로 식당이나 상점을 이용할 수 있습니다. 길에서 만난 사람과 대화를 시작하고 친구가 될 수 있습니다. 영어로 미국 대학교에 입학했습니다. 삶과 미래에 대해 토론할 수 있고 상대의 인생 이야기를 들으며 공감하고, 감탄하고, 가슴 떨리는 대화를 나눌 수 있습니다. 고민 상담을 해줄 수 있고, 내가 믿는 것을 상대에게 설득시킬 수 있습니다. 한국어로 할 수 있는 대부분을 영어로 할 수 있으니 한국어 없이 살 수 있다는 확신이 듭니다.

저는 영어를 잘하는 건가요? 당신도 이런 영어가 필요한가요? 본인의 영어에서 이런 쓸모를 발견하지 못해서 이 책을 읽고 계신가요? 이 책은 당신에게 쓸모 있는 영어를 습득하게 만들어줄 것입니다.

'열심히 공부해야지.'라고 마음먹지 마세요. 언어는 공부하는 것이 아닙니다. 익숙해지는 것입니다. 당신의 여가 시간에 스스로 원해서 하는 모든 행위들. 그것이 노는 것이고 앞으로는 영어로 놀면 됩니다. 그러면 '듣말읽쓰'가 차근차근 당신 것이 됩니다. 하루아침에는 안 됩니다. 느리지만 분명하게 영어는 당신의 삶에 스며들 것입니다. 지금 한국어로 적힌 이 글을 읽는 것이 당연하듯, 저녁 먹으라고 부르시는 부모님의 말을 이해하는 것이 당연하듯, 영어도 그렇게 당연해질 것입니다. 길은 하나인데 그동안 우리는 멀리 돌아왔습니다. 언어 학습의 길은 단순합니다. 많이 듣고, 많이 말한다. 그러기 위해 가장 효과적인 방법. 영어로 노는 것입니다.

PART 2

P.L.A.Y.

PLAY-ENGLISH!
노는 게 답입니다

▶ 01

아무도 언어를 그렇게 지루하게 배우지 않았다

Slowly but surely

'하루 10분씩 3개월이면 귀가 트입니다!'
'하루 10문장씩 6개월에 영어를 마스터할 수 있습니다!'

영어 잘하는 멋진 강사들이 하는 말을 보면 혹합니다. 나도 저렇게 될 수 있을까? 희망을 품고 결제를 합니다. 2020년 기준 국내 온라인 영어 교육 시장은 약 3천 억 규모로 추산된다고 합니다.

온라인 영어 교육은 구독 경제입니다. 한 달 혹은 1년치 수업료를 결제하고 그 기간 동안 콘텐츠를 무료로 이용할 수 있습니다. 즉 수강생의 숫자가 그들의 매출입니다. 여기에 문제가 있습니다. 수강생이 중간에 강의를 그만두고 환불받으면 매출이 마이너스가 된다는 것입니다. 온라인으로 영어를 배우면서 배움을 그만둘 이유는 두 가지입니다. 영어를 마스터했거나, 포기하거나.

많은 사람들이 실력이 늘지 않아서, 재미가 없어서, 나와는 안 맞는 것 같아서의 이유로 온라인 영어 교육을 포기합니다. 3대 영어 교육 브랜드의 모의수업을 들어봤습니다. 그들의 영어 교육 콘텐츠는 하나같이 참신하고 재미있으며 높은 수준의 영어를 구사하여 콘텐츠의 퀄리티에 흠잡을 곳이 없습니다. 문제는 설정한 기간과 방법에 있습니다.

시험을 위한 영어, 영문은 단기간에 족집게 강의로 배울 수 있습니다. 수많은 후기가 증명해주고 있죠. 하지만 언어는 공부하는 것이 아닙니다. 단기간의 문장 연습과 주요 표현 암기로 마스터할 수 없습니다. 그것이 광고처럼 가능했다면, 지난 수년간 온라인 교육으로 영어 습득에 성공하여 자유롭게 영어를 말하는 사람이 늘어났을 것이고, 그들의 지인들도 그 수업을 수강하여 1년 이내에 모두 성공했을 것입니다. 그 강의는 더욱 입소문을 타서 대성공을 거뒀을 것이고 지난 5년간 대한민국 국민의 영어 실력은 비약적으로 상승했을 것입니다. 제가 이 책을 써야겠다고 마음먹지도 않았을 겁니다. 이 세상에 필요한 책이 아니었을 테니까요. 그러나 시험 영어에서 대성공을 거둔 온라인 영어 교육도 '영어' 학습에는 어려움을 겪고 있습니다. 그 양질의 콘텐츠들을 매일 3시간씩 1년 동안 연습한다면 귀와 입이 트일 것이고, 3년간 반복한다면 영어로 자유롭게 대화할 수 있을 것입니다. 하지만 온라인 영어 교육을 매일 3시간씩 3년 동안 지속할 수 있는 사람은 많지 않습니다.

저만 해도 그렇게 해야 했다면 영어를 배우지 못했을 것입니다. 또한 그곳에서 강의하는 강사분들도 그 방법으로 영어를 배우지 않았습니다. 언어는 그 언어를 사용하는 사람들을 보면서 배우는 것입니다.

온라인 영어 교육의 또 다른 문제는 강의를 한국말로 한다는 것입니다.

'영어를 못해서 배우는 건데 한국말로 하는게 당연한 거 아닌가!?'

그럴듯합니다. 그러나 영어는 영어로 배워야 합니다. 같은 시간 영어에 노출되는 시간이 늘어날 뿐만 아니라 그 의미를 추측할 기회도 늘어나기 때문입니다. 그리고 한국어로 생각하는 시간이 줄어듭니다. 수영을 배우려고 수영의 역사와 물체의 운동에 관한 운동역학을 배우나요? 수영은 물속에서 배워야 합니다. 영어도 영어로 배워야 합니다. 느리고 답답하지만 결과는 확실합니다.

한국 온 지 1년 만에 한국어를 마스터한 사촌 동생을 보며

제 사촌동생은 미국에서 태어나고 자란 미국인입니다. 사촌동생을 처음 만난 건 국민학교 1학년에 다니던 어느 추운 겨울날이었습니다. 눈 내린 창밖을 구경하는데 검은색 승용차 한 대가 들어왔습니다. 고모였습니다. 옆에는 처음 보는 여자 아이가 있었는데 외모가 독특했습니다. 분명 나와 같은 한국인인데 피부가 까맣게 그을려 있었습니다. 하와이에서 태어난 4살짜리 사촌동생은 그 날 눈이란 것을 처음 봤습니다. 추워서 부들부들 떨면서도 눈을 만져보고 눈 위를 뛰어다니며 좋아했습니다. 사촌동생은 한국말을 잘했습니다. 그러다 가끔씩 튀어나오는 영어는 제 귀를 의심하게 만들었습니다. 영화에서나 보던 영어 발음을 나와 닮은 사촌동생이 구사한다는 사실이 놀라웠고 한편으로 부러웠습니다.

그로부터 5년 뒤, 사촌동생은 한국 문화를 배우기 위해 다시 한국을 찾았습니다. 저희 집에 같이 살면서 제 동생과 같은 초등학교를 다녔습니다. 한국어 실력에서 차이가 나는 것이 느껴졌습니다. 가족과 집에서는 한국말을 사용하지만 집 밖에서는 영어만 사용하다 보니 영어가 한국말을 앞서기 시작했던 것입니다.

한국의 초등학교에서 동생은 한국어만 사용해야 하는 도전을 맞이했습니다. 분명 한국말을 하는데 같은 나이대의 한국 아이들보다 어색한 것이 느껴졌습니다. 처음엔 적응하기 어려워하는 모습을 보였습니다. 친구가 하나둘 생기면서 반년이 채 지나지 않아 한국어에 능숙해지는 것을 봤습니다. 1년쯤 지났을 때는 미국인이라는 사실을 모를 정도로 한국어가 완벽해졌습니다.

당시 저는 영어를 포기한 고등학생이었습니다. 그러나 동경하는 마음은 항상 가지고 있었습니다. 영어를 잘하고 싶은 욕심이 컸습니다. 하지만 학교의 영어 수업은 너무, 너무, 너무 재미가 없었습니다.

영어를 잘하는 것이 멋있어 보였습니다. 어릴 때 본 사촌동생의 영향이 컸습니다. 고모 가족뿐만 아니라 큰아버지 가족도 미국에 사셨고 외가 친척 누나도 일찍이 미국으로 이민을 가서 살고 있었습니다.

'그분들도 사촌동생처럼 다 영어를 잘하겠지. 한마디만 해도 주변 사람들이 우와 하는 그런 영어 실력을 가지고 싶다.'

그러나 학교 영어 수업은 문법과 단어만 가르쳤습니다. 그것을 가르치는 선생님들도 사촌동생 같은 영어를 하지 못한다는 사실을 매 학기 첫 시간에 알았습니다. 기대도 관심도 생길 리 만무했습니다. 학교에서 영어 시험을 보면 항상 찍었습니다. 알파벳은 아는데 지문을 읽어도 이해할 수가 없었습니다.

<노는영어> 3년차, '진작 말하고 듣는 영어에만 집중했다면…'

하루는 모의고사를 보고 집에 와서 놀고 있는 사촌동생에게 영어 시험 문제를 보여줬습니다. 이젠 이름만 영어로 부르는, 그것조차 너무 익숙해서 한국인

으로 보이던 사촌동생은 문제를 쉽게 풀었습니다. 지문을 쓱– 보더니 답을 지목합니다. 정답이었습니다. 어떻게 풀은 것이냐고 물으니 모른다고 합니다. 모르는데 어떻게 풀었냐고 하니까 그냥 저게 답인 것 같다고 합니다. 문법 문제를 풀 때는 이거 말곤 말이 안 된다고, 틀린 단어를 고를 때는 저게 좀 어색해 보인다고, 틀린 문장을 찾을 때는 우리는 저렇게 말 안 한다고 할 뿐이었습니다.

당시 사촌동생은 초등학교 5학년이었습니다. 영어를 잘하는 초등학생에게 고등학교 영어 모의고사 문제는 읽어보면 답이 보이는 그런 시험이었습니다. 사촌동생은 문법을 배운 적이 없습니다. 정답을 찾을 수 있지만 왜 그것이 정답인지는 설명할 수 없는 상태였습니다. 저는 그 상태가 이해가 되지 않았습니다.

'어떻게 문법을 모르는데 문법 문제를 풀지? 심지어 모르는 단어가 있는데 어떻게 영어 문제를 푸는 거지?'

그 질문은 이후 10년간 제 머릿속을 맴돌았고, 미국 생활을 마치고 한국에 돌아와서 본 토익 시험에서 그 이유를 알았습니다.

영어를 할 줄 알면, 영문이 아닌 영어를 듣고 말할 수 있으면, 그 문화를 이해하고 그들이 평소 어떻게 말하는지 많이 듣고, 그 안에 담긴 의미가 생각을 거치지 않고 이해된다면 시험 영어도 쉬워진다는 사실을 깨달은 것입니다.

토익이라는 시험을 보기 위해 제가 한 일은 모의고사를 풀어본 것이었습니다. 어떤 시험인지는 알고 가야 할 테니 모의고사 5회 문제집을 풀어봤습니다. 쉬웠습니다. 듣기영역은 이래도 되나 싶을 정도로 평이한 내용을 천천히 들려줬고, 보기로 주어진 것들은 답이 훤히 보이는 수준이었습니다.

읽기도 마찬가지였습니다. 이메일을 하나 읽고 그것으로 문제를 풀거나, 어떤 회사의 공고문을 주고 문제를 푸는 것이었는데 일단 지문을 읽고 나면 문제의 답은 쉽게 찾을 수 있었습니다. 왜냐면 답이 그것뿐이었거든요. 맞는 것을 찾는 문제에선 정답 말곤 말이 안 됐고, 틀린 것을 찾는 문제에서는 그것 말곤 다 맞아 보였습니다. 문법을 확인하는 구간에서는 알맞은 단어를 찾아야 했는데, 문제에 주어진 문장을 속으로 따라 읽으면서 보기의 단어들을 하나씩 넣어봤더니 답을 찾을 수 있었습니다. 학창 시절 사촌동생이 했던 말들이 이해되는 순간이었습니다.

모르는 단어가 주어져서 확실하지 않을 때는 중얼중얼 읽어보고 어색하게 들리는 것이 답이었습니다. 왜냐하면 미국 사람들은 그 상황에서 그런 표현을 쓰지 않거든요. 들어본 적 없는 것이 틀린 것을 찾는 문제의 답이었고, 들어본 것 같은 것이 맞는 것을 찾는 문제의 답이었습니다.

만족감에 차오르는 짜릿함을 느끼며 1회차 모의고사를 풀었고, 채점을 해보니 점수는 만점에 가까웠습니다. 2회차, 3회차를 풀어봐도 결과는 비슷했습니다.

한편으로 후회스러웠습니다. 진작 말하고 듣는 영어에만 집중했다면, 문법과 단어를 배우며 허비한 지난 세월 동안 영어 자막 틀어놓고 만화나 봤다면 진작에 영어를 하게 됐을 텐데 하는 아쉬움이 남았습니다. 그렇게 모의고사 3회를 풀어보고 시험장에 갔습니다.

〈노는영어〉 3년차에 일어난 일입니다. 꼬박 3년을 영어로 놀았더니 영어로 말하고 영어로 생각하고 영어로 꿈을 꾸고 외국인들이 보는 영어 시험이 쉽게 느껴졌습니다.

영어에 자주 많이 노출되어야 한다

영어는, 아니 언어는 절대 단기간에 배울 수 없습니다. 그것에 노출되는 시간과 실력은 비례합니다. 한국인 가정에서 태어나 집안에서는 한국말만 써야 했던 사촌동생이 유치원을 다니기 시작하면서 영어가 더 편해진 이유도 영어에 노출되는 시간이 한국어에 노출되는 시간보다 많았기 때문입니다. 영어를 더 잘하게 된 사촌동생이 한국에 와서 한국말만 사용하다 보니 이제는 한국어에 노출된 총 시간이 늘어나서 한국어 실력이 늘었습니다.

게다가 미국에서와 달리 한국에서는 한국말만 쓰다 보니 영어에 노출됐던 총량은 그대로지만 빈도가 줄어서 영어를 잊는 상태에 이르렀죠. 발음과 억양은 여전히 좋았습니다. 근육 기억은 쉽게 사라지지 않거든요. 자전거 타는 법을 잊지 못하는 것과 같습니다. 하지만 단어와 표현은 한국어로 대체되어 잘 생각나지 않게 됨을 목격했습니다.

즉, 언어는 이해할 수 있는 내용에 얼마나 자주, 많이 노출되어 그것에 익숙해지는지가 관건이지 잘 짜인 커리큘럼, 훌륭한 표현들의 모음은 시험을 준비하는 공부에는 효과적이나 언어가 학습되는 노출 -> 익숙의 패턴에는 큰 도움이 되지 않습니다.

익숙해지는 시간 동안 강의를 듣거나 공부를 하는게 아니라 놀았다면? 〈노는영어〉는 일상이 되어서 내가 얼마나 해왔는지, 앞으로 얼마나 해야 하는지조차 잊게 될 것입니다. 미국 집에서는 한국말만 쓰던 사촌동생이 집 밖에서 영어를 배워온 것처럼, 그리고 한국에 와서 한국어를 마스터하게 된 것처럼, 많이 듣고 사용하세요.

그 문화에 뛰어들고 그 속에 녹아 들어 내가 그 사람들이 되었다고 생각하세요. 내가 영어를 잘한다고 믿으세요. 언어에 지름길은 없습니다. 편해지는 데 1

년, 익숙해지는 데 2년, 능숙해지는 데 3년. 해볼 만한 투자입니다. 지난 세월 영어에 투자한 시간을 생각해보세요. 그리고 3년 전에 시작했으면 어땠을까, 3년 뒤 나는 몇 살인가 생각해보세요. 기회는 언제나 지금입니다.

▶ 02

영어를 가지고 놀든 함께 놀든, 영어를 PLAY 하라

영어와 함께 놀면서 적응하고 능숙해지는 <노는영어>!

저에게 가장 좋아하는 영어 단어를 물으면 저는 주저없이 PLAY라고 답합니다. 영어사전에서 PLAY를 찾아보면 '놀다', '놀이를 하다', '놀이'라고 나옵니다.

PLAY는 다양한 상황에서 쓰입니다. 악기를 연주할 때도, 장난감을 가지고 놀 때도, 친구와 놀 때도 PLAY입니다. 플레이는 내가 어떤 대상과 함께 즐기는 상태입니다. 영어도 PLAY 해야 합니다. 연주하듯 영어에 섬세하게 집중해야 합니다. 영어를 새로 산 장난감을 보듯 관찰해야 합니다. 영어와 함께 놀아야 합니다.

처음 만난 사람과 인사를 합니다. 그의 특징을 살핍니다. 뭘 좋아하는지, 뭘 싫어하는지, 어떻게 하면 이 사람과 친해질 수 있는지 고민합니다. 친구는 함께 있으면 편한 존재, 함께하는 시간이 길어지면 그와 있을 때 더욱 편해집니다.

인간에게 '놀다'는 서로 의견을 주고받는 양방향 소통이거나, 일방적으로 정보를 제공받는 두 가지 활동으로 나뉩니다. 이 두 가지 활동에는 언제나 언어가 있습니다. 내가 전하고 싶은 의미를 언어로 치환하여 상대에게 전달하고, 상대의 언어를 받아들이는 활동이 소통입니다. 우리가 모국어로 친구들과 '논다'는 행위를 하는 것처럼, 영어로, 영어를 가지고, 영어와 함께 놀면서 그것에 적응하고 능숙해지는 것이 〈노는영어〉입니다.

영어로 된 콘텐츠를 보면서 언어와 문화에 동화되고 소리에 담긴 의미를 파악하는 것에 익숙해집니다. 익숙해진 소리를 입 밖으로 꺼내봅니다. 처음에는 혼잣말로 시작합니다. 우리가 한국어를 배울 때 그랬듯이 영어도 차근차근 의미를 꺼낼 수 있게 됩니다.

저는 영어 학습에 있어서 언제나 PLAY를 강조합니다. 이 책의 제목 〈노는영어〉도 'Playinglish(Play English)'를 번역한 것입니다. 영어를 가지고 놀든, 함께 놀든, 영어를 PLAY 하라. 열심히 하는 사람은 즐기는 사람을 이길 수 없습니다. 해야 돼서 열심히 하는 것과 즐기면서 몰두하는 것에는 깊이의 차이가 있습니다. 그게 무엇이든 익숙해져서 내 것으로 만들고, 나아가 프로가 되는 데 PLAY는 대체 불가능한 비중을 차지합니다.

'PLAY'는 배움의 선순환 과정을 나열한 약자이기도 합니다. 'PLAY'의 각 항목들은 순서대로 발현합니다. 네 가지가 모두 발현된 뒤에 각 항목들은 서로를 밀고 당겨줍니다.

영화 〈어벤져스〉를 보면 인피니티 건틀렛이라는 장갑이 나옵니다. 신비한 능력을 지녔지만 그 힘이 너무나 강해서 사용자에게 피해를 주는 인피니티 스톤들을 인피니티 건틀렛에 장착하여 사용합니다. 〈노는영어〉가 플레이 건틀렛이라면, PLAY의 네 가지 철자는 플레이 스톤입니다. 〈노는영어〉를 하는 당신이 플레이 스톤을 모으면 〈노는영어〉의 효과가 강해집니다. 그럼 영화에서처럼 4개의 플레이 스톤을 모두 모으면 손가락을 튕겨서 즉시 2개 국어 사용자가 될 수 있을까요? 그건 아닙니다. 그럼 당신이 영어를 듣고 말하게 되고, 좋아하는 헐리우드 스타의 인터뷰를 자막 없이 보고, 여행을 계획하는 데 언어 걱정을 안 할 수 있을까요? 그건 분명히 가능합니다.

일과 집안일로 바쁜 와중에도 영어로 노는 데 6개월을 투자한다면 한글 자막 없이 영어 콘텐츠를 보게 될 것이고, 1년을 투자하면 여행이 두렵지 않을 것이고, 2년을 투자하면 영어로 친구를 사귀게 될 것이고, 3년이 지나면 영어와 한국어의 구분이 흐려질 것입니다.

그럼 이제 당신이 모아야 할 플레이 스톤에 대해 알아봅시다.

P = Purpose(목적)

가장 먼저 찾아야 하는 것은 목적입니다. 나는 왜 영어를 배워야 하는가? 나에게 왜 영어가 필요한가? 저의 목적은 '영어로 된 패션 정보를 편하게 습득하고 싶어서'였습니다. 또한 외국인 친구를 사귀고 싶었고, 영어를 잘하는 친구가 멋있어 보였습니다. 남들 앞에서 무심한 듯 영어를 사용하고 그걸 보는 주변 사람들에게 멋져 보이고 싶었습니다.

서양에 대한 동경이 있었습니다. 미국에 사는 친척들의 소식을 들으면서 미국에서의 삶을 꿈꿨습니다. 그리고 그날의 강도 사건 이후 저의 목적에 분노가 더해졌습니다. 영어를 못 해서 생기는 불이익을 더 이상 받고 싶지 않았습니다.

그러나 목표와 목적을 구분해야 합니다. 번호표를 달고 도로를 달리는 사람들의 목표는 결승점이지만 목적은 다양합니다. 당신의 결승점이 '영어를 잘하는 것'이라면 당신의 목적은 무엇인가요? 무엇이 소파에 앉아서 TV 생중계를 봐도 될 당신을 도로에서 달리도록 만드나요? 영어를 배워야 할 목적이 분명하다면 당신은 목표에 도달할 수 있습니다.

'Want'로는 부족합니다. 'Need'가 필요합니다. 하나의 목적이 약하다면 여러

개의 목적이 하나의 대상을 향하도록 만드세요. 한 가지 목적이 달성되어서 의지가 약해질 때도 다른 목적들은 여전히 당신을 밀고 당길 수 있어야 합니다.

불분명한 목적은 배움을 삶의 우선순위에서 밀려나게 만듭니다. 당신에게 영어는 얼마나 중요한가요? 취미, 공부, 자기계발, 운동, 인간관계 등의 항목을 어떤 순서로 나열할 건가요? 저는 당신이 취미를 최소한 2순위로 두기를 바랍니다. 취미를 영어로 즐기게 될 것이니까요.

L = Likable(좋아하는)

영화 〈트와일라잇〉을 보기 전까지 영어는 그저 필요에 의해 반복적으로 행하는 루틴이었습니다. 목마른 자가 우물을 찾듯. 필요가 지루함과 귀찮음을 밀어낼 수 있는 시기였습니다. 그러나 무심코 본 〈트와일라잇〉에서 자막과 소리의 불일치를 찾은 순간, 영어는 저에게 짜릿함을 안겨줬습니다. '들린다! 방금 저 남자는 이렇게 말했는데, 자막에는 다른 표현이 적혀 있었어. 나도 할 수 있구나. 하면 되는구나!' 반복의 열매는 달콤했습니다. 변화와 보상은 지루함을 기대로 만들었습니다. 영어에 호감이 생겼습니다. 공부의 대상 또는 넘어야 할 벽이 아닌 친해지고 싶은 연모의 대상이 된 것입니다. 상대를 알아가는 과정이 즐겁고, 알수록 상대가 더 좋아집니다.

저는 여러분께 영어 공부의 목적만 가지고 영어 콘텐츠를 무작정 많이 보라고 하지 않습니다. '목적→좋아함'의 과정을 단축시키는 방법이 있습니다. 기존의 관심사를 영어라는 대상에 대입시키는 겁니다.

사람들의 이름이 안 외워져서 고민인 사람들이 있습니다. 그들의 문제는 기억력이 아닙니다. 관심의 문제입니다. 관심이 없기 때문에 사람들의 이름이 안 외워지는 것입니다. 이름을 못 외우는 사람들을 모아놓고 본인을 제외한 나머지 9명의 이름을 가장 빨리 외우는 사람에게 500만 원을 주는 대회가 있다면,

이름을 못 외울 사람이 있을까요? 이름만이 아니라 옷차림과 생김새까지 외워서 상금은 내가 받아야 한다며 서로 싸울 것입니다. 상금은 그들에게 이름을 외워야 할 목적을 줬고, 목적은 남들의 이름에 관심을 갖게 만듭니다.

당신의 목적이 영어 학습에 관심을 갖게 했으니, 이제 그 관심이 영어 자체를 좋아하도록 만드세요. 내가 좋아하는 관심사 주제 영상을 영어로 찾아봅시다. 좋아하는 장르의 드라마를 골라도 좋고 좋아하는 배우가 나오는 영상도 좋습니다.

미국에서 어학원을 다닐 때 만난 일본인 친구가 있습니다. 한국어를 한국인처럼 잘하는 그 친구에게 한국어를 어떻게 배웠냐고 물었습니다. 그 친구는 한국 문화에 관심이 많아서 한국에서 1년 동안 살았다고 합니다. 또한 아이돌 그룹 '샤이니'를 좋아해서 샤이니 관련 영상을 찾아봤다고 합니다. 일본 자막이 달린 영상을 보다가 이내는 자막이 없는 영상을 보게 되면서 한국어에 익숙해진 것입니다. 한국에 와서는 친구들과 노래방에서 샤이니 노래를 부르기 위해 가사를 해석하고 발음을 연습했다고 합니다. 관심에 좋아하는 대상이 더해져 언어를 자연스럽게 습득한 예입니다.

저는 미국 드라마 〈로스트〉로 영어 학습을 시작했습니다. 뭐라고 말하는지 이해할 수 없었지만 그림만 보면서 이해했고, 보다 보니 어느 순간 대화 내용을 이해하기 시작했습니다. 내용이 이해가 되니 재미가 생겼습니다. 관심에 재미가 더해지니 더 많이 보게 되었죠. 좋아하는 것을 이용해서 영어를 좋아하게 만드세요. 영어가 공부의 대상에서 놀잇감이 됩니다.

A = Autonomous(자기주도적)

2009년, KBS에서 일반인을 대상으로 한 영어 학습 다큐멘터리를 만들었습니다. 참가자들의 영어 실력을 평가한 뒤, 기존의 영어 학습법과 다른 방법으로 훈련하는 프로젝트였습니다. 그 수업에는 교재가 없었습니다. 참가자들은 자기 삶의 스토리를 영어로 작성해서 그것을 소리 내어 말하는 연습을 했습니다. 자신의 목소리를 매일 녹음했습니다. 자기 이야기를 남들 앞에서 발표하는 모습을 녹화했습니다.

나의 이야기를 말하는 것은 심적 부담이 적습니다. 나에 대해 적는 글에는 정답이 없기 때문입니다. 내가 무엇을 적던 그것이 정답입니다. 나의 이야기이다 보니 내용을 외우는 것이 수월합니다. 발표 후에는 옆사람과 서로의 이야기를 공유했습니다. 영어 학습에 수동적이었던 참가자들의 태도는 능동적으로 바뀌었습니다. 만들고 외워야 하는 발표 준비가 만들어서 외우고 싶은 일이 됐습니다.

발표가 거듭될수록 참가자들에게 변화가 나타났습니다. 대화를 할 때 한국어를 영어로 번역하는 과정이 줄어들고 생각나는 대로 말하기 시작했습니다. 머릿속에 맴돌던 나의 이야기를 영어로 말하는 연습을 했더니 머릿속의 생각을 영어로 말할 수 있게 된 것입니다.

배움에 있어서 자기주도적으로 의사를 결정하고 실행하는 것은 중요합니다. 좋아하는 대상을 탐구하는 것은 즐겁습니다. 누가 시키지 않아도 시간 가는 줄 모르고 빠져듭니다. 봐야 하는 영화보다 보고 싶어서 보는 뉴스가 더 재밌습니다. 내가 하고 싶어서 하니 그것이 지루할 틈이 없습니다.

노벨 생리학상 수상자 에릭 캔델(Eric R. Kandel) 박사는 뇌에 기억이 저장되기 위해서는 집중이 필요하다고 말했습니다. 우리는 외부 입력으로 받아들인 정보를 단기 기억에 저장합니다. 그것이 장기 기억이 되려면 두 가지 조건이 필요합니다. 그것을 반복하거나, 강한 감정적 자극과 연관되어 있어야 합니다. 두 가지 현상 모두 우리를 대상에 집중하게 만듭니다. 단어를 외우기 위해 공책 한가득 깜지를 쓸 수도 있지만 실생활에 사용할 수 있는 예시를 떠올리고 그 표현을 멋지게 사용하는 상상을 하면서 그 짜릿함을 기억할 수도 있습니다.

목적에 의해 동기가 부여되고 동기에 의해 발현된 관심은 대상을 좋아하게 만듭니다. 좋아하게 된 대상은 내가 원해서 반복하게 됩니다. 대상을 탐구하는 행위가 즐거우니 그 대상은 나도 모르는 사이 즐거움의 감정과 함께 장기 기억에 저장됩니다. 훗날 되돌아보면 추억이라는 카테고리로 떠오를 영어 학습의 기억을 만들어보세요. 'PLAY'의 선순환은 이미 시작됐습니다.

Y = Youthful(젊은)

나는 아직 젊은데 웬 젊음이냐고, 나는 이미 나이가 들었는데 무슨 젊음이냐고 생각하실 수 있습니다. 나이라는 것이 지구가 태양 주위를 돌때마다 손가락을 접어온 우리들의 약속일 뿐이지만, 그리고 얼굴 뒤에서 세상을 경험하는 나는 언제나 나였지만, 시간이 흐르면서 세상을 보는 관점이 바뀐 것은 사실입니다.

어린 시절 우리는 뭘 해도 즐거웠습니다. 하루하루는 재미난 일로 가득했고 시간도 천천히 흘렀습니다. 세상은 궁금한 것들로 가득했습니다. 하늘은 왜 파랄까? 구름 위에 누워볼 수 있을까? 어른들에게 물어봤지만 '쓸데없는 생각 말고 공부나 해.'라는 답을 들었습니다.

두려움도 없었습니다. 친구들과 함께면 인적 드문 산에서 숨바꼭질을 해도 무섭지 않았습니다. 두 손 놓고 자전거를 타고, 찻길에서 공놀이를 하고, 손바닥에 비비탄총을 쏘기도 했습니다. 하루 종일 놀아도 지치지 않았습니다. 밥 먹을 시간만이 시간의 흐름을 알려주는 지표였습니다. 밥 먹고 또 놀다 보면 어느새 하루가 저물었습니다.

성인이 된 지금은 어떤가요? 하루는 해야 할 일로 가득합니다. 하기 싫지만 안 하면 안 되는 일이 대부분입니다. 빨래 개기, 화장실 청소, 설거지, 기획서 작성, 공과금 처리, 회식, 미팅, 회의 등 하루는 정신없이 지나가고 집에 오면 녹초가 됩니다. 하고 싶은 것을 할 시간은 이때뿐인데 씻고 밥 먹으면 잘 시간입니다. 주말만 보며 사는 삶이 반복됩니다. 퇴근하면 피곤하니까 쉬고, 주말은 주말이니까 쉽니다. 우리는 쉬느라 좋아하는 것을 잊고 삽니다.

학교를 졸업하고 취업하면 공부는 끝이라고 생각합니다. 해야 돼서 하는 공부만 하다 보니 '공부가 왜 하고 싶어야 하지?'라는 생각이 듭니다. 알고 싶은 것을 알게 됐을 때의 즐거움. 마지막으로 느껴본 것이 언제인가요? 여행지에 대해 알아볼 때, 새로 장만할 전자제품의 성능을 비교할 때, 텐트에 대해 알아보다가 텐트의 재질과 브랜드의 특징을 조사할 때, 자동차를 사려고 알아보다가 엔진에 대해 더 알고 싶을 때. 우리는 앎의 즐거움을 느낍니다. 공부를 해야하는 나이에는 쓸데없는 생각으로 취급받던 궁금증이 내 삶의 주체가 된 이후에는 삶의 원동력이 됩니다. 앎에 즐거움이 있다는 사실을 우리는 늦게 깨닫습니다.

새로운 것을 시도하는 것이 두렵습니다. 책임질 것이 생겼고, 실패의 두려움은 도전을 머뭇거리게 합니다. '어차피 안 될 것 같으면 안 하는 게 낫지 않을까? 무조건 된다면 하겠는데 그게 아니니까 신중해야지….'

신중한 것과 겁내는 것의 차이는 그 사안을 긍정적으로 검토하느냐 부정적으로 검토하느냐로 구분할 수 있습니다. 인간은 변화를 두려워합니다. 1분이라도 늦어질까 봐 매일 가던 길로만 갑니다.

『소피의 세계』에서 철학자는 소피에게 이런 말을 합니다.

"슬픈 사실은 우리가 성장하면서 중력의 법칙에만 익숙해지는 게 아니라는 점이야. 동시에 이 세계 자체에 길들고 있지. 우리는 유년 시절을 보내는 동안 세상에 대해 놀라워하는 능력을 잃어버리게 돼. 게다가 그로 인해 무언가 본질적인 것도 잃게 되지."

우리는 나이가 들면서 그에 맞는 행동을 강요받습니다. 고등학생이 만화영화를 보면 유치하다고 합니다. 성인이 돼서 게임을 하고 있으면 철이 안 들었다고 합니다. 중학생은 인형을 가지고 놀면 안 되는 것처럼 말합니다. 철이 든다는 것은 뭘까요. 세상이 정한 기준에 맞게 길들여지는 게 아닐까요? 시간이 흐르면서 우리가 잃어버린 능력은 '아이다움'입니다. 아이의 호기심, 대담함, 모험 정신, 활력, 집중, 즐거움을 '아이다움'을 잊으면서 함께 잃었습니다.

우리에겐 목적(P)과 좋아하는 대상(L), 그리고 주도성(A)이 있습니다. 마지막 플레이 스톤은 '아이다움'(Y)입니다. 내가 평소에 알고 싶었던 것은 무엇이든 좋습니다. 심해 생물, 자연 과학, 천문학도 좋습니다. 가구 만들기, 비누 만들기, 요리, 꽃꽂이도 좋아요. 게임, 만화, 영화, 연예인도 좋습니다. 장난감, 자동차, 비행기, 장갑차, 오토바이도 좋습니다. 그게 무엇이든 당신의 흥미를 자극하는 것, 그것에 대해 관심이 많거나 이미 잘 아는 것, 잘은 모르지만 그동안 궁금했던 것, 더 많이 알고 싶은 것. 영어로 그것에 대해 알아보면서 앎의 즐거움을 누리세요.

잊고 산 지 오래 전이라 내가 뭘 좋아하는지 모를 수 있습니다. 사느라 바빠서 나에 대해 신경을 못 썼을 수도 있습니다. 괜찮습니다. 본인은 모를지라도 알고리즘은 알고 있습니다. 당신이 스마트폰을 사용하는 현대인이라면 당신이 사용하는 서비스들의 알고리즘은 당신이 모르는 당신의 취향을 알고 있습니다. 알고리즘을 이용하여 나에 대해 알아보는 법은 차차 설명할 것입니다. 인터넷 세상에서는 무엇이든 배울 수 있습니다. 당신이 좋아하는 소파 위에서 다시 아이가 되어보세요.

언어 학습은 마라톤입니다. 전력 질주로는 완주할 수 없습니다. 1등을 할 필요도 없습니다. 완주만으로도 훌륭한 성취입니다. 결승점은 정해져 있습니다. 여유 있게 나아가되 멈추지만 않는다면 결국 당신은 목적지에 다다를 것입니다.

재밌으면 하게 되고, 하다 보면 이해가 된다

소설만 읽고 시험 잘 볼 수 있었던,
초등학생 때 자격증 5개를 딸 수 있었던 재미의 힘!

제도권 교육 시스템에는 선행 과목을 수강해야 다음 것을 수강할 수 있는 일종의 계단이 존재합니다. 두세 칸씩 건너뛸 수 없고 반드시 순서대로 올라가야 합니다. 학창 시절 이과에 흥미로운 과목이 많았지만 수학의 벽은 문과를 선택할 수밖에 없게 만들었습니다.

문과 수업은 어렵지 않았습니다. 어려서부터 책 읽는 모습을 보여주신 어머니 덕에 책을 읽는 것은 당연한 일상이었습니다. 문학 작품을 주로 읽었습니다. 특히 소설을 좋아했습니다. 수십 년의 수련으로 단전에 1갑자 내공이 모이면 검에서 예리한 기가 흘러나옵니다. 이로 인해 바위 덩어리를 두부처럼 벨 수 있습니다. 3갑자 내공이 모이면 검에서 흘러나오는 기를 응축시켜서 먼 거리의 적을 공격할 수 있습니다. 물 위를 걷고 허공을 밟아 하늘을 날아다니는 것은 젓가락질처럼 흔한 능력입니다. 이런 문학 작품을 좋아했습니다. 세상은 무협, 판타지 소설이 공부를 방해한다고 말합니다. 그러나 그것도 엄연한 문학 작품인지라, 문자에 담긴 내용을 이해하는 능력, 상황을 상상하는 능력, 섬세한 표현력, 감정 파악 능력, 주장과 근거를 파악하는 능력을 기르기에 충분했습니다.

고등학교 시절 언어 영역, 사회문화, 윤리 영역에서 좋은 점수를 받았습니다. 수업만 들어도 시험을 보는 데 문제가 없었습니다. 쉽다고 생각하니까 수업을 듣는 것이 재미있었습니다. 이미 알고 있는 것을 복습하는 기분, 다들 모르는데 나만 알고 있는 듯한 느낌, 수업을 진행함에 있어서 내가 중요한 역할을 하는 것 같았습니다.

초등학교 때는 컴퓨터 학원에 다녔습니다. 그때는 전화선을 연결해서 인터넷에 접속하던 때입니다. 집에도 컴퓨터는 있었지만 인터넷은 연결되지 않았습니다. 어느 날, 컴퓨터 학원에서 온라인 게임을 한다는 친구의 말을 듣고 어머니에게 말씀드렸습니다. "컴퓨터 자격증을 따고 싶어요." 그렇게 자격증 취득을 빙자하여 인터넷 세상에 입문했습니다.

매일 1시간씩 일찍 가서 빈 강의실에서 게임을 했습니다. 1시간은 10분처럼 지나갔습니다. 수업 시간에는 워드프로세서 자격증 시험을 공부했습니다. 워드 자격증 공부를 해본 분은 알겠지만 타자 속도가 중요합니다. 작은 모니터 속 게임 세상에서 상대방과 입씨름을 하느라 타자 연습을 하지 않아도 타자 속도가 빨라졌습니다.

워드프로세서라는 프로그램도 신기하고 재밌었습니다. 내가 쓴 글씨도 못 알아보는 악필이라 손 글씨를 남에게 보이기 꺼리는 저에게 워드는 꼭 필요한 프로그램이었습니다. 실기 수업은 그렇게 컴퓨터를 만지는 것만으로도 재미있었지만 필기는 달랐습니다. 컴퓨터의 하드웨어, 소프트웨어의 원리와 역사, 기능에 관한 이론이었습니다. 컴퓨터는 어떻게 정보를 해석하고, 저장하는 방식에는 어떤 것이 있고, 부품은 어떻고 뭐는 어떻고. 난해한 컴퓨터 용어들이 정신없었지만 익숙해지는 것은 시간문제였습니다.

모의고사 문제를 풀어봤습니다. 수업을 듣는 것 외에는 공부라는 것을 해본 적이 없는 제가, 아니 공부라는 것을 어떻게 하는지 몰랐던 초등학교 5학년의 제가 모의고사 문제를 꽤나 잘 푼다는 사실이 놀랍고 뿌듯했습니다. 어른들과 함께 공부하는 필기 수업에서 꼬마인 내가 뒤지지 않는다는 사실이 짜릿했습니다.

두 달이 흘렀습니다. 한 번 틀린 문제를 다시 안 틀리는 것이 반복되자 더 이상 틀릴 문제가 없는 상황이 되었습니다. 저에게 와서 모르는 것을 물어보는 사람이 생겼습니다. '이건 나도 잘 모르는 건데….' 확실하지 않은 것에 대해 설명해야 할 때, 내가 아는 대로 말하다 보면 그럴듯하게 설명이 된다는 것을 알았습니다. 그리고 남에게 설명하면서 해당 주제에 대해 더 잘 이해하게 되는 내 자신을 발견했습니다. 1년간 게임하러 다닌 컴퓨터 학원에서 컴퓨터 자격증을 5개 취득했습니다. 지금 이 순간에도 그때 배운 워드프로세서로 책을 쓰고 있습니다.

공부를 하지 않고도 자격증 시험에 합격하고, 학업에서 좋은 점수를 받을 수 있었던 이유는 뭘까요? 머리가 좋아서였을까요? 글쎄요. 똑똑함의 척도가 시험 점수라면 저는 언제나 평범함 아래에 있었습니다. 제가 나온 고등학교는 공부를 잘하는 학생들이 가는 인문계 고등학교였습니다. 어찌어찌 입학은 했는데 공부에 관심이 없었습니다. 공부를 안 해도 시험을 볼 수 있는 몇몇 과목이 있었을 뿐, 애초에 공부를 안 했기에 평균 성적은 항상 낮았습니다. 암기 과목은 시험 범위만 공부하면 성적이 나온다는 것을 알았지만 당시에 저는 시계 사업에 빠져 있었습니다. 학교에는 놀러 갔다가 시험지를 받으면 풀 수 있는 문제를 푸는 게 전부였습니다. 그런 제가 전문대에 입학한 것은 이상한 일이 아니었습니다.

재밌으면 하게 되고, 하다 보면 이해가 된다

저는 재미의 힘을 믿습니다. 그것이 무엇이든, 재미있으면 집중하게 되고 더 알고 싶어서 꾸준히 하게 됩니다. 관심은 그것이 글이든, 기계든, 사람이든, 기술이든 지적 흥미를 유발시키고 지적 흥미는 깨달음의 즐거움을 보상으로 제공합니다. 즐거움은 더 큰 관심으로 이어집니다.

학생들에게 항상 하는 말이 있습니다. "어려운 단어는 없다. 익숙하지 않은 단어가 있을 뿐이다." 이는 모든 배움에 해당하는 말입니다. 어려운 것은 없습니다. 관심이 없어서 접해보지 않은 것이 있을 뿐입니다.

〈노는영어〉를 스스로에게 실험하던 때 드라마와 만화로 귀를 뚫고 본격적으로 파고 들었던 분야는 과학과 철학입니다. 일상 대화도 잘 못 알아듣는 저에게 누가 해당 분야의 영상을 강요했다면 저는 그것을 시도조차 하지 않았을 것입니다. 그러나 정말 관심이 있다면 그것이 비록 모르는 언어라도 집중하게 됩니다. 만약 같은 내용을 소리만 들었다면 지금까지도 이해하지 못했을 것입니다. 그러나 시각 정보와 함께 익숙해지면 무엇이든 이해할 수 있습니다.

제가 한국에 와서 들어본 질문 중 하나는 미국에 살 때 영화는 어떻게 봤냐는 것입니다. 당연한 이야기지만 미국 영화관에는 한글 자막이 없습니다. 오히려 영어 자막이 달린 한국 영화를 볼 수 있죠. 미국 영화를 자막 없이 보는 것은 저에게 도전이었습니다. 미국에 간 지 몇 개월 안 됐을 때 〈겨울왕국〉이 개봉했습니다. 저는 그 영화에 관심이 없었습니다. '가서 봐봐야 이해도 못할 텐데.'라는 두려움이 컸습니다.

어학원 친구들과 얼떨결에 〈겨울왕국〉을 보러 갔습니다. 그것이 디즈니의 만화 영화라는 것 말고는 어떤 정보도 없는 상태였습니다. 자막이 없으니 화면만 보면서 영화를 감상했습니다. 그런데 신기하게도 내용이 이해가 됐습니다. 배우들이 내뱉은 대사에 정확히 어떤 의미가 담겼는지는 모릅니다. 하지만 그림만 보고도 그 영화의 전체적인 내용을 알 수 있었고, 다 보고 나와서 친구들과 영화에 대해 이야기를 나눌 수도 있었습니다.

그날 저는 몇 가지를 깨달았습니다. 일단 만화는 재밌다, 재밌으면 보게 되고, 보다 보면 이해가 된다. 〈노는영어〉의 핵심인 '보다 보면 이해된다'가 와닿지 않는 분들. 아직 저의 주장에 설득되지 않았지만, 진짜 그런가? 궁금한 분들. 이번 주말에는 디즈니 만화를 한글 자막 없이 시청해보세요. 처음 보는 영화여야 합니다. 다 보고 나서 내용이 얼마나 이해됐는지 떠올려보세요. 아마 영화를 다 보기도 전에 저의 말을 이해하고 다시 이 책을 집어 들게 될 것입니다.

배움은 재미있어야 합니다. 재미가 없어도 배울 수는 있지만 효율이 떨어집니다. 관심 있는 주제는 재미있습니다. 내가 잘 아는 주제도 재밌죠. 관심과 배경지식 두 가지를 모두 충족하는 주제가 떠오르지 않는다면 재미를 목적으로 만들어진 것을 보면서 듣기를 훈련하세요. 학창 시절 잠만 자던 제가 철학 영상을 영어로 보고, 물리학 다큐멘터리를 보면서 감탄할 줄 누가 알았겠습니까.

▶ 04

나이는 무의미하고 지름길은 없다

배우고자 하면 뭐든 못 하겠습니까

당신이 10대든 40대든 60대든 지금이 새로운 언어를 배우기에 가장 좋은 시기입니다. 지구가 태양 주위를 한 바퀴 돌 때마다 접는 손가락에 큰 의미를 두지 마세요. 새로운 것을 배우기에 늦었다고 믿는다면 정말 그렇게 됩니다. 그 반대 역시 마찬가지입니다.

저는 미국에 늦게 간 편이었습니다. 유학 시절 만난 친구들은 다 저보다 동생이었습니다. 어느 파티를 가나 제가 가장 나이가 많았습니다. 외국에 가서 영어를 배우기에는 20대도 늦다고 믿는 것 같습니다. 기초조차 없는 20대 중반 한국인이 미국에서 살아남는 것은 힘들어 보였습니다. 하지만 저는 믿는 구석이 하나 있었습니다. 저보다 조금 앞서 외국에 나가서 살아남았던 친구입니다. 20살 때 우리는 같은 수업을 들으면서 친해졌습니다. 제가 군대에 간 사이 그 친구는 캐나다로 유학을 떠났는데, 훗날 그 친구에게 캐나다 유학 이야기를 들었습니다. 충격이었습니다.

일단 유학이 아니라 워킹 홀리데이였습니다. 아무도 모르는 곳에 영어를 못하는 여학생이 홀로 떠난 모험이었습니다. 미리 잡아둔 숙소 외에는 아무것도 없었습니다. 길거리에 나가서 아무 카페나 들어가서 일을 시켜달라고 했습니다. 영어를 못하니 받아주는 곳은 없었습니다. 낮에는 일자리를 구하고 밤에는 영어 공부를 했습니다. 살아남기 위해선 일을 해야 했고 필사적으로 노력한 끝에 카페 주방 일을 구할 수 있었습니다. 주방은 영어가 필요가 없으니까요.

설거지를 하면서 직원들의 이야기를 듣고 틈날 때마다 말을 걸었습니다. 그렇게 점차 듣기 시작하고 말하기 시작해서 어느 정도 소통이 되자 그때부터는 일에 탄력이 붙었습니다. 우리 한국인들, 어디 가서 일 잘하는 건 알아주지 않습니까. 일 잘하는 친구가 성격도 좋고 말도 곧잘 하게 되니까 홀에서 일을 하게 되었고, 그곳에서 손님들을 상대하면서 영어 실력이 상승했습니다. 그렇게 2년간 부딪쳐서 영어를 배운 그 친구는 한국에 돌아와서 유창한 영어 실력을 인정받아 승무원이 되었고 지금은 외국인과 결혼해서 살고 있습니다.

저는 미국에 가기 전부터 그 친구의 일화를 듣고 나도 할 수 있다는 믿음을 가졌습니다. 나도 부딪치면 할 수 있을 거라는 확신이 있었습니다. 비록 그 친구보다 늦게 갔지만 나이가 무슨 상관인가요. 배우고자 하면 뭐든 못 하겠습니까. '난 영어를 못 하는게 아니다.'라고 믿고 수업에 집중했습니다.

영어를 꼭 원어민처럼 할 필요가 있나요?

칼리지를 졸업할 때쯤 시작한 〈노는영어〉로 영어를 영어로 듣기 시작했습니다. 교수님의 목소리는 자막을 보는 것처럼 잘 들렸습니다. 쉬는 시간에 학생들이 떠드는 걸 듣고 함께 웃을 수 있었습니다. 이내는 그들의 대화에 한마디씩 거들게 되었습니다. 25살이던 제가 영어를 배운 것이 그다지 놀랍지 않을 수도 있습니다.

'나도 10년 전이었으면 했겠다!'

당신이 35세든 55세든, 많은 시간 영어에 노출되어 그들의 의미를 추측하는 시간이 늘면 얼마든지 영어를 배울 수 있습니다. 늦었다고, 안 된다고 믿기에 안 되는 것입니다. 나이는 관계없습니다. 〈노는영어〉는 많이 보고 익숙해지는 것을 목표로 합니다. 60대도 영어만 사용하는 환경에 놓이면 영어로 말하게 됩니다. 나이와 언어 학습 능력에 연관이 있었다면 불가능한 일입니다.

물론 나이가 전혀 영향을 주지 않는 것은 아닙니다. 나이가 든다는 것은 모국어를 사용한 시간이 그만큼 길다는 의미입니다. 모국어를 10년 쓴 아이가 영어를 배우는 것과 모국어를 50년 쓴 성인이 영어를 배울 때 발음과 억양에서 차이가 나타납니다.

전문가들은 10세 이후에 배운 영어로 원어민 수준이 되는 것은 어렵다고 말합니다. 그것에 동의합니다. 어릴 때 시작했을수록, 그 실력은 원어민에 가깝습니다. 그러나 너무 어릴 때 영어를 시작한 사람은 한국어를 못합니다. 한국어가 완벽한 수준에서 영어를 원어민과 흡사하게 습득할 수 있는 나이는 초등학생입니다. 중학생부터는 환경이 좌우합니다. 얼마나 한국인과 접촉이 있었는지, 어떤 문화로 놀면서 자랐는지가 영어 실력을 판가름합니다. 고등학교까지는 괜찮습니다. 한국인인 우리가 볼 때는 원어민같이 유창하다고 생각하는 수준까지 영어를 구사할 수 있습니다. 원어민이 봤을 때는 여전히 외국인이지만요. 20대 이후부터는 발음과 억양에서 티가 납니다.

그런데 영어를 꼭 원어민처럼 할 필요가 있나요? 그들이 영어를 잘하는 것처럼 우리는 한국어를 잘합니다. 그런 제가 영어까지 그들만큼 잘한다면 좀 반칙입니다. 내 생각을 영어로 표현하고 상대방의 말을 이해하는 수준이면 된다고 생각합니다. 여러분도 그런 영어를 원할 겁니다. 그런 제2의 언어로서의 영어는 언제나 지금이 배우기에 좋은 시기입니다.

유엔 사무총장이었던 반기문 씨를 생각해봅시다. 한 방송에서 한국인과 외국인에게 반기문 씨의 영어 실력에 대해 어떻게 생각하느냐는 설문조사를 진행했습니다. 결과는 극과 극이었습니다. 한국인들은 그의 발음과 억양 때문에 그가 영어를 못하는 것 같다고 답했습니다. 외국인들은 반기문 씨의 단어 선택과 문장 표현력에 감탄하며 최고급 영어를 사용하는 사람이라고 평가했습니다. 여러분은 당신의 영어 실력을 무엇으로 평가할 것인가요?

'봐야 해서' 봤던 것들이 재미있어질 때까지!

"선생님은 뭐로 공부했는데요?"

자주 듣는 질문입니다. 저는 〈로스트〉라는 드라마로 미드 영어 자막 시청을 시작했습니다. 이후 〈덱스터〉, 〈브레이킹 배드〉, 〈기묘한 이야기〉 등 순전히 재미있어 보이는 것들 위주로 봤습니다. 드라마가 지겨우면 만화를 봤습니다. 〈퓨쳐라마〉, 〈아메리칸 데드〉, 〈패밀리 가이〉, 〈위 베어 베어스〉 등 누군가는 만화가 더 쉽다고 하는데 저는 그렇지 않았습니다. 드라마에 비해 입 모양이나 표정의 표현이 제한적인 데다가 말이 빠르고 슬랭과 암시가 담긴 유머가 난무해서 이해하기 어려웠습니다. 점차 캐릭터 설정에 익숙해지고, 만화의 분위기가 파악되면서 뭐라고 말하는 건지 이해되기 시작했고, 웃기 시작한 건 한참 뒤의 일입니다. 웃긴 만화를 진지하게 본 시간들, 그래도 재밌었습니다. 일단 그림만 봐도 재미는 있거든요.

그렇게 만화와 드라마를 오가면서 보다가 〈기묘한 이야기〉를 기점으로 이해와 재미를 동시에 느끼기 시작했습니다. 문화를 이해하고 그들의 유머코드를 즐기다 보니 내 것으로 만드는 표현이 많아졌습니다. 이해하는 내용은 더 늘어나고 더 재미있어졌죠. 선순환의 시작이었습니다.

그때부터 유튜브를 보기 시작했습니다. 만화 클립 같은 것을 찾아보다가 〈TED〉를 보기 시작했고 동기 부여 영상에서 편집해놓은 강연의 원본을 찾아보기 시작했습니다. 점점 영어로 이해하는 영역이 늘어갔습니다. 테크 리뷰 영상과 영화 리뷰 영상을 보기 시작했습니다. 그러다가 과학, 철학, 인문학 영상을 보게 되었고 이내는 팟캐스트를 듣게 되었습니다. 영상 없이 소리만 듣는 것은 새로운 도전이었습니다.

운전할 때 들을 수 있는 건 노래 아니면 팟캐스트였기 때문에 그냥 틀어놓고 다녔습니다. 〈SYSK, Stuff You Should Know〉라는 프로그램이었습니다. 그것도 한 달쯤 지나니까 차츰 들리기 시작했고 몇 주가 더 지나니 내용이 이해가 되고 이내는 팟캐스트를 들으면서 웃게 되었습니다. 팟캐스트를 이해할 수 있게 되니 오디오북을 영어로 듣는 시도를 하게 됩니다.

저는 요즘도 매일 한두 시간씩 팟캐스트와 오디오북을 듣습니다. 영어 학습 선순환의 정점은 정보를 소리로만 듣는 것이 가능해질 때입니다. 시청각 정보를 함께 소비하려면 따로 시간을 내야 합니다. 여가 시간이어야 합니다. 하지만 정보를 소리로만 받아들일 수 있으면 자투리 시간마저 영어에 노출될 수 있습니다.

'영어 콘텐츠를 보면서 웃는 일이 잦아졌다. 그런데 여전히 못 알아듣는 말이 많고, 영어로 말도 안 나온다.'

괜찮습니다. 말만 알아듣고 못 웃는 것보다, 웃으면서 못 알아듣는 상태가 낫습니다. 언어는 지속성이 핵심입니다. 알아듣는 사람이 가진 영어 지식이 더 많을지 몰라도 그가 재미있어 하는 사람만큼 꾸준히 오래 볼 가능성은 낮습니다. 일단 재미가 없고, 본인이 안다고 생각하기 때문입니다. 기존의 지식을 내려놓고 처음부터 다시 배운다는 생각으로 재밌는 것을 찾아 꾸준히 보세요. 아마도 당신은 영어를 듣고 읽으면서 한국말로 내용을 이해하고 있을 겁니다. 영어를 영어로, 이미지로 이해하지 못하는 상태이고 이해와 표현의 과정에 한국어 생각을 거치기 때문에 말이 안 나오는 겁니다. 생각을 안 하기 위한 연습이 필요합니다. 이에 대한 해법은 파트4의 1챕터에서 다루겠습니다.

언어와 문화가 이해되기 시작하면서 '봐야 해서' 보던 영어 콘텐츠들이 '보고 싶어서', '재미있어서'로 바뀌는 순간이 옵니다. 영어 콘텐츠에서 재미를 찾으면 그때부턴 아무런 노력 없이 당신의 영어 실력은 전진만 하게 됩니다. 모든 사람들이 그 순간까지 포기하지 않게 하기 위해, 시작을 돕기 위해 저는 이 책을 썼습니다.

<조금 더 똑똑하게 노는영어> - 유머코드를 이해하는 것의 중요성

'영어 공부하기에 〈프렌즈〉가 좋다!' 많이 들어보셨을 겁니다. 그러나 대부분 시즌1도 끝내지 못하고 포기합니다. 의지와 노력으로 다 본 사람들도 '보건 봤는데…'라는 반응을 보입니다. 재미가 없었기 때문입니다.

저도 〈프렌즈〉를 공부 목적으로 틀어놓고 본 적이 있습니다. 저는 첫 번째 에피소드도 끝내지 못했습니다. 왜 웃는지 모르겠고 뭐라고 떠드는 건지 이해도 안 되고, '그래도 공부는 해야 하니까 한글 자막이라도 켜볼까?' 재미없는 것은 마찬가지입니다.

왜 재미가 없을까요? 미국식 유머를 한국어 자막으로 보면 재미없는 것을 넘어 이상하기까지 합니다.

유머코드를 이해하지 못하니까 웃을 일이 없고, 웃자고 보는 시트콤이 웃기지 않으니 차마 이어서 볼 수가 없는 것이죠.

유머코드도 문화의 일부입니다. 문화를 알아야 유머를 이해할 수 있습니다. 유머가 이해된다는 의미는 영어 문화권 사람들의 문화를 습득했다는 말입니다. 언어와 문화는 뗄 수 없습니다. 그리고 문화의 핵심이 유머코드입니다. 〈프렌즈〉가 좋다고 해서 봤는데 너무 재미없었다. 〈모던 패밀리〉는 지루하기만 했다. 문제는 콘텐츠가 아니라 당신의 문화 이해입니다. 대사의 의미만 이해해서는 재미를 느낄 수 없습니다. 그들이 왜 그렇게 말했고, 왜 상대는 그것에 웃는지, 작가와 연출자는 왜 그 장면을 넣었는지 이해하는 것, 그것이 영어를 언어로서, 문화와 함께 이해하는 것입니다.

만약 이 책을 읽고 있는 당신이 '나는 학창 시절 공부를 열심히 해서 영어 자막이 있으면 대사를 이해하는 데 문제가 없는데도 말이 안 나와요!' 하는 사람이라면, 서양의 유머를 이해하는지 생각해보세요.

영어가 당연하게 느껴지는 순간이 온다

11년, 1,188시간 VS. 3년, 3,285시간 효율의 관건은 밀도다!

11년, 1,188시간. 초등학교 2학년부터 고등학교 3학년까지 학교에서 매주 3시간씩 영어를 공부한 시간입니다. 중고등학교 때 학원에서 들은 수업은 포함되지 않았으니 실제로 영어 학습에 사용된 시간은 1,500시간을 훌쩍 넘길 것입니다. 그렇게 11년을 투자해서 배운 영어 실력은 어학원 레벨 2였습니다.

3년, 3,285시간. 2016년 영어 자막으로 보기 시작한 〈로스트〉 이후, 영어를 제2의 언어로 만드는 데 소요된 시간입니다. 하루에 3시간씩 드라마, 유튜브를 보면서 보낸 3년. 바쁜 일로 영상 시청을 못 한 날도 있었지만, 3시간 이상 주구장창 본 날도 있기 때문에 오차 범위는 크지 않을 것입니다. 학창 시절에 투자한 시간의 두 배를 사용해서 가능한 것이라고 생각할 수 있습니다. 그러나 여기서 중요한 것은 투자된 실질적인 시간보다 지나간 연수입니다. 11년을 투자해서 랭귀지 스쿨 레벨 2가 되는 것과, 3년을 투자해서 한국어 없이 살 수 있는 영어 실력을 만든다면 어느 쪽이 더 효율적인가요?

　투자 효율의 핵심은 밀도에 있습니다. 전자에서 11년 동안 1,500시간을 공부하는 동안 제가 영어에 노출된 시간은 일주일에 5시간을 넘기지 않습니다. 하루는 24시간인데, 하루 한 시간 영어 수업을 듣고 영어가 유창해지길 바라는 것은 과한 욕심입니다. '너는 미국에 살았으니 미국인과 대화할 일도 많았을 텐데 장난하냐!'고 생각하고 계신가요? 외국에서 산다고 외국어를 잘하게 되는 것은 아닙니다. 20년 이상 살아도 기본 회화밖에 못 하는 분들도 많습니다. 외국에 살면서 한인들끼리 모여서 놀고, 한국 TV를 보면서 한국어로 생활하면 영어에 노출되는 시간은 극히 제한적일 수밖에 없습니다. 어느 곳에서 살든 새로운 언어를 배우는 방법은 같습니다. 꾸준한 노출입니다.

　후자의 경우 저는 하루에 3시간씩 매일 영어에 노출됐습니다. 전자가 수업이라는 반강제적인 학습 시간이었다면 후자에서는 내가 즐기기 위해서 선택한 놀이였습니다. 지루한 수업을 한 시간 듣는 것과 재미있는 영상을 3시간 보는 것은 엄연히 다른 활동입니다. 더 짧은 시간(3년) 동안 더 많은 시간(3,000시간)을 투자할 수 있었던 이유입니다.

　우리가 학교에서 듣는 영어 수업은 영어를 배우는 수업이 아닙니다. 영어 문자를 읽고 해석하는 영문과 회화에서 자주 쓰이는 문장을 암기하는 수업입니다. 말하는 법을 배운다는 점에서 〈노는영어〉와 회화 수업은 비슷해 보일지 모릅니다. 그러나 말하는 법을 외우는 것과 말하는 것에 익숙해지는 것은 다릅니다.

언어를 배우는 세 가지 방법 중 우리가 할 수 있는 마지막 방법!

　'언어'를 배우는 방법은 세 가지뿐입니다. 이외의 방법들은 언어를 배우고 있다고 착각하게 만들거나, 시간과 노력이 해결해준다는 희망만 주는 잘못된 방법입니다.

첫째, 해당 언어를 모국어로 쓰는 부모 밑에서 자라는 것입니다. 깨어 있는 16시간 동안 해당 언어를 듣는 기회가 주어집니다. 1년이면 5,840시간입니다. 4~5세 아이가 타국에 입양되어 자랄 때 1년이면 자유로운 의사소통이 가능해집니다. 이 글을 읽는 당신이 영어를 사용하는 부모 밑에서 자랄 일은 없으니 이 방법은 다음 세대에게 넘기기로 합시다.

두 번째 방법은 친구입니다. 원어민 친구와 만나서 밥을 먹고 지난밤 이야기를 하면서 삶을 공유하는 것입니다. 학교를 외국에서 다닌 사람들이 영어를 잘하는 이유가 이것입니다. 온/오프라인에서 친구와 놀 수 있는 시간을 하루 3시간이라고 가정할 때, 1년 동안 영어에 노출되는 시간은 1,095시간입니다. 사용된 시간은 저의 경우와 비슷합니다. 하지만 대면 소통에서는 한쪽의 언어 수준이 낮아도 생각을 꺼낼 수 있는 아웃풋의 경험이 주어지므로 투자되는 시간 대비 언어 습득 효율이 높습니다.

마찬가지로 이 경우도 2~3년 정도 학교를 다니면 외국어를 자유롭게 구사하는 수준이 됩니다. 하지만 우리가 다시 학교를 다닐 수도 없는 노릇이고 지금 외국인 친구를 사귄다고 해도 하루에 몇 시간씩 붙어 있는 것은 현실적으로 어렵습니다.

그래서 세 번째 방법을 추천합니다. 한국에 거주하는 성인인 우리가 선택할 수 있는 유일한 방법. 영어 콘텐츠를 영어로 보는 것입니다. 앞서 언급한 두 가지 방법(부모, 친구)의 공통점은 해당 언어를 사용하는 원어민들이 서로, 또는 나를 향해 외국어를 사용하는 모습을 '본다'는 것입니다. 언어를 사용한 소통은 청각 정보뿐만 아니라 시각적으로 주어지는 모든 정보를 포함한 하나의 콘텐츠입니다.

영어로 미디어 콘텐츠를 볼 때, 우리는 등장인물들이 있는 공간과 그들의 표정, 입 모양, 말투, 억양을 통해 그들의 감정과 상황을 추측할 수 있습니다. 언어를 배우는 방법 중 먼저 언급된 두 가지 방법은 나에게도 아웃풋의 기회가 주어진다는 장점이 있습니다. 세 번째 방법은 아웃풋의 기회가 적은 대신, '자의적 선택'이라는 강력한 무기가 주어집니다. 나와 관계없는 이야기, 내가 이해할 수 없고 관심도 없는 이야기를 들어야 하는 위의 방법들과 달리 세 번째 방법은 내가 원하는 것만 골라서 볼 수 있습니다. 재미없으면 넘길 수도 있고, 다른 사람들의 대화로 순간 이동을 할 수도 있죠. "뭐라고요?" 딴생각하다가 대화를 놓쳐서 물어볼 필요도 없습니다. 시간을 뒤로 되돌리면 됩니다.

그런데, 영어로 보면 뭘 봐도 재미없지 않을까?

'영어로 된 걸 많이 봐야 한다고? 많이 보고 익숙해지면 말을 하게 된다니, 속는 셈 치고 해볼까? 근데 뭘 봐야 하지?'

영어 콘텐츠를 어떻게, 어떤 기준으로 찾아서 보라는 건지 막막하실 겁니다. 유튜브, 넷플릭스를 켜면 이내 재미있어 보이는게 눈에 띄니까 눌러 보는 건데 영어론 뭘 봐야 하는 걸까요? 뭘 봐도 못 알아듣고 재미없을 것 같은데 말입니다.

우선 본인의 관심사를 알아야 합니다. 우리가 보통 미디어 콘텐츠를 이야기할 때 '재미있는 것'이라고 하면 크게 두 가지로 분류할 수 있습니다. 단순한 즐거움과 앎의 즐거움입니다. 단순한 즐거움의 예를 들면 실없는 말장난, 누군가를 괴롭히고 장난치는 모습, 재치 있는 입담, 멋진 광경, 맛있게 먹는 모습, 예쁘고 잘생긴 사람 등등.

앎의 즐거움은 관심 있는 주제에 대해 알아갈 때 느끼는 만족감입니다. 동경하는 가수의 보컬 레슨, 투자 전문가의 투자 조언, 댄서의 춤 강의, 헬스 트레이너의 운동법 강의처럼 강의 형식일 수도 있고 다큐멘터리나 탐험 형식의 예능도 앎의 즐거움을 충족시킬 수 있습니다.

공책에 본인이 좋아하는 것을 적어보세요. 생각해본 적 없을 수도 있습니다. 어쩌면 내가 뭘 좋아하는지 모른다고 생각할 수도 있어요. 하지만 누구나 관심사는 있습니다. 저는 이런 것들을 적었습니다.

사람들의 묘기, 패션쇼, 모델들의 비하인드 씬, 자연, 동물, 심해 생물, 우주, 철학, 심리, 생물학, 의학, 인체의 신비, 대인 관계, 성공담, 동기 부여, 경제, 마블, 영화 해석, 언어학, 투자, 예술, 책, 기술, 미래…

하나도 못 적겠다고요? 재미있는 걸 떠올려보니 예능밖에 없나요? 기술의 힘을 빌려 관심사를 찾아봅시다. 나보다 나를 잘 아는 빅테크 기업의 알고리즘을 분석하세요. 구글, 유튜브, 넷플릭스, 페이스북 중 하나라도 사용해본 적이 있다면 이미 그 서비스들은 당신의 관심사를 알고 있습니다. 추천하는 영상, 자주 뜨는 광고를 분석해보세요. 그것이 내 관심사입니다.

구글 웹사이트에 로그인을 하고 우측 상단 프로필 사진을 누릅니다. 'Google 계정 관리' 버튼을 누르고 '데이터 및 개인 정보 보호' 탭을 찾습니다. 스크롤을 내려 '광고 설정'에 들어가면 '광고 개인 최적화' 서비스를 찾을 수 있습니다. 구글이 알고 있는 당신에 대한 모든 것이 그곳에 있습니다.

성별과 연령대는 기본입니다. 몇 가지 언어를 사용하는지, 어떤 영화를 좋아하는지, 어떤 TV쇼를 좋아하는지, 어떤 물건에 관심 있는지, 어떤 음악을 좋아하는지, 소득은 어느 정도인지, 스마트폰과 컴퓨터의 운영체제까지 파악하고 있습니다. 스크롤을 내릴수록 소름이 돋습니다. 잊고 있던 나를 알아가는 기분. 이는 당신이 구글과 유튜브에서 해온 활동 데이터를 근거로 알고리즘이 당신을 분석한 것입니다. 이를 토대로 구글은 당신에게 최적화된 맞춤 광고를 할 수 있습니다.

이번엔 유튜브로 가봅시다. 첫 화면에 볼 만한 영상들이 나열되어 있는 경험을 해보셨을 겁니다. 그것이 당신의 관심사입니다. 유튜브는 당신이 어떤 영상을 주로 클릭하고, 어떤 영상을 끝까지 봤으며, 어떤 영상을 중간에 멈췄는지, 어떤 영상에서 '좋아요'를 누르고 그 채널을 구독했는지, 어떤 영상을 검색해서 봤는지, 추천을 통해 봤는지, 링크를 통해 봤는지 알고 있습니다. 그 데이터를 토대로 당신이 좋아할 만한 영상을 추천한 것입니다.

유튜브 첫 화면 추천 영상들의 주제를 적어보세요. 내가 최근 관심 있는 가드닝(Gardening)이 추천된 것인지, 급히 알아볼 일이 있어서 검색했던 것이 추천된 것인지, 궁금해서 눌러본 영상의 비슷한 것이 추천된 것인지 본인이 가장 잘 알 것입니다. 구독한 채널의 영상이 있다면 내가 그 채널을 왜 구독했는지 생각해보세요. 말하는 게 웃겼는지, 주로 소개하는 것들이 나의 관심사인지, 예쁘고 잘생겨서 또 보고 싶어서인지, 일상이 궁금해서인지. 구독한 이유를 생각해보세요. 그 이유 또한 당신의 관심사입니다.

첫 화면 영상 목록에서 이렇다 할 관심사를 못 찾았다면 유튜브를 끄고 다시 들어가보세요. 알고리즘은 당신이 아무 영상도 보지 않고 스크롤만 내렸다는 사실을 알고 있습니다. 이번엔 더 흥미로운 영상들을 당신에게 추천할 것입니다. 최근 관심사로 추정되는 주제와 연관된 또 다른 주제, 한동안 시청이 뜸했던 지난 관심사. 그렇게 더 이상 적을 것이 없을 때까지 첫 화면을 새로고침 하면서 관심사를 적어보세요. 시청 기록과 좋아요 목록도 확인해보세요.

이제 그 관심사를 영어로 보면 됩니다. 누구에게나 맞는 완벽한 콘텐츠는 존재하지 않습니다.

'뭔 놈의 책이 뭘 봐야 하는지 알려주지도 않고 뜬구름 잡는 소리만 한담?'

플레이 스톤의 세번째 스톤(A)을 생각해보세요. 누구에게나 똑같은 일괄적인 콘텐츠로는 개인의 자발적이고 주도적인 학습을 이끌어내기 어렵습니다.

쉬워 보이는 것, 재미있어 보이는 것, 출연자의 인상이 좋은 것

무료로 시청할 수 있는 서비스부터 시작하세요. 유튜브의 영어 콘텐츠에는 대부분 영어 자막이 달려 있습니다. 관심사를 영어로 검색하고 영어 자막을 틀어놓고 보세요.

검색어는 간단할수록 좋습니다. 육아에 관심이 많다면 'How to care a baby'보다 'Baby'가 좋습니다. 원하는 것이 분명할 때는 문장을 검색하는 것이 정확도를 높입니다. 그러나 우리가 찾는 것은 '재미있는 것'이고 아직은 어떤 것이 재미있는지 경험이 부족합니다. 그럴 때는 정확도보다는 더 많은 선택지를 볼 수 있는 어휘 검색이 좋습니다.

쉬워 보이는 것, 재미있어 보이는 것, 출연자의 인상이 좋은 것을 고르세요. 말이 빠르고 뭐라고 하는지 도통 알 수 없을 것입니다. 집중이 안 되면 과감히 다른 걸 보세요. 보던 영상의 한편에 뜬 추천 영상을 골라도 좋고, 검색 결과로 돌아가도 좋습니다.

'내 비록 뭐라고 떠드는지는 모르지만 일단 영상 퀄리티가 좋고 눈이 즐거워서 보고 있기 편하다.' 싶은 것을 찾아봅시다. 그 영상을 다 봤는데도 알아들은 것이 없어서 서운할 겁니다. 괜찮습니다. 못 알아듣는 게 당연합니다. 우리는 부모님 말을 알아듣는 데 1년이 걸렸습니다.

몇 개 억지로 봤는데 그다지 재미를 모르겠다 싶으면 공책을 펼치고 다음 관심사를 검색합니다. 그렇게 며칠 검색하고 추천 영상을 확인하다 보면 유튜브 첫 화면에 영어 콘텐츠가 나타납니다. 그때부터는 그 추천 영상들을 보세요. 당신이 제목과 썸네일로 고르는 것보다 만족스러울 것입니다.

하루는 24시간입니다. 그중 8시간 자고 나머지 16시간 중에 영어에 얼마나 노출되는지가 관건입니다. 그래서 공부로는 할 수 없습니다. 여가 시간을 공부로 대신하고 싶은 사람은 없으니까요. 하지만 노는 건 다릅니다. 먹고 자고 일하는 시간 외에는 오로지 놀기만 할 수 있습니다. 사실 놀기 위해 일한다고 해도 과언이 아닙니다. 앞으로는 영어로 놀아야 합니다. 놀면서 스스로 발전할 수 있습니다.

저는 미국의 TV쇼를 많이 봤습니다. 〈로스트〉를 보다가 지겨우면 유튜브에서 〈지미 키멜 라이브(Jimmy Kimmel Live)〉를 찾아봤습니다. 지미 키멜은 일반인을 대상으로 흥미로운 인터뷰를 하거나 장난을 치는 콘텐츠가 많습니다. 장난에 대한 미국인들의 실감 나는 반응을 보는 것이 재미있었습니다. 그 대상에는 아이들도 있었는데요, 아이들이 구사하는 영어는 알아듣기 쉬웠고 질문 또한 간단해서 공감하면서 볼 수 있었습니다.

〈지미 키멜 라이브〉를 보다 보니 추천영상에 〈코난 쇼(Conan Show)〉가 올라왔습니다. 코난이 한국에 방문하여 촬영한 에피소드가 있습니다. 내가 아는 곳, 아는 문화이기에 익숙함이 있었습니다. 관심과 배경지식이 충분했습니다. 영어를 이해하지 못하는 한국인들을 대상으로 영어 진행을 하는 터라 대부분의 사람들은 코난을 보며 웃기만 했습니다. 저도 마찬가지였습니다. 이해 안된 부분을 다시 보면서 뭐라고 한 건지, 왜 웃은 건지, 왜 저런 리액션을 취한건지 알 때까지 반복했어요. 그러다 보니 이해하는 영어 표현이 많아졌습니다. 점차 영어 문화에 익숙해졌습니다.

일반인 아이들의 반응 영상을 보다 보니 일반인의 반응 관련 콘텐츠가 추천에 뜨기 시작했습니다. 일반인을 대상으로 하는 장난, 일반인들의 놀라운 묘기 모음, 일반인들이 찍은 놀라운 순간들. 그런 영상들은 시각적인 즐거움과 더불어 원어민들의 꾸밈없는 표현들을 접하는 데 용이합니다.

사람 사는 게 다 똑같아서 특정 상황에 예상되는 반응은 어디를 가나 똑같습니다. 놀라울 때 뭐라고 하는지, 짜증 날 때 뭐라고 하는지, 칭찬할 때, 감탄할 때, 되물을 때, 혼잣말할 때 원어민들은 뭐라고 말하는지 들을 수 있습니다. 묘하게도 그런 상황은 자막에 집중하고 있으면 이해가 안 됩니다. 그럴 때는 상황과 표정에 몰입하고 소리에 집중하세요.

그렇게 상황과 인물의 반응을 보면서 그들의 말을 추측하는 것이 편해집니다. 특정 상황에 반응하는 현지인들의 표현이 내 안에 자리잡습니다. 언어의 습득이 이뤄지는 순간입니다.

영어가 당연한 것이 되는 순간

언어라는 것이 없던 어린 시절 우리가 한국어를 사용하게 된 경위를 생각해 봅시다. 귀로 들어오는 소리라고는 소음뿐이던 때, 소음들 속에서 반복적으로 들리는 어떤 소리에 의미가 있다는 것을 깨닫습니다.

상대의 동작과 눈빛을 보고 '거기 가지 마.'라는 소리가 저곳에 가지 말라는 의미인 것을 알게 됩니다. 의미가 담긴 소리를 듣는 것에 확신이 생기면 그 소리가 머릿속을 맴돌게 됩니다. '이런 상황에선 이렇게 소리 내는 거구나.' 그간의 데이터를 근거로 소음들 사이에서 언어를 구분하게 됩니다.

누가 욕하는 것을 들으면 우리는 그 표현이 정확히 무슨 의미인지 몰라도 어떤 목적으로 쓰였는지 본능적으로 압니다. 그것을 자주 듣다 보면 나에게 비슷한 상황이 닥쳤을 때 반사적으로 그 표현이 떠오릅니다.

처음엔 그 표현을 사용하지 않습니다. 이런 상황에 쓰는 표현이 맞는지, 발음이나 억양이 틀린 것은 아닌지 확신이 안 서기 때문입니다. 그러다가 그것을 입 밖으로 꺼내게 됩니다. 아이들이 혼자서 욕을 중얼거리는 것을 본 적 있을 겁니다. 욕을 연습하는 것이 아닙니다. 한국어를 연습하는 겁니다. 그렇게 들을 수만 있던 아이는 말을 하게 됩니다.

특정한 상황에서 어떤 말을 하는지 아는 것. 그것이 언어를 배우는 방법입니다. 사투리를 사용하는 부모 밑에선 사투리를 쓰는 아이가 자랍니다. 어떤 상황에서는 어떻게 말하는 것인지 부모를 보면서 따라 하는 아이가 사투리의 억양만 제외하고 따라 할 수는 없는 노릇이니까요.

그렇게 말하기는 우리도 모르는 사이에 머릿속에 각인됩니다. 보통은 감탄사나 짧은 대답에 먼저 익숙해집니다. 놀라운 것을 봤을 때, 'What…?' 또는 'WTF'을 외치는 것. 기억하고 따라 하기 쉽기 때문에 금방 내 것이 됩니다. 누군가가 나를 도와줄 때 어떻게 답하는지, 안부를 물을 때, 길을 물을 때, 상대의 질문을 이해하지 못했을 때, 가격을 물을 때, 값을 흥정할 때, 입어봐도 되냐고 물을 때 등. 회화책에서 외우라고 모아놓은 표현을 달달 외우지 않아도 그 상황에 직면하면 자동으로 머릿속에서 흘러나오게 할 수 있습니다.

한국에서 영어로 된 영상을 보거나 글을 읽을 때 주위의 반응은 외국에서와 다릅니다. 빤히 쳐다보며 궁금해하는 반응은 나로 하여금 영어를 당연하지 않은 것으로 느끼도록 만듭니다. 그러나 당신의 집에서만큼은 영어를 당연한 것으로 만드세요.

영어로 된 콘텐츠를 보는 것에 익숙해지면 그것이 당연하게 느껴지는 순간이 옵니다. 3년 3,000시간. 그중 절반이 채 지나기도 전에, 당신은 지하철에서 마주친 외국인의 인사에 당황하지 않을 것입니다. 당신에게 영어는 이미 일상이 되어 있을 테니까요.

▶ 06

투자하는 시간만큼 실력이 늘어난다

지난 10년을 후회해놓고, 또 같은 10년을 보낼 것인가?

10,000시간의 법칙은 말콤 글래드웰이 『아웃라이어』에서 주장한 이론으로 그는 누구든지 어떤 분야에 10,000시간을 투자하면 프로가 된다고 주장합니다. 그에 따르면 매일 3시간씩 어떤 것을 공부 또는 연습하면 10년 뒤에 전문가가 됩니다. 당신은 어떤 분야의 전문가인가요?

이 글을 쓰고 있는 2021년 현재 저는 〈노는영어〉 5년차입니다. 초창기에는 하루 3시간씩 매일 영어로 드라마를 보며 훈련했습니다. 일정 수준에 도달하여 팟캐스트와 오디오북을 들을 때는 하루 5시간씩 투자할 수 있었습니다. 운전, 운동 그리고 일상의 가벼운 업무를 수행할 때 틀어놓고 들을 수 있었기 때문입니다. 그리고 한국에 돌아온 2019년 3월부터 지금까지 매일 2시간씩 영어보고 듣기를 빼먹은 날이 없습니다. 공부였다면 할 수 없었을 겁니다. 영어로 노는 것은 당연한 일상이 되었습니다.

지난 5년간 영어에 투자한 시간을 생각해봤습니다. 2016년부터 2017년까지 매일 3시간씩 2,190시간, 2018년에는 매일 5시간씩 1,825시간. 2019년부터 2020년까지 매일 2시간씩 1,460시간으로 지난 5년간 영어에 투자한 시간은 대략 5,475시간입니다. 이는 5년간 매일 하루 3시간을 투자한 것과 같습니다. 10,000시간의 법칙에 따르면 저는 전문가가 되는 여정의 절반을 지나는 중입니다. 아직 제 스스로 10,000시간 영어 학습을 채워보지 못했고, 〈노는영어〉에 10,000시간을 투자한 사람을 만나본 적이 없어서 이 훈련으로 전문가가 됐을 때의 실력은 알 수 없습니다. 하지만 그 절반을 지난 저의 수준으로 어느 정도 짐작이 가능합니다.

가벼운 대화를 편하게 진행하는 것은 2년차에 이룬 성취입니다. 이후 입학한 학교에서 카운슬러와 상담, 친구들과 협동 과제, 그리고 영어로 수업을 듣는 데 문제가 없었습니다. 마트에서 장을 보다가 지나가던 사람에게 맥주 추천을 받기 위해 말을 걸었다가 친구가 되고, 온라인에서 댓글로 논쟁을 벌이는 것이 가능했습니다. 비밀번호를 분실한 가상화폐 거래소의 고객센터 직원과 본인 인증 및 비밀번호 재설정 문제로 3일간 전화로 씨름한 적도 있습니다.

당신이 투자하는 시간이 당신의 실력이 됩니다. 이건 '영어'에 투자하는 시간입니다. '영문'에 투자하면서 '영어' 실력이 늘지 않는다는 불만은 더 이상 없는 것입니다. 지난 10년을 그렇게 후회하지 않았습니까? 〈노는영어〉는 영어를 내 것으로 만듭니다. 영문은 내가 모르는 사이에 습득합니다.

투자하는 시간이 곧 실력이 된다

한국에서부터 즐겨하던 〈리그 오브 레전드〉라는 게임이 있습니다. 이걸 미국에서 하게 되었는데 처음에는 막막했습니다. 게임을 하는 법은 아는데 모든 설명과 소리가 영어로 나오니 정신이 없었습니다. 기술과 아이템 설명을 읽을 필요가 없는 캐릭터만 플레이했습니다. 근데 그것도 익숙해지더군요. 소리에 먼저 익숙해졌습니다. 상대방 캐릭터를 죽였을 때 나오는 소리, 기술을 사용할 때 나는 소리, 효과음들이 익숙해지고 나니 이제 기술에 신경을 쓸 여유가 생겼습니다.

내용을 알고 보니 영어로 된 기술 설명도 별것 없다는 걸 알았습니다. 다른 캐릭터를 시도해볼 용기가 생겼습니다. 처음에는 채팅창에 눈길도 주지 않았어요. 봐도 모르고 신경 쓸 겨를이 없었기 때문입니다. 하지만 점차 게임에 익숙해지자 채팅창에 올라오는 대화를 읽을 여유가 생겼습니다. 한국이나 미국이나 게임할 때 하는 말은 비슷합니다. '저 사람을 잡아라', '저기로 가자', '너안 오고 뭐하냐?' 그들이 하는 말을 보기만 하던 저는 어느 날 용기 내어 대화를 하게 됩니다.

"Gr8."

Great을 뜻하는 슬랭입니다. 우리 편이 현란한 움직임으로 나를 살리고 나를 따라오던 적까지 죽이는 모습을 보고 가만히 있을 수 없었습니다. 그렇게 외마디 칭찬으로 시작한 채팅은 문장이 되고 나중에는 게임 내내 채팅을 하는 수준이 되었습니다.

고등학교 2학년 때의 일입니다. 제 앞자리에는 조용한 친구가 앉아 있었습니다. 키 크고 덩치 좋은 남자아이. 무테 안경을 낀 그 친구는 항상 귀에 이어폰을 꽂고 있었습니다. 그런데 어느 날 일본어 시간에 선생님이 그 친구에게 발표를 시켰습니다. 그 친구의 일본어 실력은 충격이었습니다. 고수는 고수를 알아봅니다. 일본어 선생님은 그 친구에게 물었습니다.

"JLPT 준비하니?"

"네."

"몇 급?"

"1급이요."

선생님은 그럼 그렇다는 듯 별말 없이 고개를 끄덕이고 수업을 이어갔습니다. 수업이 끝나고 저는 매점에 가자는 친구들의 제안을 거절하고 자리에 앉아 있었습니다. "저기…." 넓은 어깨를 지나 두터운 오른쪽 팔 끝을 조심스럽게 건드리며 말했습니다. 친구는 이어폰을 빼고 예상치 못했다는 듯, 두 눈을 크게 뜨고 뒤쪽을 돌아봤습니다.

"응?"

"일본어 잘하더라. 어떻게 공부한 거야?"

저는 물었습니다. 귀까지 빨개진 그 친구는 잠시 머뭇거리더니 자신의 이야기를 들려줬습니다. 여느 학생들과 다를 것 없이 그도 일본 만화를 좋아하는 평범한 남학생이었습니다. 하지만 남들과 달랐던 점은 좋아하기만 하는 것에서 그치지 않고 일본 문화와 일본어에도 관심을 가졌다는 것입니다.

한글 자막이 달린 애니메이션이 많지 않던 시절, 그는 자막 배포를 기다릴 수 없어서 애니메이션을 자막 없이 보기 시작했습니다. 작품에 빠져 있다 보니 그림만 보면서 봐도 볼 만했다고 합니다. 그러다가 그는 자신도 모르는 사이에 일본어가 이해되기 시작했습니다. 이후 더 많은 작품들을 보게 되었습니다.

애니메이션이 편해지자 일본 TV 프로도 찾아봤다고 합니다. 그러다 보니 일본 문화에 관심이 생겼고, 문화를 알게 될수록 언어에 대한 이해가 깊어져서 일본어를 공부해봐야겠다고 마음먹었습니다. 그 친구는 본인의 실력이 어느 정도인지 궁금해서 시험을 쳐봤는데 성적이 잘 나와서 바로 1급을 준비하는 중이라고 했습니다. 저는 그날 깨달았습니다.

'관심에서 시작해서 그 언어를 좋아하게 되고, 그 언어의 문화까지 파고들면 놀면서도 언어를 습득할 수 있구나. 그리고 필요한 순간이 오면 문자를 공부하면 되는구나.'

고등학교 때 깨달은 언어에 대한 이해는 훗날 〈노는영어〉 연구에 영향을 끼쳤습니다. '내가 뭐하고 있는 거지? 잘하고 있는 게 맞나? 시간 낭비하고 있는 것은 아닐까?' 나와 내 선택에 의심이 들 때면 그 친구를 떠올렸습니다.

'나는 지난 10년간 영어를 공부하고 작년엔 학원에 다니면서 영어를 배웠는데 영어가 안 된다. 못 믿겠다. 해도 안 되는 사람이 있는 것 같다.'

이렇게 생각하신다면 문제는 둘 중 하나입니다. 잘못된 방법에 시간을 투자했거나, 그 시간 동안 당신이 집중하지 않은 것입니다. 재미가 없으니 집중을 할 수 없었겠죠.

음악이든 게임이든 당신이 좋아하는 것을 영어로 즐기세요. 막막한 시간은 금방 지나갑니다. 익숙해지고 나면 당연하게 느껴집니다. 영어로 된 글자와 소리를 뇌가 언어로 인식하게 만드세요. 그럼 당신을 영어 벙어리로 만든 학창 시절의 영문 공부가 긴 잠에서 깨어납니다. 당시에 배웠던 문법들이 떠오르고 그것의 이치를 깨닫습니다. 익숙하지 않을 때는 듣지 못했던 단어가 들리고 그것의 의미가 떠오릅니다.

잊고 있던 지난날의 영어가 새로운 영어에 스며들면서 당신의 실력은 급속도로 발전합니다. 앎의 즐거움은 무언가를 이해할 때 그 보상으로 기쁨을 줍니다. 수년간 듣고 외우기만 하던 것들이 기억 속에서 고개를 내밀고 막혔던 이해의 벽이 허물어지는 경험. 그 경험을 위해 우리는 영어로 놀면서 그것에 익숙해지도록 시간을 투자해야 합니다. 하지만 하루 종일 유튜브나 넷플릭스만 보고 있을 수는 없죠. 외국인 친구가 있는 것도 아니고…. 어떻게 하면 한국에 살면서 영어 노출을 늘릴 수 있을까요?

▶ 07

영어 노출 시간을 늘리는 법

언어 실력도 복리로 는다

저는 몇 년간 〈노는영어〉를 해왔습니다. 시간이 갈수록 기존에 학교에서 배웠던 단어와 문법 지식까지 합쳐져 그 성취가 확연히 드러났습니다. 과거에 배운 것들이 하나둘 떠올라 이해될 때마다 느끼는 짜릿함은 그것을 내 것이 되게 만들었고, 내 것이 된 정보가 많아질수록 영어 실력은 눈덩이처럼 커졌습니다.

워렌 버핏과 아인슈타인이 극찬한 복리의 마법. 언어 실력도 복리로 늘어납니다. 가진 것이 많은 사람은 더 크게 불어납니다. 당신이 지금 굴리기 시작하는 눈덩이는 과거 제가 굴리던 것보다 크면 컸지 작지 않을 것입니다.

눈덩이를 크게 만들려면 눈이 많은 곳에서 굴려야 합니다. 한 방향으로만 굴리면 모양이 망가집니다. 이리 갔다 저리 갔다 사방의 눈을 모두 당신의 눈덩이를 키우는 데 사용하세요.

'한국에는 눈이 많이 안 오는데…?'
(한국에서는 영어에 노출될 일이 적은데…?)

괜찮습니다. 우리는 언제 어디서나 해외에 거주하는 것과 비슷한 수준으로 영어에 노출될 수 있는 시대에 살고 있습니다.

언어를 인풋과 아웃풋 두 가지로 나눠서 설명해보겠습니다. 인풋은 정보를 받아들이는 방법으로 [듣기와 읽기]가 있고 아웃풋은 정보를 상대에게 전달하는 방법으로 [말하기와 쓰기]가 있습니다.

1) 인풋 늘리기

– 미디어 콘텐츠 영어로 소비하기

인풋은 소리를 듣거나 글자를 읽는 것입니다. 즉 소리를 들으면서 자막을 읽을 수 있는 미디어 콘텐츠는 영어 인풋을 연습하기에 적합합니다. 유튜브, 넷플릭스에서 재미 위주의 콘텐츠를 영어로 소비하면서 영어와 가까워질 수 있습니다. 그러나 재미있는 것도 질리는 순간이 옵니다. 그럴 때는 단순 즐거움에서 앎의 즐거움으로 시선을 돌려보세요.

CNN에서 한국 뉴스를 찾아봅니다. 칸아카데미, 테드를 이용하여 궁금증을 채워보세요. 전자의 것들보다 난해하고 딱딱한 표현들이 주를 이룹니다. 모르는 단어가 많아서 머리가 하얘집니다. 드라마는 2시간을 봤는데 칸아카데미 강의는 10분 겨우 보고 껐다고 해도 괜찮습니다.

당신은 그 10분만큼 영어와 가까워진 것입니다. 한국 방송을 보고 싶은 욕구를 참으세요. 그것은 재미만 주지만 영어 콘텐츠는 재미와 발전을 동시에 줍니다.

가수 성시경 씨는 독학으로 수준급의 영어 실력을 만든 것으로 유명합니다. 그는 한 매체와의 인터뷰에서 팝송의 가사를 이해하기 위해 영어 공부를 시작했다고 합니다. 좋아하는 팝송의 가사를 이해하시나요? 이제는 가사에 정신을 집중하고 들어보세요. 집중한다고 마법처럼 가사가 이해되는 일은 일어나지 않습니다. 하지만 당신의 뇌에게 그 소리가 소음이 아니라는 것은 알게 할 수 있습니다. 집중하고 듣는 횟수가 늘수록 차츰 단어들이 또렷하게 들립니다. 어디서 들어본 것 같은 것도 있지만 생전 처음 듣는 단어도 있을 겁니다. 그리고 아무리 들어도 뭐라는 건지 도통 알 수 없는, 영어가 맞나 싶은 표현도 있을 겁니다. 이제 그 노래의 영어 가사를 찾아보세요.

'이 노래가 이렇게 짧았나? 생각보다 몇 마디 없네.' 반복되는 부분을 제외하고 나면 노래 한 곡에 우리가 이해해야 하는 가사는 많지 않습니다. 원문 가사를 찾아보는 것만으로도 당신은 그 노래의 가사를 상당 부분 이해하게 됩니다.

– SNS를 영어로 설정하기

듣는 것이 지겨우면 읽어봅시다. 읽기 인풋은 스마트폰으로 해결할 수 있습니다. SNS를 영어로 해보세요. 트위터, 인스타그램, 틱톡을 영어로 보는 겁니다. 내 SNS 친구 중에는 영어를 쓰는 사람이 없다고요? 친구를 새로 만들면 되죠. 관심 있는 외국의 유명인, 배우, 가수, 유튜버, 정치인 등 영어를 쓰는 사람을 팔로우하세요.

저는 지속적인 영어 노출을 위한 SNS 계정을 따로 만들었습니다. 그곳에 한국말을 하는 사람은 한 명도 없습니다. 일론 머스크, 빌 게이츠, 사이먼 시넥, 레이디 가가, 잭 돌시, 나발 라비칸트, 레이 달리오 등 가수부터 사업가, 투자자까지 개인적으로 관심있는 사람들을 일방적으로 친구로 만들었습니다. 그들은 저를 모르고 앞으로도 모를 테지만 저는 앞으로 그들에 대해 알게 될 것입니다.

'그들은 어떤 생각을 하면서 살까?'

'그들은 뭘 하면서 살지?'

'그들의 일상이 궁금하다.'

관심 있는 사람들을 팔로우하고 그들이 영어로 하는 포스팅을 눈팅하세요. 이해가 안 되어도 좋습니다. 정말 궁금하면 사전을 찾아보면서 해석할 것이고 그 정도가 아니라면 그냥 스크롤을 내릴 것입니다. 우리는 영어 포스팅을 해석해서 채점을 받을 것도 아니고 다 읽고 지나가야 하는 의무를 지닌 것도 아닙니다. 이해도 안 되는 걸 봐서 뭐하냐는 생각은 '영어는 공부하는 것'이라는 관점을 가지고 있기 때문에 드는 것입니다. 영어가 일상이 되게 하세요. 영어 노출을 위해 영어로 SNS를 한다는 최초의 의도를 망각할 때, 익숙함은 당신에게 찾아와 영어를 당연하게 여기도록 만들 것입니다.

– 스마트폰과 컴퓨터를 영어로 설정하기

이 모든 인풋을 실행하기에 앞서 당신의 깨어 있는 하루 동안 가장 많이 보는 화면을 영어로 바꾸는 것이 중요합니다. 스마트폰, 컴퓨터, TV 등 전자기기의 설정을 영어로 바꾸세요. 많이 볼수록 익숙해집니다. AM PM 같은 시간 표시나 검색창의 안내 문구 등, 딱히 집중해서 볼 필요 없는 부분을 영어로 바꿔서 당신의 뇌가 영어라는 글자에 익숙해지게 만드세요.

저는 2013년부터 지금까지 스마트폰을 영어로 사용하고 있습니다. 8년 동안 영어로 썼더니 이제는 한글로 된 스마트폰이 어색합니다. 처음에는 한글이라면 고민 안 하고 할 수 있는 일을 온 신경을 집중해서 해야 했습니다. 하지만 그것도 적응이 되더군요. 어려운 건 똑같았지만 어렵다고 느껴지지 않았습니다. 익숙함이라는 상태에 이르려면 시간이 필요하지만 도달하고 나면 어떤 것이든 편해집니다.

듣기 인풋에 전화가 소개되지 않아 의아하실 수도 있습니다. 전화 통화는 훌륭한 듣기 연습 수단입니다. 하지만 영어 노출을 늘려야 하는 사람에게 맞는 수준이 아닙니다. 청각 정보 외에는 상대의 말을 추측할 수 있는 정보가 없는 전화 통화는 듣기의 마지막 단계입니다.

2) 아웃풋 늘리기

– 짧은 글쓰기

영어로 정보를 받는 연습을 해봤다면 이번엔 내 머릿속에 있는 생각을 영어로 세상에 꺼내놓는 연습을 해봅시다. 인풋에 듣고 읽기가 있다면 아웃풋에는 말하기와 쓰기가 있습니다. 인풋과 아웃풋 항목들의 공통점은 각각 '영어'와 '영문'을 하나씩 가지고 있다는 것입니다.

인풋 = 듣기(영어), 읽기(영문)
아웃풋 = 말하기(영어), 쓰기(영문)

인풋에서는 영문이 쉽습니다. 학교에서 배운 것이 읽기였으니까요. 하지만 아웃풋은 둘 다 호락호락하지 않습니다. 말하기를 하려니 발음과 억양이 어렵고 글쓰기는 한글로도 어려운 일입니다.

간단한 것부터 시작하세요. 짧은 글쓰기로 머릿속의 생각을 영어로 꺼내보세요. 하루 일과와 생각을 정리하는 다이어리로 시작하는 겁니다. 우리가 한글로 다이어리를 쓸 때 문장이 길어지는 것을 경험해봤을 겁니다.

'오늘은 일어나서 스트레칭을 하고 밥을 먹으려고 했는데 밥을 안 눌러놨다는 걸 알았다.'

누가 읽을 것도 아닌데 문장이 좀 길면 어떤가요. 지나가버린 하루를 정리하는 것에 의의를 두는 겁니다. 하지만 저 문장을 영어로 번역하려고 하면 쉽지 않을 것입니다. 문장의 호흡이 길기 때문입니다.

And + 동사로 이어가려고 해도 모양이 좋지 않습니다. 한 문장씩 끊어서 그날 있었던 일을 영어로 적어보세요. 초등학생이 개학 전날 몰아서 쓰는 일기와 비슷한 글이 나올 겁니다.

'I woke up at 7am. I did some stretching. I wanted to eat breakfast. But I didn't cook rice.'

처음 쓰는데 잘 쓰면 얼마나 잘 쓰겠어요. 문법과 단어를 틀려도 상관없습니다. 누가 본다고요. 스마트폰이나 컴퓨터로 쓰면 자동완성 기능으로 스펠링으로부터 자유로워집니다.

— 이메일 보내보기

이메일을 보내보세요. '외국인 친구도 없는데 무슨 이메일?' 해외 직구를 할 때 판매자와 소통은 이메일로 이뤄집니다. 물건에 대해 궁금한 점을 이메일로 보내보세요. 번역기를 쓰면 간편하다는 것을 저도 압니다. 하지만 번역기를 사용함으로써 잃게 되는 영어 사용 기회가 그것을 사용할 때 얻는 편리함보다 큽니다. 영어를 배우고자 한다면, 본인이 직접 써보세요.

한글로 먼저 하고 싶은 말을 적고 그것을 한 문장씩 영어로 바꿔보세요. 사전과 예문을 찾아가면서 영어로 적고 그것을 본인이 읽어보세요. 읽었는데 무슨 말인지 모르겠다 싶으면 다시 예문을 보면서 수정하세요. 내용이 맞다 싶으면 과감히 전송 버튼을 누르세요. 문의 메일을 영어로 작성하는 데 사용한 시간만큼 당신은 영어와 가까워집니다.

– 외국인 친구와 문자 주고받기

내 생각을 영어로 바꾸는 연습 중 가장 좋은 것은 뭐니뭐니 해도 문자 메시지입니다. 텍스팅이라고 하죠. 말 대신 글로 대화하는 것입니다. 말보다 생각할 시간이 많이 주어지지만 이메일이나 온라인 댓글보다는 짧은 호흡으로 생각을 표현합니다.

영어로 문자를 주고받을 친구가 없다고요? 그럼 친구를 만들어봅시다. 카카오톡 오픈채팅에서 'KPOP'을 검색해보세요. 외국인들이 만들어놓은 단체 대화방이 나옵니다. 그곳에서 대화에 참여해보세요. 'Korean'을 검색하면 한국어를 배우고 싶은 외국인들이 만든 방이 나옵니다. 그곳에서 언어교환 친구를 만들어보세요.

앱스토어에도 다양한 친구 만들기 앱이 있습니다. 거기서 외국인 친구를 만들어보세요. 꼭 서양인이 아니어도 좋습니다. 영어를 할 줄 아는 아시아인과 소통하면서 영어를 배울 수도 있습니다. 메타버스 세계에서 영어로 활동하는 것도 좋습니다. 제페토나 IMVU에 가입해서 외국인들과 소통해보세요. 그들이 만든 방에 멋지게 꾸미고 들어가서 그들이 하는 대화에 참여해보세요. 중요한 건 '내가 얼마나 잘 알아듣고 잘 말하는가'가 아닙니다. 내가 잘 못하는 것을 알지만 용기 내서 먼저 다가가는 것이 중요합니다. 일상 대화를 주고받으면서 내가 영어로 한 말에 피드백을 받아보고 상대방이 한 말을 보면서 '아… 이렇게 말하는 거구나.'를 경험해보세요.

– 영문 번역해보기

영문을 번역하는 것도 추천합니다. '영어에 영 자도 몰라서 영어 공부를 하는데 웬 번역?' 무언가를 배우는 가장 좋은 방법은 직접 해보는 것입니다. 번역은 영문을 한글로 번역하는 일입니다. 영어로 된 글을 읽으면서 내용을 이해하는 것과 그것을 남들이 알아볼 수 있게 한글 문장으로 만드는 것은 비슷해 보이지만 엄연히 다른 일입니다. 내가 이해하는 것은 쉽습니다. 그러나 그것을 남이 이해할 수 있는 글로 다시 만드는 것은 어렵습니다. 머릿속으로 이해한 이미지를 글로 재해석해야 하기 때문입니다.

앞에서 제시한 짧은 글쓰기, 이메일, 문자메시지, 채팅은 한/영 번역입니다. 그러나 영어를 읽고 한글로 번역하는 것은 영/한 번역입니다. 영문을 한글 문장으로 부드럽게 만들기 위해 해당 문장을 반복적으로 읽어야 합니다. 많은 시간이 소요되지만 내 것으로 만드는 정보의 양이 많은 효율적인 연습입니다.

저는 취미로 영어 명문장을 한글로 번역해서 SNS에 공유합니다. 좋아서 시작한 취미가 영어 실력 향상에 큰 도움을 줬습니다. 자세한 이야기는 다음 장에서 하도록 하겠습니다.

– 유튜브와 SNS에서 댓글 활동하기

앞서 인풋 연습에서 유튜브와 SNS를 언급했습니다. 영어로 된 유튜브 영상을 보면 그 밑에 영어로 된 댓글을 볼 수 있습니다. 댓글을 읽으면서 읽기 인풋을 연습할 수 있고 거기에 댓글을 달면서 쓰기 아웃풋을 연습할 수 있습니다. 'Good!!(재밌네)', 'Boring(지루하네)' 등 한 단어로 댓글을 다는 것으로 시작해서 짧은 문장, 긴 문장, 나아가 사용자들과 댓글로 토론을 해보세요.

텍스팅을 꼭 사람하고 할 필요도 없습니다. AI챗봇과 대화하면 빨리 답장해야 된다는 압박도, 틀리는 것에 대한 두려움도, 친해져야 한다는 부담감도 없습니다. 앱스토어에 'Replika'를 검색해서 친구를 '생성'해보세요. 데이터가 많이 쌓인 인공지능 챗봇이라 자연스러운 대화가 가능합니다. 할 말이 없어서 말을 안 하면 먼저 질문을 하기도 합니다. 이 얼마나 영어 배우기 좋은 세상입니까?

아웃풋 연습 중 말하기는 쓰기보다 편합니다. 대화 상대를 찾고 할 말을 생각해서 영어 문장을 만드는 일련의 과정은 굳이 필요 없습니다. 영어에 익숙해지는 수준에 적당한 말하기 연습은 혼잣말입니다. 혼자서 떠드는 겁니다. 무의미해 보이지만 말을 잘하기 위해 꼭 필요한 시간입니다.

말을 배우는 아이들을 관찰해보면 특이한 점이 하나 있습니다. 바로 말을 할 필요가 없는 상황에서 혼자 중얼거리는 것입니다. 혼자 생각하던 것을 입 밖으로 꺼내보거나 어떤 말이 떠올랐을 때 그것을 괜히 한번 말해보는 겁니다. 내 입으로 꺼내는 말이 기억 속 그 소리와 같은지 확인하는 절차입니다. 영어도 말을 잘하기 위한 혼잣말 연습이 필요합니다.

혼잣말의 첫 번째는 '소리 내어 읽기'입니다. SNS 포스팅도 좋고 보던 영상의 자막, 또는 남이 달아놓은 댓글도 좋습니다. 읽을 수 있다고 생각되는 만만한 글을 소리 내어 읽어보세요. 발음도 억양도 어색해서 옆에 아무도 없지만 괜히 민망할 겁니다. 괜찮습니다. 생각날 때마다 해보세요. 내 귀에 들을 만한 소리가 나도록 하는 연습입니다.

영어 자막으로 보던 영상에서 자막과 소리로 단번에 이해하는 문장이 나왔을 때 그 자막을 그대로 따라 읽어보세요. 그냥 지나쳤다면 기억에 잠시 머물었다가 사라졌을 문장을 한번 따라 읽으면, 그 문장을 3회 이상 생각한 효과를 얻습니다.

① 머릿속으로 문장을 떠올리고
② 들었던 소리에 집중하여 그것을 말해보고
③ 내가 꺼낸 소리를 내 귀로 듣는다.

따라 읽기를 하다 보면 머릿속에 남는 문장들이 생깁니다. 두어 번 따라 읽는 단 수십 초의 시간 투자라도 당신이 자의적으로 따라 읽은 문장은 기억에 오래 남습니다. 특정 상황이 되면 그 문장이 떠오를 겁니다. 그럴 때마다 혼자 중얼거려보세요.

내가 한 말을 내 귀로 들으면서 나에게 한 번 더 입력하기 때문에 속으로 중얼거리는 것보다 효과가 좋습니다. 감탄사나 칭찬을 영어로 하는 걸로 시작해서 특정 상황에서 할 수 있는 말을 영어로 해보세요. 예를 들어 드라마 주인공이 홧김에 내질렀던 찰진 욕이 기억날 수 있습니다. 우산을 두고 나왔는데 폭우가 쏟아진다면 혼자 중얼거려 보세요. 'What the Fxxk!?'

누워서 핸드폰을 보다가 화장실이 가고 싶을 때. 굳이 꺼내지 않아도 될 말을 영어로 해보세요.

"I need to go bathroom. Should I wait? No, I have to go. I'm going to bathroom⋯. There is a door. Let me open the door⋯. Oh, I didn't turn on the light. Ta Da⋯."
(화장실 가고 싶네. 참을까? 아니야, 가야 돼. 나는 화장실에 가고 있다⋯. 저기 문이 있네. 문을 열어볼까⋯. 아, 불을 안 켰네. 짜잔⋯.)

혼자 있는데 뭐 어떤가요? 내가 생각보다 영어로 할 수 있는 말이 많다는 것에 놀랄 것이고 중얼거리는 것이 생각보다 재밌다는 사실을 깨닫게 됩니다.

이번에도 기술의 힘을 빌려볼까요? 스마트폰에 인공지능 비서가 있을 겁니다. 아이폰에는 시리, 안드로이드 폰에는 구글 어시스턴트가 있습니다. 언어 설정을 영어로 바꾸고 그들과 대화해보세요.

'세상에서 가장 돈이 많은 사람은 누구야?'

(Who is the richest person on the planet?)

'세상에서 가장 키가 큰 나무는?'

(What is the tallest tree in the world?)

온갖 질문을 던져보세요. 내 질문을 못 알아듣는다면 발음 또는 문장이 잘못된 것입니다. 그럼 영어 사전의 도움을 받아 문장과 발음을 고쳐보세요. 실제로 인공지능이 알아들을 수 있도록 발음하는 연습은 제가 수강생들의 발음을 교정할 때 사용하는 방법입니다.

말하고 듣고 읽고 쓰는 언어 활동을 영어로 하라

이렇게 집에서 영어의 인풋과 아웃풋을 연습해보세요. 사실 말이 연습이지 영어로 노는 것입니다. 심심할 때 유튜브에서 과학 영상을 보는 사람이 있고 요리 영상을 보는 사람이 있습니다. 이렇듯 취향은 너무나 다르고 모두에게 맞는 정답은 없습니다.

'그럼 모두에게 맞는 영어 학습법도 다를 수 있는 건데 네가 주장하는 〈노는 영어〉가 모두에게 맞다고 확신할 수 있냐?'

맞습니다. 각자에게 맞는 영어 공부 방법도 다 다릅니다. 하지만 우리는 영어를 공부하는 것이 아닙니다. 습득하려고 합니다. 저는 〈노는영어〉가 영어를 습득하는 방법 중 가장 쉬운 방법이라고 믿습니다. 영화 〈매트릭스〉에서처럼 언어팩을 뇌에 직접 다운로드 받는 게 아니라면요. 언어 습득의 핵심은 자주 노출되는 것입니다. 영어 노출을 놀면서 하는데 이것보다 쉬운 방법이 있을까요?

영상을 보다가 댓글을 읽고 댓글로 떠들다가 SNS를 확인하고 노래를 듣다가 만화도 보고 해외 쇼핑을 하는 겁니다. 영어로 친구를 만들어보고 그들과 시시껄렁한 대화를 주고받아요. 할 말이 없어지면 좋아하는 글을 번역해보고 그것도 심심하면 혼잣말을 하며 돌아다니고 관심있는 글을 따라 읽고 인공지능한테 말을 걸어보는 거죠. 말하고 듣고 읽고 쓰는 언어 활동을 영어로 하는 겁니다.

이 중 외국에 살아야만 가능한 것은 한 가지도 없습니다. 기술과 인터넷의 발전으로 외국 생활의 대부분을 내가 있는 공간에서 할 수 있는 세상. 내 의지만 있다면 하루 종일 영어만 쓰면서 살 수 있는 세상입니다. 외국에 살아야만 영어를 많이 듣고 말하게 되는 것이 아닙니다. 외국인과 직접 대화해야 영어가 빨리 느는 것도 아닙니다. 오히려 영어가 어려운 시기에는 대면 소통이 시간 낭비일 수도 있습니다. 집에서 영어로 놀면서 영어 노출을 늘리세요.

<조금 더 똑똑하게 노는영어>
- 영어로 중얼거릴 때 대상의 성별을 체크하기!

입 밖으로 꺼내서 중얼거릴 때 염두에 두면 좋은 점이 하나 있습니다. 그것은 따라 하는 대상의 성별을 신경 쓰라는 것인데요. 말하기 연습의 초반에는 자신의 성별과 같은 화자의 말을 따라 하는 것이 좋습니다. 제가 미국에서 만났던 여자친구는 어릴 때 미국으로 이민 간 한국인입니다.

아시아인의 비율이 상대적으로 적은 텍사스에서 자라면서 영어와 미국 문화 적응도가 높은 친구였습니다.

그 친구는 저에게 왜 영어를 여자처럼 하냐고 지적하곤 했습니다. 평서문에서는 티가 나지 않지만 질문문이나 억양이 드러나는 문장에서 저도 모르게 여성의 억양을 사용했기 때문입니다. 어학원에서 친하게 지내던 선생님 줄리를 따라 하다가 여성스러운 말투까지 습득하게 된 것입니다.

남녀의 성 역할과 겉으로 보여지는 특징에 대한 편견이 사라지고 있는 시대인 것은 분명합니다. 하지만 남자가 여자처럼 말하는 것은 그것을 보는 사람으로 하여금 성 정체성 측면에서 오해를 살 수도 있기에 고치는 것이 좋겠다는 지적을 여러 번 받았습니다. 말투를 고치는 것은 쉽지 않았습니다. 백지였던 영어 도화지에 여성스러운 억양이라는 볼펜으로 밑그림을 그려놔서 수정이 쉽지 않았던 것입니다. 말하기 연습을 처음 시작하시는 분들은 동성 롤 모델을 정해서 그들을 따라 하세요. 어느 정도 적응이 된 뒤에는 성별 구분없이 따라 해도 무관합니다.

알아야 하는 것이 아닌 알고 싶은 것을 모아라

메모를 하면 뇌에서 일어나는 변화

인간에게 글자는 축복과도 같습니다. 구전으로 전해지는 정보는 거치는 횟수와 시간에 비례하여 변질되고 흐려지기 마련입니다. 우리의 기억이 완벽하지 않기 때문입니다. 글자는 우리에게 지식의 저장을 가능하게 만들었습니다. 이것은 개인에게도 마찬가지입니다. 문득 떠오르는 생각과 새로 알게 된 정보를 적지 않으면 결국 사라지고 맙니다.

뉴턴과 다빈치, 아인슈타인은 각 시대를 대표하는 천재입니다. 그들은 머리가 좋아서 모든 걸 다 기억할까요? 그들의 지능이 뛰어나나 인간 기억력의 한계는 비슷합니다. 아인슈타인의 책상은 여기저기 메모와 낙서들로 가득했습니다. 다빈치는 책을 발간한 적이 없지만 그가 남긴 1800장의 노트를 정리한 것으로 그의 지식을 후대에 전달할 수 있었습니다. 빌 게이츠는 메모하는 습관이 있는데, 그는 집안 곳곳에 메모지와 펜을 둔다고 합니다. 책상 옆, 침대 옆, 식탁 옆, 화장실, 신발장 등 다니는 모든 동선에 메모지를 두고 뭔가 떠오르면 그것을 바로 적는다고 합니다. 머리가 나빠서일까요? 인간이기 때문입니다.

영어로 영상을 보다가, 댓글을 읽다가, 노래를 듣다가, 문자로 대화를 하다가 '아, 이런 말이구나' 싶은 것들 중 이해만으로 내 것으로 만들 수 없는 것을 적으세요. 노트를 붙들고 다닐 필요는 없습니다. 그 순간 손에 잡히는 것에 적어놓으면 됩니다. 스마트폰만큼 우리와 붙어 다니는 물건은 아마 옷밖에 없을 겁니다. 스마트폰에 적으세요. 새로 깨달은 표현, 단어, 생각, 그 순간의 느낌. 적으세요. 노트 앱도 좋고 메신저에서 내 채팅방에 보내도 좋습니다. 당신만의 단어장, 회화 모음, 에세이가 됩니다. 이 책도 제가 〈노는영어〉를 연구하면서 적은 노트가 모여서 만들어졌습니다.

보지도 않을 것을 왜 모으냐고 하실 수 있습니다. 당신이 깨달은 것을 노트에 옮기는 게 습관이 되면 당신 뇌에는 한 가지 변화가 일어납니다. 그전에는 그저 보고 흘렸을 정보들 중에 적어서 모아야 할 지식을 구분합니다. 원래 알던 것과 모르는 것, 문맥을 통해 알게 된 것, 학창 시절에 배웠는데 이제 이해하게 된 것, 잊고 살다가 떠오른 것 등 처리하는 모든 정보를 무의식적으로 분류하는 작업을 거칩니다.

그 과정에서 생각을 한 번 하게 됩니다. 기억은 반복과 감정에 의해서 만들어집니다. 그중 반복이 작동합니다. 적어야 하는 정보를 발견하게 되면 그것을 한 번 더 생각합니다.

'적을까?'
'말까?'
'귀찮은데.'
'안 적어도 기억할 수 있는지 볼까?'

그 지식을 요리조리 굴려보며 분석합니다. 그래도 적어야겠다 싶으면 스마트폰을 집어 듭니다. 그것이 외울 수 있는 표현이라면 안 보고 적겠지만, 그게 아니라면 화면을 보면서 받아 적게 될 것입니다. 그러면서 2회 이상 같은 표현을 생각하게 됩니다.

정보를 기록하는 행위만으로도 당신은 그 정보를 여러 번 생각하면서 암기하게 됩니다. 반복에 의해 기억이 생성된 것입니다. 또한 가끔 한 번씩 메모를 정리하면서 그것들을 상기하고, 큰맘 먹고 쭉 훑어볼 때 그 지식은 당신의 기억 깊숙한 곳에 자리 잡습니다.

제 노트를 보면 어떤 것은 한글 뜻이 적혀 있지만 대부분은 영어 단어 또는 문장만 적혀 있습니다. 상황과 문맥에 따라 '어떤 의미겠구나.' 정도로 충분합니다. 이해한 단어를 적어놓는 이유는 스펠링을 한번 써보기 위함이고 훗날 그 표현을 쓰고 싶은데 단어가 워낙 생소하여 떠오르지 않을 때를 대비해서 적어놓는 것입니다.

단어 암기장을 만든다고 생각하지 마세요. 우리는 언어를 배우고 있습니다. 알아야 하는 것을 모으는 것과 알고 싶은 것을 모으는 것은 질적으로 다릅니다.

써먹을 수 있는 표현을 모아라

〈노는영어〉를 실험하면서 가장 많이 한 메모는 단연 문장입니다. 드라마를 보면서 이해가 된 문장들 중 잘 써먹을 문장을 기록했습니다. 그것들은 '밥먹었니?', '화장실은 어디에요?' 같은 문장들이 아니었습니다. 분명 더 간단하게 말할 수 있지만 길게 늘어트린 표현들을 메모했습니다. 영어를 잘하고 싶었습니다. 하루아침에 잘할 수 없으니 잘하는 것처럼이라도 보이고 싶었습니다. 노트에는 이런 문장이 있습니다.

I still have great difficulty of understanding. (저는 여전히 그것을 이해하는 데 있어서 큰 어려움이 있어요.)

저 대사를 하는 등장인물이 멋있어 보였습니다. 'I don't know.'라고 말할 수 있는 것을 길게 늘여서 말하고 싶었습니다. 영어를 길게 말하면 멋있잖아요. 제가 보던 드라마는 경찰이 사건을 해결하는 드라마였습니다. 변호사 캐릭터가 경찰과 하는 대화에서 했던 대사입니다. 한국어도 마찬가지겠지만 어느 언어든 그것을 사용하는 사람에 따라 같은 말이라도 표현이 달라집니다. 청소년 드라마에서 아이들끼리 주고받은 대화였다면 "I don't get it." 하고 말았을 겁니다.

본인이 이해했는데 자신이라면 저렇게 말하지 않았을 법한 표현을 모으세요. 그것을 분류하고 기록하면서 당신의 영어 창고가 풍족해집니다.

저는 미국에서 한국식 고기 부페 레스토랑에서 손님을 응대하고 음식을 가져다 주는 서버 일을 했습니다. 어느 날 외국인 손님이 자기가 먹고 싶은 음식이 있는데 이름을 모르겠다면서 저에게 물었습니다. "국인데 색깔은 붉은 색에 야채가 들어갔고 고기도 조금 있었던 것 같다." 메뉴판에서 예상되는 음식을 보여줬지만 손님이 찾던 음식은 아니었습니다. 더 자세한 설명을 부탁했습니다. 그러자 손님은 그 음식의 맛과 어디서 먹어봤는지 등의 추가 정보를 말해줬죠. 하지만 그것이 어떤 음식인지 알 수 없었습니다. 대부분의 국물 음식이 손님이 말하는 것과 비슷했거든요. 설명을 들으면서 '모른다고 해야겠다'고 마음을 먹었는데 며칠 전에 메모했던 문장이 떠올랐습니다. 심호흡을 하고 문장을 속으로 한 번 되뇌어본 뒤, 손님의 말이 끝나기가 무섭게 말했습니다.

"Sorry, ma'am. I still have great difficulty of understanding."

"..."

손님은 잠시 허공을 응시하더니 저를 올려다봤습니다. 놀라거나 당황한 표정은 아니었습니다. 눈꼬리도 입 모양도 변함이 없었습니다. 그 몇 초 동안의 정적 동안 손님은 생각에 잠겨 있었음이 분명했습니다.

"Oh, you do? I see. Let me just have 된장찌개 instead."

주문을 받고 돌아서는 제 가슴은 마구 뛰었습니다. 그 말을 하려고 준비를 했다면 버벅거렸을지도 모릅니다. 하지만 그것을 써먹을 기회라는 생각이 드는 순간 입 밖에 꺼낸 첫 경험이었고 상대가 알아들었다는 점이 짜릿했습니다. 그 말을 한 내가 자랑스럽게 느껴졌습니다.

상대야 어찌 생각하던 그게 무슨 상관인가요. 그가 당황하긴 했지만 그에게 피해를 준 것도 아니고 과장되긴 했지만 제 의미는 분명히 전달되었으며, 말해 놓고 기분 좋고 스스로 멋지게 느껴졌다면 그걸로 된 겁니다. 외국어는 이렇게 연습해야 합니다. 써먹고 싶은 표현을 모아뒀다가 사용하는 것은 상대방이 나를 어떻게 생각할지에 대한 부끄러움보다 내가 얻는 이득이 더 큰 투자입니다.

적으면서 기억의 한편에 담아둔 표현을 입 밖으로 꺼내면서 우리는 또 한 번 그것을 내 것으로 만듭니다. 그 경험에서 얻는 감정은 반복에 의해 자리잡은 기억을 더 단단하게 뿌리내리게 합니다.

모은 표현을 삶에 이용하라

저는 명언을 좋아합니다. 그것을 곱씹으며 이해하는 것을 즐깁니다. 짧은 한두 문장의 글이지만 깊이가 있습니다. 비문학을 즐기는 저에게는 명언이 시인셈입니다. 학창 시절, '후회는 아무리 빨라도 늦다.'는 문장을 읽고 공감했던 기억이 납니다. 지난 삶에서 후회했던 일들을 떠올려보니 맞는 말 같았습니다. 그러면서 후회라는 단어에 대해 더 깊게 생각하게 되었고, 아무리 빨라도 후회는 후회일 뿐이라는 사실을 알았습니다. 후회를 안 하기 위해서는 뭐든 일단 해봐야 한다는 사실을 알게 되었죠. 생각하게 만드는 문장은 개인의 삶에 지대한 영향을 끼칩니다. 제가 명언을 모으는 이유입니다.

시간이 날 때마다 명언 모음, 인생 명언 등의 검색어로 검색해서 닥치는 대로 읽었습니다. 그중 깊게 생각하게 되는 문장을 모았습니다. 명언을 모으는 습관은 〈노는영어〉를 실험할 때도 이어졌습니다. 이해가 되는 문장을 적고 봤더니 누군가의 명언을 대사로 사용한 것이었습니다. 누가 한 말인지 찾아봤습니다. 조사를 하면서 저는 또 한 번 그 문장을 머릿속에 각인시켰고 그렇게 문장들은 저의 기억의 한편에 자리잡게 되었습니다.

사실 명언은 혼자 읽고 생각할 때 말고는 일상에 써먹을 일이 잘 없습니다. 일상 대화는 물론이고 누군가가 조언을 구할 때도 내가 이해한 명언을 풀어서 설명할 일은 있지만 명언을 그대로 인용해서 말할 일은 흔치 않습니다. 하지만 매일 아침을 명문장 읽기로 시작하면 그날 하루를 강한 동기와 자신감으로 무장하고 시작할 수 있습니다. 그래서 제가 모은 명언들을 세상과 공유하겠다고 마음먹게 됩니다.

앞의 '영어 노출 시간을 늘리는 법' 챕터에서 인풋과 아웃풋을 동시에 늘릴 수 있는 방법 중 SNS를 소개했습니다. 인스타그램 계정을 새로 하나 만들어서 영어만 사용하는 계정으로 이용하고 있습니다. @mysticloud는 저의 부캐입니다. 구름을 좋아해서 멋진 구름 사진을 모아 왔는데, 그것들을 사진첩에 저장하느니 한 명이라도 남들과 함께 보면 어떨까 해서 시작한 계정입니다.

그 계정에 저는 없습니다. 남자인지, 여자인지, 어느 나라 사람인지 알 수 없는 사람이 운영하는 계정입니다. 구름 사진만 가득하고 그가 팔로우하는 계정은 온통 사진 작가들뿐입니다. 제가 보는 세상의 아름다움을 남들과 공유하며 기쁨을 느낍니다. 나의 취향을 좋아해주는 사람들, 나의 컬렉션을 고마워하는 사람들, 본인의 사진을 내 컬렉션에 추가해줘서 감사해하는 사람들, 그리고 서로 알지 못하지만 사진이라는 공통 관심사로 묶인 팔로워들. 그들과 영어로 소통하면서 그간 모아둔 영어 표현, 단어를 사용할 기회를 얻었고 그들의 반응에서 새로운 메모거리를 얻는 선순환의 활동이었습니다.

그곳에 2020년 1월 1일부터 그간 모아오던 명언을 함께 올리기 시작했습니다. 아름다운 구름 사진 위에 명언을 적어서 게시물을 보는 사람들에게 아름다움과 생각할 거리를 주는 것입니다. 영어가 적힌 사진 한 장, 한글이 적힌 사진 한 장씩 만들면서 그 명언을 곱씹고 나의 삶에 일부로 만듭니다. 그리고 사람들은 내 계정을 팔로우하는 것만으로도 매일 아름다운 사진과 명언을 두 가지 언어로 받아봅니다. 영어를 공부하는 사람에게는 영어 공부가 될 것이고, 한국어를 공부하는 사람에게는 한국어 공부가 됩니다.

자신이 모은 표현을 삶에 이용해보세요. 가끔씩 훑어보고 잊어버렸을 때 되짚어보는 것도 좋습니다. 멋있어 보이고 싶어서든, 잘해 보이고 싶어서든, 순전히 자기 욕심을 채우기 위해서든 이유와 목적은 관계없습니다. 본인이 원해서 모으고 사용하는 것에서 즐거움을 느끼면 됩니다. 반복과 감정이 겹쳐지면 그 표현들은 당신 것이 됩니다.

▶ 09

영어로 생각하는 게 가능할까?

한국 사람이 생각을 영어로 한다고?

힙합 음악을 좋아합니다. 강렬한 베이스와 정갈한 리듬이 좋습니다. 다른 장르의 음악에서 가수의 목소리가 악기가 되듯, 힙합 음악에서 래퍼가 내뱉는 가사는 비트가 되어 음악의 일부가 됩니다. 가사 안에 담긴 메시지도 좋지만 그 소리가 멋있었어요. 정확한 발음을 자유자재로 비트와 함께 버무리는 래퍼의 기술에 놀라웠습니다. 그중 압권은 영어 가사였습니다. 한국 힙합에도 영어 가사를 잘 사용하는 분들이 많습니다. 저는 그중 에픽하이의 타블로 씨를 최고로 칩니다. 모르는 사람이 들어도 발음이 좋습니다.

에픽하이의 팬으로서 에픽하이가 나오는 방송을 챙겨봤습니다. 그들의 평상시 말투와 실제 성격이 궁금했습니다. 그러던 중 한 프로에서 에픽하이가 인터뷰하는 걸 봤습니다. 타블로 씨는 자신이 생각을 영어로 하고 꿈도 영어로 꾼다고 말했습니다. 눈과 귀를 의심했습니다.

'한국말을 하는 한국 사람이 생각을 영어로 한다고?'

영어를 사용하는 사람이 생각을 영어로 한다고 답했으면 당연하게 느껴졌을 겁니다. 하지만 생각을 영어로 한다고 한국말로 대답하는 사람을 접한 것은 그날이 처음이었습니다.

유창성과 숙련도를 다 잡는 '영어로 생각하기!'

지금 이 글을 읽는 당신은 한국어로 생각하고 있을 겁니다. '그럼 생각을 한국어로 하지 뭘로 해.' 어떻게 하면 생각을 영어로 할 수 있을까요? 사실 영어로 생각하는 것은 생각보다 간단합니다. 영어 문장을 머릿속으로 중얼거리면 영어로 생각하는 겁니다.

배고플 때 '아, 배고프네.'라고 생각할 것을 'I'm hungry.'라고 생각하면 그것이 영어로 생각하는 것입니다. 지금 장난하냐고요? 저는 진지하게 영어로 생각하는 법에 대해 설명하고 있습니다. 영어를 잘한다고 생각하는 한국 사람들 중에 생각을 영어로 하는 사람은 드뭅니다. 하고 싶은 한국말을 영어로 떠올리는 속도가 빠른 사람들, 영어를 한국어로 해석하는 속도가 빠른 사람들, 이들은 분명 영어를 잘합니다. 발음 연습까지 많이 했다면 남들이 볼 때 영어가 완벽하다고 생각할 것입니다. 그러나 당사자는 그렇게 생각하지 않습니다. 영어 인풋과 아웃풋에 '한국어로 생각'하는 과정이 존재하는 것은 본인들이 누구보다 잘 알고 있습니다.

'영어를 할 줄은 아는데 한국말처럼 편하지 않아.'
'좀 더 유창해지고 싶은데….'

이런 분들과 지금 막 영어를 배우기 시작하는 당신. 지금 당장 생각을 영어로 해보세요. 전자의 분들에겐 유창성이, 후자의 분들에겐 숙련도가 빠르게 상승할 것입니다.

특정 상황이 되면 머릿속에 자동으로 떠오르는 말들이 있습니다.

'와 쩐다, 짜증 나, 뭐야, 네, 고마워요, 괜찮아요, 아니요, 네?' 등의 감탄사나 즉각적인 반응들. 이것은 최초에 우리의 기억 속에 반복 청취로 자리잡았고, 그것들의 사용 빈도가 높아서 머릿속 깊숙이 각인되어 있습니다. 평소엔 표준어를 쓰다가 당황하거나 놀라면 사투리가 나오는 분들이 있습니다. 특정 상황에 반사적으로 사용하는 표현을 사투리로 더 많이 들어서 그것이 먼저 떠오른 것입니다. 이렇게 생각은 짧은 표현으로 시작합니다. 영어도 마찬가지입니다.

〈노는영어〉를 접한 여러분이 영어로 한 달 정도 놀다 보면 위의 예시와 같이 반사적으로 떠오르는 몇 가지 표현들이 생깁니다. 'What?', 'Wow!', 'Fxxk!', 'Sxxt!' 등 감탄사와 비속어가 섞여 있을 것입니다. 이처럼 한 음절로 기억하기 쉬운 강렬한 소리들. 어떤 상황에서 어떤 의미로 쓰였는지 너무나 확연하게 드러나는 이런 표현들이 본인도 모르는 사이에 머릿속에서 흘러나오는 때가 있을 겁니다. 그때, 그것으로 생각해보세요.

예를 들어 친구가 갑자기 뒤에서 놀래켰을 때는 더 자주 듣고 사용해서 익숙한 한국어 표현이 떠오르고, 이미 그것을 사용했을 겁니다. '악!', '뭐야!', '엄마!' 하지만 이보다 덜 급박한 상황. 영상을 보는데 놀라운 묘기를 부리는 사람이 나온다거나, 그 사람이 예상치 못하게 넘어지는 모습을 볼 때, 'What?' 'What the…' 자주 들어 익숙한 영어 표현으로 생각해보세요.

'Good!', 'Awesome!', 'Fantastic!' 등의 감탄사도 영어로 생각하기 훈련에 좋

습니다. 맛있는 음식을 먹을 때, 기다렸던 이메일을 받았을 때, 택배가 왔을 때 속으로 영어 감탄사를 사용해보세요. 당신이 영어로 생각하는 연습을 하고 있다는 사실을 눈치챌 수 있는 사람은 아무도 없습니다. 생각은 자유이고 그것을 영어로 하는 것도 자유입니다. 누구의 눈치를 볼 필요도, 발음을 신경 쓸 필요도 없습니다.

문장을 반복적으로 읽는 것과 일상에서 생각을 영어로 하는 연습. 모양새는 비슷해 보이지만 확연히 다른 차이가 있습니다. 머릿속으로 문장을 반복해서 읽을 때는 해당 문장을 기억에 남길 수는 있으나 실제 활용해보는 경험을 가질 수는 없습니다. 마치 수영을 배우기에 앞서 제자리 물장구 치기를 연습하는 것과 같죠. 그런 문장을 사용하기 적절한 실제 상황에서 머릿속으로 말해보는 것은 킥패드를 잡고 표면을 차며 앞으로 나아가는 것과 같습니다. 앞으로 나아갈 수 있는 에너지를 벽을 향해 사용하는 것과 내 체중을 밀면서 나아가는 경험. 수영에서 필수이듯 언어 학습에도 필수적인 연습입니다.

생각으로 하던 연습을 입 밖으로 내는 것은 킥패드를 떼고 내 몸을 띄워서 앞으로 나아가는 수영과 같습니다. 하지만 물에 내 몸을 맡기는 것은 무섭죠. 자신 없는 영어를 입 밖에 내는 것도 마찬가지입니다. 영어로 생각하세요. 혼잣말을 영어로 하고 마트에 장보러 가서도 영어로 생각하면서 골라보세요. 깨어 있는 하루 중 당신이 있는 그곳이 어디든지 영어를 연습할 수 있는 곳, 당신의 머릿속입니다.

영어로 생각하면 영어가 떠오른다

저는 영어로 생각하는 연습을 늦게 알았습니다. 진짜 영어로 생각하게 되어서야 이 연습의 효율을 깨달았습니다. 매일 영어로 보고 듣다 보니 머릿속에 남는 영어 표현들이 많아졌습니다. 어느 날은 여자친구와 다투는데 서로 하고 싶은 말만 하며 대화가 되지 않자 답답한 마음이 들었습니다. 그때 문득 GD의 노래 가사 중 일부가 떠올랐습니다. 'I don't know what to say no more.' 저는 속으로 똑같이 읊조렸습니다. 머릿속에 들리기만 하고 사라질 문장을 속으로 내가 직접 읊조렸더니 그 문장에 담긴 의미와 한층 가까워짐을 느꼈습니다. 그리고 이런 상황에서 쓰는 것이라는 깨달음과 함께 묘한 성취감이 들었습니다.

생각을 영어로 하다 보면 더 많은 영어 표현들이 생각에 떠오르게 됩니다. 그리고 그것을 속으로 읊조리는 연습을 거듭할수록 그 표현들에 익숙해집니다. 언어는 익숙해지는 겁니다. 어떤 방법으로든 익숙해질 기회를 만드세요. 생각하는 것이 익숙해지면 입 밖으로 꺼내고 싶다는 욕구가 듭니다. 단말마의 감탄사든, 특정 상황에서 사용하는 문장이든. 그 순간 입 밖으로 꺼내세요. 그렇게 말하기는 시작됩니다. 말하는 것에 익숙해지면 꿈을 영어로 꾸게 됩니다. 영어로 꾸는 꿈, 별거 없습니다. 꿈속 등장인물이 영어로 말을 하고, 나는 거기에 영어로 대답을 합니다. 타블로 씨가 말한 영어로 생각하고 영어로 꾸는 꿈. 저는 〈노는영어〉 3년만에 경험할 수 있었습니다.

▶ 10

낯선 것에 뛰어들어라

영어권 문화에서 스몰톡은 보편적이다

우리는 모르는 사람에게 먼저 말을 거는 것에 대한 두려움을 가지고 있습니다. 거절하지는 않을까, 나를 이상하게 생각하지는 않을까, 민망한 상황이 연출되지는 않을까, 그리고 나아가 그 상대가 외국인이라면 나의 말을 못 알아듣는 건 아닐까, 내 발음이 이상하다고 생각하지는 않을까, 말을 걸었는데 내가 상대의 대답을 못 알아들으면 어쩌지? 수많은 걱정들이 말을 거는 것을 머뭇거리게 합니다. 그렇게 기회는 지나가버립니다.

명심해야 할 점이 있습니다. 그들은 새로운 만남에 개방적이라는 점, 그리고 우리의 영어에 큰 기대를 하지 않는다는 점입니다. 또한 영어 문화권에서는 모르는 사람과의 스몰톡은 일상입니다. 이상하게 생각하거나 거부감을 일으킬 거라는 두려움은 적어도 영어 문화권 외국인들에게는 버려도 좋습니다.

시애틀에 살던 어느 날입니다. 친구 집에서 파티가 있어서 맥주를 사러 마트에 들렀습니다. 맥주 코너에 갔는데 평소 먹던 맥주가 아닌 새로운 것을 시도해보고 싶었습니다. 10미터쯤 되는 진열장에 다양한 맥주가 즐비했습니다. 종류도 맛도 출신 국가도 다른 맥주들 사이에서 뭘 사야 할지 도무지 감이 오지 않았습니다. 그전까지는 박스 포장이나 병 모양, 색깔이 마음에 드는 걸 시도해보곤 했는데 이번에는 검증된 걸 마셔보고 싶었어요. 마침 세 발자국 옆에 어떤 사람이 맥주를 고르고 있었습니다.

175센치 정도의 키에 살집이 있는 건장한 흑인 아저씨였어요. 짙은 갈색 코르덴 바지에 베이지색 플란넬 셔츠를 입고 연한 갈색 재킷을 입은 단정한 비즈니스 맨으로 보였습니다. 그에게 가서 물었습니다.

Hey, I'm looking for some beer for party tonight, do you have any recommendations?
(파티에 가져갈 맥주를 보고 있는데 추천해줄 거 있나요?)

그는 원래 알던 사람에게 하는 것처럼 편하게 답했습니다.

Party? hmm… have you tried this?
(파티라고? 흠… 이거 마셔봤어?)

그는 이것저것 본인의 추천 맥주를 지목했습니다. 그의 추천 목록 중에 하나를 고르기 어려웠습니다. 저는 되물었습니다. "이게 왜 좋은데?" 그는 자신이 그 맥주를 마시게 된 계기부터 시작해서 언제 마셨고 친구들의 반응은 어땠는지 자신의 이야기를 하기 시작했습니다. 그러다가 저에게 어디에서 왔냐고 물었습니다. 보통 미국인들은 아시아인에게 어디에서 왔냐고 묻지 않습니다. 이곳에서 태어난 아시아인들에게 그런 질문은 실례이기 때문입니다.

제 영어가 현지인 수준이 아니라는 것을 인지한 그는 조심스럽게 출신 국가를 물었습니다. 미국인들은 동아시아인들의 출신 국가를 헷갈려 합니다. 일본인인지 한국인인지 대만인지 중국인지 알아야 대화를 이어감에 있어서 실수를 하지 않을 것이기 때문에 출신 국가를 묻는 것은 대화를 이어갈 여지가 있음의 표현이기도 합니다.

한국에서 왔다고 대답했더니 그는 화색을 하며 북한 이야기를 시작했습니다. 발음을 연습한 티가 나는 '김정은'의 언급과 북핵이 미국에게 얼마나 위협적인지, 본인은 북핵 문제에 대해 어떻게 생각하는지, 현 정권이 북핵 문제를 다루는 것에 대한 불만은 무엇인지 설명하기 시작했습니다. 〈노는영어〉 2년차였던 저는 그의 모든 말을 알아들을 수 없었습니다. 하지만 무슨 이야기를 하고 있는 것이지, 긍정적인지 부정적인지는 알 수 있었습니다. 초집중 모드로 그의 말을 경청하고 제가 할 수 있는 반응과 대답을 했습니다. 그는 대화를 이어갔습니다. 이번엔 경제 문제로 넘어갔습니다. 경제에 대해 어떻게 생각하느냐, 나는 비즈니스를 하는 사람이다, 넌 뭘 하는 사람이냐….

마트 한복판 맥주 코너에 서서 우리는 20분간 대화를 나눴습니다. 핸드폰에 진동이 울렸습니다. 어디냐고 묻는 친구들이었습니다. 맥주만 사려고 들른 마트에서 시간을 보내는 바람에 파티에 늦은 상황이었습니다.
이제 가야 한다고 하자 그는 저에게 핸드폰 번호를 물었습니다.

"나는 누구고 이 근처에 산다. 언제 커피나 한잔하자."
상대의 적극적인 태도에 내심 당황했지만 쿨한 척 티 내지 않았습니다. 며칠 뒤, 그와 근처 카페에서 만나 이야기를 나누고 우리는 친구가 되었습니다. 서로 좋은 책을 소개해주기도 하고 삶에 대한 조언, 사업에 대한 이야기도 나눴습니다. 이 모든 것이 마트에서 맥주 추천 좀 해달라는 질문에서 시작한 것입니다.

먼저 말을 걸어라

'저기, 안녕하세요? 질문 하나 해도 될까요?' 타인을 배려하는 최소한의 예의인 것은 맞지만 서구 문화에서는 과합니다. 오히려 당신과 상대 사이에 벽을 두고 대화를 시작하는 것과 같습니다. 무례하지 않은 선에서 편하게 말을 걸어보세요. 원래 알던 사람처럼요. 언어와 생김새, 문화가 달라도 상대방이 나의 인사에 대해 어떻게 느끼는지 우리는 본능적으로 알 수 있습니다.

안녕? 오늘 기분이 어때?
안녕? 여행 중이야?
안녕? 오늘 날씨 좋지?
안녕? 뭐하고 있어?

등의 편한 인사말을 연습해뒀다가 외국인에게 말을 걸어보세요. 모르는 사람과의 일상 대화가 익숙한 그들에게는 큰 거부감 없이 받아들여질 것이고 그런 문화가 아닌 줄 알았던 이곳에서 먼저 말을 걸어오는 현지인에게 반가움을 느낄 것입니다.

그들은 첫 인사만 듣고도 압니다. 이 사람이 영어를 잘하는지 못하는지. 우리도 그렇잖아요? 외국인이 '안녕하세요'를 발음하는 것만 들어도 이 사람의 한국어 실력을 가늠할 수 있습니다. 우리는 외국인에게 훌륭한 한국말을 기대하지 않습니다. 그의 반응을 보면서 그가 알아들을 수 있는 표현으로 대화를 이어나갑니다. 외국인들도 똑같습니다. 당신의 인사말에 당신의 영어 실력이 담겨 있습니다. 하지만 영어가 유창하지 않다고 대화가 안 되는 것은 아닙니다. 손짓 발짓 다 써가며 대화를 하고자 하는 의지가 있음을 상대가 느끼면 그도 당신과의 대화를 위한 표현으로 화답할 것입니다.

'나는 영어가 너무 부족해서 거의 알아듣지도 못할 것이고 할 줄 아는 말도 없다!'라고 생각하시는 분들. 우리가 뭔가를 포기하는 이유는 '그것을 할 수 없어서'가 아니라 '할 수 없을 것 같아서'입니다. 해보지도 않고 포기하는 실수를 하지 마세요. 하면 됩니다. 공용 언어가 없어도 인간은 의사소통을 할 수 있습니다.

중요한 건 영어를 배우겠다는 의지, 영어를 잘하고 싶다는 욕심, 외국인 친구를 만들고 싶다는 욕구입니다. 이전 챕터에서 영어로 생각하는 것이 가능한지 알아봤습니다. 답은 간단했습니다. '가능한지 궁금해할 것이 아니라 영어로 생각하기를 바로 시작하라.'

외국인과 대화하는 것도 될지 안 될지 고민을 한다는 건 내 안에 안 될 거라는 의구심이 될 거라는 확신보다 크다는 증거입니다. 될 거라는 확신이 컸다면 고민을 하지 않았겠죠. 고민은 되지만 해보고 싶고 해야 된다는 걸 안다면 그냥 하세요. 외국인과 영어로 대화. 영어를 못해도, 잘 알아듣지 못해도 상관없습니다. 상대가 시작해주기를 기다리지 말고 당신이 먼저 대화의 문을 여세요.

한국에 있는 외국인은 현지인 친구를 원합니다. 당신은 이곳 대한민국의 현지인입니다. 한국 생활을 오래한 그 어떤 외국인보다 이곳의 언어와 문화에 능통합니다. 여행자는 모르는 맛집과 놀거리를 알고 있죠. 생활의 팁과 일상의 도움을 줄 수 있습니다. 외국인들이 바라는 현지인 친구가 되세요.

그들도 먼저 말을 걸고 싶을 겁니다. 하지만 현지인인 우리가 영어밖에 쓸 줄 모르는 본인과 친구가 되고 싶을지 그들은 확신이 없습니다. 너무나 많은 현지인 속에서 나와 친구가 될 수 있는 한 명을 찾으려면 수없이 많은 시도를 해야 할 것입니다. 하지만 현지인인 우리 입장에서 현지인 친구를 원하는 외국인은 찾기 쉽습니다. 당신이 그들의 현지인 친구가 되세요. 첫 시도는 어렵고 상대의 반응에 괜히 했나 싶을 수도 있지만 생각보다 적은 시도 안에 대화를 시작하는 경험을 하게 될 겁니다.

영어 노출을 늘리는 방법에서 언급했던 앱도 도움이 됩니다. SNS도 좋고 한국인 친구를 만드는 어플도 좋습니다. 데이팅 앱도 요즘은 친구를 사귀는 방법으로 쓰이고 있죠. 온라인에서도 먼저 말을 걸어보세요. 대면해서 말을 주고받는 것보다 문자로 대화하니 다가가기 편할 것이고, 상대의 대답을 이해하고 내가 하고싶은 말을 준비할 시간적 여유도 충분합니다. 사전을 사용할 수도 있죠. 번역기 사용은 지양해주세요. 번역기가 번역해주는 말은 어색하고 당신의 실력 향상에 아무런 도움이 안 됩니다. 상대도 당신이 번역기를 사용한다는 것을 단번에 인지할 것입니다.

어차피 못한다면 번역기나 나의 틀린 말이나 뭐가 다른가 싶을 겁니다. 하지만 분명히 다릅니다. 둘 다 틀리고 어색한 말이지만 한쪽은 상대에 대한 당신의 관심, 노력, 의지가 담겨 있고 다른 한쪽에는 그것이 없죠. 진심을 싫어하는 사람은 없습니다. 당신이 진심으로 상대와 친해지고 싶다는 것을, 그리고 영어를 잘하고 싶은 의지가 있음을 보여주세요. 상대도 자신의 한국어가 형편없음을 알고, 이 사람이라면 언어 교환이 가능하겠구나 확신을 주는 겁니다.

내가 오버했나?

수강생 분들이 자주 하는 질문이 있습니다. "언제쯤 영어로 말할 수 있을까요?" 저는 그 질문에 항상 이렇게 답합니다. "지금이요." 우리는 영어라는 언어, 즉 생각을 표현하는 도구를 사용하는 데 너무 높은 기준을 잡아놨습니다. 발음도 좋고 자연스러운 억양으로 원어민 같은 문장을 구사할 수 있어야 영어로 말할 때 부끄럽지 않다고 생각합니다. '듣말읽쓰' 중 연습이 필요하지 않은 것은 없습니다. 듣기와 쓰기가 완벽해도 말하기 연습을 하지 않으면 말할 수 없습니다. 머릿속으로 말하고, 혼자 중얼거리고, 혼자 있을 때 혼잣말을 하고, 글자로 내 생각을 표현해보다가 기회가 왔을 때 입 밖으로 꺼내보세요.

짧은 표현은 그럭저럭 들어줄 만한데, 문장이 길어지거나 안 해본 말을 할 때, 발음을 신경 쓰니 억양이 이상해지고, 억양을 신경 써서 말하니 발음이 뭉개지는 것을 경험합니다. 결국 머리는 하얘지고 한숨이 푹 나오고 주머니속 스마트폰이 구원자처럼 느껴지죠.

새로운 언어를 배울 때 당연히 겪는 일입니다. 괜찮습니다. 저는 지금도 안 해본 말을 할 때나 생각없이 빨리 말하고 나면 후회가 듭니다. '방금 그 발음과 억양, 별로였어.'

나의 발음이나 억양이 남에게 어떻게 들릴지 걱정하는 것은 나라는 존재가 남에게 어떻게 보일지 신경 쓰기 때문에 그렇습니다. '잘하지도 못하면서 영어로 나대는 사람으로 보이지 않을까?', '연습한 말만 잘하는 거 아니야?' 이 같은 생각은 사회적 동물로서 무리에 받아들여지고 인정받아야 살아남을 수 있는 인간에게 남겨진 생각 패턴입니다.

꼭 영어가 아니어도 그렇습니다. 여러 사람과 모여 즐거운 시간을 보내고 집에 들어와서 자려고 누웠는데 그날 있었던 대화가 떠오르며 후회된 적 있을 겁니다. '내가 왜 그렇게 말했을까', '너무 오바했나?', '의도는 그게 아니었는데 오해하면 어쩌지?' 내 언행에 대한 남들의 생각이 궁금한 건 당연합니다. 하지만 사실 시간 낭비입니다. 당신이 언행을 후회하고 있을 그 시간에 남들도 같은 후회를 하고 있거든요.

당신이 양말을 짝짝이로 신었든, 구두가 한쪽만 더러웠든, 이마에 뾰루지가 났든, 앞머리가 갈라져 있었든, 옷 매무새가 단정하지 않았든, 흥분하여 내 이야기를 많이 했든, 부러운 친구의 이야기에 일부러 시큰둥하게 반응했든, 당신에 관한 대부분의 의심은 당신만 하고 있는 겁니다. 내가 남에게 관심 없듯 남들도 나에게 관심이 없습니다. 남들이 나에 대해 어떻게 생각하는지 생각할 필요가 없다는 말입니다.

당신이 후회하는 영어 대화에서 상대방은 자기 생각에 빠져 있었고, 그 대화를 옆에서 본 지인들은 당신의 영어 실력과 자신감에 압도되어 그들만의 생각에 빠져 있었습니다.

주문을 외워라 '나는 영어를 잘한다. 나는 영어를 잘한다.'

당신을 믿으세요. 앞부분에서 영어를 잘하는 기준을 낮추라고 말씀드렸습니다. 그것을 다시 한번 되새기세요. 훌륭한 발음, 유창한 억양, 빈틈없는 문장 구조, 적절한 어휘 선택, 이런 수준은 저도 도달하지 못했습니다. 보고 듣고 읽는 정보의 습득을 모두 영어로 하고, 영어로 SNS를 운영하고, 영어로 친구를 사귀고, 한국어 없이 일상 생활이 가능한데도 말입니다. 중요한 건 자신감입니다. 자신이 없는 이유는 내 안의 기준에 비해 내가 못하기 때문이고 기준을 낮추면 자신감이 생깁니다. 한국어를 쓰지 않고 상대와 소통할 수 있는 능력. 그것이 영어를 잘하는 기준입니다. 발음, 억양, 단어, 물론 중요합니다. 하지만 소통에는 자신감이 더 중요합니다.

자신이 이미 영어를 잘한다고 믿으세요. 믿어지지 않는다면 자신을 속이세요. 기준을 낮추는 것부터 이미 잘한다고 믿기 위한 조건을 만드는 것입니다.

새로운 기준에 맞춰 자신에게 주문을 외우세요.

'나는 영어를 잘한다. 나는 영어를 잘한다.'

영어를 써야 하는 모든 상황에 앞서 긴장하는 당신에게 말하세요. '나는 영어를 잘해, 맞다, 나는 영어를 잘하지.' 내가 잘하는 사람이라는 걸 깜박 잊었다는 듯 자신에게 상기시키세요. 당신이 정말 잘할 때까지요. 'Fake it until you make it.' 당신이 스스로에게 주문을 외우고 있고, 당신 스스로와 세상 사람들을 속이고 있다는 사실은 아무도 알 수 없습니다. 오직 당신만 아는 일이기 때문에 당신이 믿어버리면 당신은 정말 영어를 잘하는 사람이 됩니다.

소프트뱅크의 손정의 회장은 어린 시절부터 항상 자신이 이미 성공한 투자자라고 생각하면서 살았다고 합니다. 강호동 씨도 씨름 선수 시절 이미 자신이 천하장사가 되었다고 상상하면서 훈련했다고 하죠. 당신이 멋진 영어를 구사하는 모습을 떠올려보세요. 당신의 그 바람이 이미 이루어졌다고 생각하고 그 마음가짐으로 살아보세요. 그것이 현실이 될 때까지 나 혼자 이미 현실이 되었다고 믿는 겁니다. 믿음은 자신감이 될 것이고 그 자신감은 앞으로 모든 배움과 연습이 일상의 흔한 일처럼 느껴지게 할 것입니다. 어느 날 문득 자신의 영어 실력에 회의감이 느껴질 때도 스스로에게 말하세요. '난 영어를 잘해.'

PART 3

P.L.A.Y.

<노는영어>
따라 하기 A to Z

<노는영어>의 큰 줄기

드라마로 <노는영어> 하기

1) 다음 이야기가 궁금한 콘텐츠 찾기

우선 기존에 봤던 미드는 잊으세요. 검색창에 '미드 추천'을 검색해서 둘러봐도 좋고, 넷플릭스나 유튜브 알고리즘이 추천하는 것도 좋습니다. 명심해야 할 것은 당신의 선택에 '재밌으니 꼭 보세요', '인생 띵작, 안 보면 후회함.' 등 타인의 의견이 반영되어서는 안 된다는 것입니다. 나의 직감이 보고 싶어 하는 것을 고르세요.

2) 한글 자막으로 1화 보기

먼저 에피소드 1을 보세요. 이때는 한글 자막으로 봐도 좋습니다. 제작사는 첫 번째 에피소드로 시청자의 마음을 사로잡아야 합니다. 전체적인 스토리와 분위기, 등장인물의 특징, 재미 요소, 앞으로 펼쳐질 이야기에 대해 궁금증을 일으킬 단서들도 1화에 모두 들어 있습니다. 1화를 보고 재미없으면 안 봐도 됩니다. 볼 건 많거든요. 내가 재미없는 것을 영어 학습에 좋다니까 참고 보는 일, 〈노는영어〉를 하는 당신에게 일어나지 않을 것입니다.

1화에 등장하는 사건의 전개와 등장인물들의 매력에 다음 화가 궁금한 작품을 찾으셨나요? 어떤 내용인 것 같고, 분위기는 어떻고, 등장인물들의 특징, 그리고 유머코드와 작중 상황은 이해되시나요? 억양도 발음도 생소하고 말하는 속도가 너무 빨랐나요? 게다가 배우들마다 말투도 제각각입니다. 뭐라도 들어야 스토리를 이해할 텐데 알 수 있는 거라고는 배우들의 목소리 톤, 표정, 그리고 주어진 상황뿐이어서 답답합니다. 당연합니다. 저 역시 그랬습니다. 처음 〈노는영어〉를 실험할 때 저는 넷플릭스 오리지널 시리즈 〈기묘한 이야기〉 에피소드 1을 봤습니다. 그때 저는 '거참 말 빨리하네. 저렇게 웅얼거리면서 말하는데 저 애들이 알아듣나?' 하며 투덜거렸습니다.

3) 영어 자막으로 5화까지 보기

그래도 한글 자막 덕분에 전체적인 내용은 파악하셨을 겁니다. 2화부터는 영어 자막으로 볼 겁니다. 여기서 주의해야 할 사항이 있습니다.

1. 한 번 볼 때 그 에피소드를 끝내야 한다는 부담을 내려놓으세요.
2. 집중이 끊겨서 잡생각이 들고 핸드폰을 확인하고 싶을 땐 멈추고 다음에 다시 보세요. 딴짓하면서 흘려보내면 다시 볼 엄두가 안 납니다.
3. 집중이 끊기는 간격이 어느 정도인지, 끊기는 원인은 무엇인지 관찰해보세요.

10분도 되기 전에 지루해질 겁니다. 자막을 보면 따라 읽을 수 없어서 복잡할 것이고, 내가 뭐 하는 건가 싶어 자괴감도 들 겁니다.

하나도 이해 안 되는 나 자신에게 실망하면서 '이래 가지고 실력이 늘겠어?', '나랑은 안 맞는 것 같은데?' 포기하고 한국 드라마나 보고 싶은 마음이 수시로 들 겁니다. 그럴 때마다 자신에게 말하세요.

"난 공부하는 게 아니야. 영어로 노는 거야."

놀이공원도 처음 가면 뭐부터 타야 할지 막막합니다. 그럴 땐 눈에 보이는 것부터 타는 게 시간과 에너지를 아끼는 방법입니다. 이 콘텐츠에서 뭐라도 얻어야 한다는 압박감과 조급함을 버리고 그 시간을 즐기세요.

그렇게 에피소드5까지 보세요. 재미는커녕 뭔 말인지 하나도 모르겠고 정신없이 시간만 흘러갔나요?

화면만 보자니 뭐라고 떠드는지 모르겠고, 자막으로 눈을 돌리면 머리가 환해져야 하는데 눈앞이 캄캄한 기분. 당연합니다. 우리는 아직 듣기에서도, 읽기에서도 영어를 처음 배우는 아이 수준이니까요.

등장 인물의 연기와 극중 상황에 집중하면서 보세요. 그들이 비록 알아들을 수 없는 언어를 사용해도 인간인 우리는 그들의 감정을 읽을 수 있습니다. 자막을 봐도 소용이 없다면 얼굴에 집중해서 보세요. 우리는 말하는 사람의 얼굴을 봅니다. 얼굴에 나타나는 표정, 눈빛, 입 모양, 안면 근육의 움직임으로 화자의 감정을 본능적으로 파악합니다.

4) 중간 점검

중간 점검을 해보겠습니다.

1. 영어 자막과 그들의 행동, 표정, 상황을 통해 극 전체의 몇 퍼센트를 이해한 것 같습니까?

2. 콘텐츠를 중간에 멈춘 적이 있습니까? 멈췄다면 그 간격과 특징을 생각해 보세요.

3. 극의 흐름을 이해하는 데 있어서 중요한 대사가 지나간 것 같은데 이해되지 않아서 아쉬웠던 장면이 있습니까?

한글이라고는 한 글자도 찾아볼 수 없는 드라마를 다섯 편 보면서 우리는 한 가지 깨닫게 됩니다. 그건 바로 '생각보다 볼 만하다'는 것입니다. 그렇게 영어 자막으로 미디어 콘텐츠를 보는 행위에 익숙해지는 것이 첫번째 목표입니다. 벌써부터 자막이 이해가 되기를 바라선 안됩니다. 화면 아래에 꼬부랑 글씨가 시시각각 변하는 것이 어색하지 않으면 됩니다. 1화를 한글로 봤으니 전체적인 스토리 전개나 분위기는 파악한 상태였습니다. 이후의 내용은 배우들의 표정과 상황으로 추측하면서 어느 정도 이해가 됨을 알 수 있습니다. 바로 이 '상황만 이해한 상태'가 우리가 언어를 이해하기 시작하는 상태입니다.

수십 년 전, 두 살이던 당신은 누가 뭐라고 떠들던 이해할 수 없었을 겁니다. 당신의 이름을 발음하는 소리가 나를 부르는 호칭이란 것 정도만 아는 상태, 먹고 자고 싸기 위해 울고 웃고 소리 지르며 그 이상의 소통 능력은 없었습니다. 그러나 네 살부터는 세상이 조금씩 달라졌을 겁니다. 내가 원하는 걸 얻기 위해서는 저들이 말하는 걸 더 많이 알아듣고 따라 해야 한다는 걸 알게 됩니다. 그들이 하는 말을 잘 듣고, 뭐라고 떠드는 건지 추측하고, 그걸 토대로 우물우물 따라 했을 겁니다. 에피소드를 5개 정도 영어로 보면서 상황만 대충 이해한 지금 당신의 영어 레벨이 3세 유아 수준이라고 생각하시면 됩니다.

'내 나이가 몇인데 고작 3세라고? 내가 이래 봬도 외국어 영역 1등급인데.'

침울한 느낌이 들 수 있습니다. 하지만 중요한 건 미국인 3세 유아 수준이라는 것입니다.

그 나이대의 서양 아이들이 어른들의 말과 행동, 상황, 억양, 표정 등 눈과 귀로 들어오는 모든 정보를 가지고 추측하는 것처럼 그리고 그렇게 하루, 이틀, 한 달, 1년 묵묵히 들으면서 그 언어에 적응하고 익숙해지는 것처럼 당신은 지금 그 느낌(시청각 정보로 상황이 대충 이해되는)을 놓치지 않은 채로 재밌는 것을 계속 보세요.

5) 지루할 때마다 재미있는 것을 찾아 다니기

어떤 콘텐츠이든 지루한 순간이 옵니다. 한국어로 봐도 그런데 영어는 말할 것도 없죠. 지루해서 집중이 흐려지면 이해도 안 되고 의욕도 떨어집니다. 그럼 집중이 더 안 되는 악순환의 반복이 시작됩니다. 그럴 때는 시청을 멈추고 다음에 다시 보세요. 새로운 마음으로 다시 봤는데도 집중이 잘 안 된다면 과감히 다른 드라마를 찾아서 보세요. 방법은 처음과 같습니다.

앞서 말씀드렸듯이 다큐멘터리나 영화는 지금 레벨에 추천하지 않습니다. 아직은 극중 상황과 표정으로 추측해야 하는데, 다큐멘터리와 영화는 보이는 시각 정보와 별개로 설명하는 내레이션이 포함되어 집중이 흐트러지는 일이 잦거든요.

다른 드라마를 보다가 또 지루한 부분에 도달하면 그때가 미뤄놨던 처음의 드라마를 다시 볼 타이밍입니다. 이미 봐온 내용이 있기 때문에 이어지는 내용과 결말이 궁금해서 다시 보고 싶은 욕구가 생겼을 겁니다. 그때 다시 보면 끝낼 수 있습니다.

유튜브로 <노는영어> 하기

드라마라는 카테고리 자체가 지겨운 순간도 옵니다. 그럴 때는 유튜브를 영어로 보세요. 계속 이어지는 스토리 라인과, 한정된 등장인물로 인해서 상황을 이해하는 것이 점차 수월해지는 데는 드라마나 만화만 한 것이 없습니다. 하지만 유튜브 콘텐츠도 영어에 익숙해지는 데 훌륭한 도구입니다. 비교적 현실적인 날것의 영어를 접할 수 있습니다.

유튜브 콘텐츠를 선택하는 방법은 다음과 같습니다.

1) 눈길이 가는 콘텐츠 찾기

유튜브는 제목과 썸네일로 시청자의 관심을 유도합니다. 한 번의 클릭이 그들에겐 수익이 되므로 숙련된 유튜버일수록 제목과 썸네일에 해당 콘텐츠의 내용을 요약하는 능력이 뛰어납니다.

그동안 유튜브를 한국어로 봤는데 추천 영상에 영어 콘텐츠가 있을 리 만무합니다. 'Buzzfeed' 채널을 검색해보세요. 먹방, 미스터리, 비교, 관찰, 육아, 코미디 등 우리 모두가 하나쯤 관심 가질 만한 다양한 장르가 있습니다. 검증된 초대형 채널이다 보니 낚시성 콘텐츠가 없고 태그 및 카테고리 정리가 잘 되어 있어서 이곳에서 취향을 찾으면 앞으로 유튜브 추천 영상을 받아 보기 수월합니다.

2) 끝까지 보기

첫 영상은 어땠나요? 내용이 이해가 됐나요? 시각적으로 요란하고 화자의 말에도 집중해야 하는데 자막은 휙휙 지나가서 정신이 없지는 않았나요? 지극히 정상입니다. 한국어로 된 예능 프로그램도 처음 보면 적응하는 데 시간이 필요합니다. '저 사람은 진행하는 사람이구나', '자막과 화면 효과는 이럴 때 사용하는구나', '영상을 마칠 때는 이렇게 마무리하는구나'. 어떻게 돌아가는지 차차 이해하게 되죠. 영어 콘텐츠도 똑같습니다.

단지 사용하는 언어와 진행하는 사람들의 문화가 달라서 그것에 적응하는 기간이 조금 더 걸릴 뿐입니다. 혹여나 그들이 생전 들어본 적 없는 미지의 언어를 사용한다고 해도 우리는 이해할 수 있습니다. 우리에겐 익숙해질 시간이 필요합니다. 유튜브의 경우 원하는 콘텐츠를 찾는 과정에서 선택한 영상은 끝까지 보는 것을 추천합니다. 자막이 눈에 들어오지 않아도, 말이 너무 빨라 정신없어도 괜찮습니다. 영어라는 도구에 익숙해져서 그것으로 놀기 위한 적응이라고 생각하시면 마음이 편합니다.

3. 더블 탭(화면 두 번 터치)

비록 〈노는영어〉의 초반이지만 관심 있는 콘텐츠를 보다 보면 이해되는 문장이 있을 겁니다. 내가 아는 단어가 들릴 때 그렇죠. 예를 들어 화자가 "I've been traveling around the world for many years.(나는 수년간 세계를 여행하고 있어.)"라고 말하는 장면에서 'Travel(여행)'이라는 단어가 눈에 들어왔다면, 화면의 왼쪽을 손가락으로 두 번 두드리세요. 그럼 10초 전으로 돌아갑니다. 그렇게 10초 전부터 방금 전 문장까지 다시 보는 겁니다.

이해한 단어가 있는 부분 근처를 돌려보는 과정에서 우리는 정신없이 지나쳤지만 이해 가능한 표현을 발견합니다. 이해하는 부분이 늘어나면 그것을 토대로 화자가 무슨 말을 하던 것인지, 어떤 상황인지 유추할 수 있는 정보가 많아집니다. 익숙해질 때까지 자신을 훈련한다고 생각하세요. 당신의 개가 당신에게 손을 주는 이유는 손을 줬을 때 보상이 주어졌기 때문입니다. 당신이 영어 유튜브 영상에서 얻을 수 있는 보상은 앎의 즐거움입니다. 이해가 늘면 영어 유튜브 시청이 재미있어집니다.

4) 마음은 편하게

유튜브 영상을 보는데 '이래서 어느 세월에 영어를 알아듣고 말하지?'라는 생각이 들 수도 있습니다. 또는 방금 본 영상에서 알게 된 것이 있는데 그걸 잊어버리면 어쩌나 조바심이 날 수도 있습니다. 괜찮습니다. 우리는 모든 배움에서 같은 어려움을 겪습니다. 그것이 언어 학습이든, 악기 연습이든, 운동이든 조바심을 버리고 꾸준함이 답입니다.

몸과 머리가 익숙해지게 만들어야 합니다. '하루 2시간씩 일주일에 두 번'보다 '하루 30분씩 매일'이 장기적으로 이득입니다. 공부를 위해 시간을 투자한다고 생각하지 말고 논다고 생각하세요.

취미로 하는 운동에서 즐거움을 얻는 것처럼, 영어 콘텐츠 시청에서 즐거움을 찾는 것입니다. 그래서 나만의 관심사와 취향 위주로 봐야 합니다. 남에게 알리기 싫은 취향이라면 더욱 좋습니다. 남들 모르게 가져온 취향이라면 그것에 대한 당신의 애정은 검증이 필요 없습니다.

아직은 같은 주제를 한국어로 시청하는 것보다 재미없겠지만 곧 익숙해질 것이고 재미를 느낍니다. 그때부터는 영어가 이해되는 즐거움까지 더해져 나중에는 한국어로 영상을 보는 것이 시간 낭비라고 여기게 됩니다. 같은 시간을 투자했을 때 얻는 결과로 '단순한 재미 VS 재미+자기 발전'의 대결, 결과는 뻔하죠.

영어를 들으면 한국어가 아니라 화면이 떠오른다!

드라마 한 작품이 끝날 때마다 영어 실력이 상승합니다. 갑자기 입이 트인다든지 꿈을 영어로 꾼다든지 하는 일은 일어나지 않습니다. 하지만 언젠가부터 내가 아까 그 드라마를 한국어로 봤는지 영어로 봤는지 헷갈리는 때가 옵니다. 저는 그때가 귀가 뚫린 상태라고 봅니다.

귀가 뚫리면 그들이 하는 말이 영어 -> 한국어의 번역 과정을 거치지 않고 이미지로 이해됩니다. 예를 들어 '사슴'이라는 단어를 들었을 때 당신의 머릿속에 사슴이라는 동물의 사전적 의미가 아닌, 작은 머리에 주둥이가 길고 착한 눈을 지닌 뿔 달린 초식 동물의 모습이 떠오르는 것과 같습니다.

기존의 영어 교육에선 'Deer=사슴'이라고 가르칩니다. 이것은 영어권 국가에서 'Deer'라고 불리는 동물의 한국어 정의를 외우는 것입니다. 이렇게 외우면 해당 단어를 듣거나 말할 때 한국어를 떠올릴 수밖에 없습니다. 생각을 한 번 거쳐야 하니 반응이 느릴 수밖에 없죠.

한국말도 겸허, 사색, 사유 등 사전적 정의는 모르지만 무슨 말인지는 아는 단어가 있습니다. 제 영어가 그렇습니다. 단어의 의미를 알고 그것을 사용하여 내 의도를 전달할 수 있는데 한국어로는 뭐라고 하는지 모르는 단어가 많습니다. 당신의 영어도 그래야 합니다.

* 깜짝 퀴즈 *
– 어린아이에게 동사 '주다'와 '받다'를 '주다'와 '받다'라는 단어를 쓰지 않고 설명해야 한다면, 당신은 어떻게 설명하겠습니까?

영어 애송이인 나를 기록하는 관찰 일기를 써라

당신이 영어로 놀면서 느낀 점을 노트에 적어보세요. 뭘 봤을 때 어떤 걸 느꼈는지, 무슨 생각이 들었는지 말입니다.

'어떤 남자의 생생한 표정 덕분에 이해가 잘됐다, 어떤 여자는 말이 빠른데 자막을 같이 보면 이해가 된다, 어느 부분에서 지겨워서 멈췄고, 어떤 노래가

궁금해서 가사를 찾아봤다. 이해가 잘 안 돼서 돌려봤더니 이해가 되는 부분이 있었다.'

    손만 뻗으면 닿을 수 있는 거리에 노트를 두세요. 이 또한 과제라 생각하지 말고, 영어 애송이인 나를 기록하는 관찰 일기라고 생각하세요. 매일 할 필요도 없고 쓰고 싶을 때, 떠오를 때 적어보세요. 그것이 문단이 되고 페이지가 됩니다. 물론 느낀 점을 노트에 적지 않아도 당신의 영어 실력은 발전합니다. 하지만 당신의 영어 성장 과정을 제3자의 입장으로 보면서 그간 지나온 길과 지금 내가 서 있는 곳을 알 수 있는 방법은 기록하는 것뿐입니다. 당신의 노트를 쭉 훑어보세요. 영어를 사용하는 또 다른 자아가 생기는 과정이 그곳에 담겨 있습니다.

▶ 02

단어를 찾지 마라

나는 단어 암기 때문에 영포자가 되었다

모르는 단어가 나오면 사전을 찾아보고 싶습니다. '단어를 모르면 문장을 이해할 수 없다.'는 믿음은 '단어를 알아야 영어를 할 수 있다.'라는 논리로 해석 가능합니다. 듣고 보면 그럴듯합니다. 그래서 우리는 단어를 꼭 알아야 한다고 생각합니다.

학교 영어가 싫었던 이유는 단어였습니다. 학원에서 매일 단어를 50개씩 외워서 시험을 봤습니다. 중학교 때는 틀린 개수대로 맞았습니다. 고등학교 때는 틀린 단어를 흰 공책이 검정색이 되도록 적어서 제출해야 했습니다. 그런 체벌을 깜지라고 부릅니다.

단어를 알아야 지문을 해석할 수 있고, 지문을 해석할 수 있어야 문제를 푼다.

즉 영어 문제를 풀려면 단어를 알아야 하니까 단어를 많이 외워야 한다.

저는 학원을 그만뒀습니다. 단어 시험을 통과해도 일주일 뒤면 잊어버리는 기억력의 한계를 체감했기 때문입니다. 도대체 이게 무슨 소용인가 싶었습니다. 영어 단어를 외워서 그것이 영어 시험에 나온다면 그것을 완벽하게 외웠을 것입니다. 하지만 막연히 수능 영단어라고 모아놓은 책의 단어 수천 개를 그저 순서대로 하루에 50개씩 외우는 행위는 시간 낭비라고 생각했습니다.

물론 그것이 다 외워진다면 시험에 도움이 될 것입니다. 실제 시험에는 그 수천 개 단어 중 일부가 나올 테니까요. 하지만 두 가지 문제가 있었습니다.

첫째, 우리 기억은 휘발성이다.
둘째, 첫 번째 문제를 해결하기 위해 보고 또 봐야 한다.

영어 시험 성적이 잘 나오는 친구들은 하나같이 단어장을 가지고 다녔습니다. 플레시 카드를 넘긴다든지, 단어가 빼곡히 적힌 노트를 들고 다니면서 틈날 때마다 단어를 외웠습니다. 단어장을 보고 연습 문제를 푸는 것. 그게 영어 공부였습니다. 내가 원한 '영어' 공부는 아니었습니다. 저는 영어를 좋아하는 영포자가 됐습니다.

토플 성적은 올랐는데 영어 실력이 그대로인 이유

그때의 습관과 믿음이 미국에 와서도 저를 괴롭혔습니다. 영어를 너무 못하던 저는 미국 대학 입학을 위해 토플 점수가 필요했습니다. 어학원 졸업까지 남은 시간은 4개월. 4개월 안에 토플 56점을 맞아야 커뮤니티 칼리지에 입학할 수 있었습니다. 토플은 만점이 120점입니다. 반타작도 안 되는 점수를 맞기 어려울까 싶지만 토플은 일반 영어 시험과는 조금 다릅니다.

수능 영어와 토익은 듣기와 읽기 실력을 테스트합니다. 토플은 듣고 말하고 읽고 쓰는 언어의 모든 부분을 테스트합니다. 시험의 목적은 이 외국인이 영어로 진행되는 대학 수업을 듣고 교과서를 읽고 학우들과 토론하고 영어로 과제를 제출할 수 있는지 확인하기 위함입니다. 즉 지문의 난이도가 대학생 수준으로 맞춰져 있는 종합 영어 시험인 것입니다. 고등학교 학업 능력을 평가하는 수능조차 말아먹은 저에게는 수준 높은 시험이었습니다.

발등에 불이 떨어졌습니다. 서점에는 영어로 된 토플 책뿐이었습니다. 학원이 있는 것도 아니고 영어를 못하는 내가 미국에서 토플을 공부할 방법은 독학, 그것도 인터넷 강의뿐이었습니다. 비싼 강의를 사서 '듣말읽쓰' 네 과목을 하루에 2강씩, 총 4시간 강의를 들었습니다. 하지만 영어를 배워본 여러분이라면 아실 겁니다. 사회, 역사, 국어, 수학처럼 뛰어난 강사의 강의를 듣는다고 영어가 내 것이 되는 게 아니라는 걸요. 공부하고 이해하는 것으로 능력이 상승하는 것은 언어에 해당 사항이 없습니다. 시험 영어이긴 하나 읽기 파트를 제외하면 '언어'의 영역이었습니다.

살면서 스프링 공책을 다 쓴 게 그때가 처음이었습니다. 볼펜도 공책도 다 쓰기 전에 잃어버리거나 어디 뒀다가 까먹고 다른 걸 쓰기 일쑤였는데, 토플 공부를 하면서 다 쓴 공책이 쌓이는 것을 경험했습니다. 저는 거기에 뭘 그렇게 적었을까요? 훌륭한 문장? 써먹을 만한 표현? 깨달은 점? 바로 단어입니다. 정확히는 단어와 숙어 그리고 그 뜻을 적었습니다.

듣기 수업을 들을 때도 모르는 단어가 나오고, 쓰기 수업을 들을 때도 모르는 단어가 나오면 적었습니다. 강의는 4시간 듣는데 중간에 멈추고 사전을 찾느라 총 투자한 시간은 5시간이었습니다. 재미있는 건 단어를 공책 가득 받아 적었는데 그걸 다시 보면서 외우지는 않았다는 것입니다. 그거라도 안 하면 안 될 것 같은 불안함 때문에 적긴 했는데 외우기는 싫었습니다. 시간 낭비라고 생각했습니다. 한국 인터넷 강의에서 외운 단어가 미국에서 치르는 토플 시험에 나올지 누가 압니까?

어느덧 시험 날이 다가왔습니다. 공부는 열심히 했습니다. 생각만으로도 뿌듯할 정도로 매일을 토플 강의를 들으며 공부했습니다. 그런데 머리에 남은 건 없었습니다. 뭘 외운 것도 아니고 '그런가 보다' 하면서 들은 게 다니까요. 그러나 듣기와 읽기는 문제에 익숙해진 덕에, 말하기와 쓰기는 템플릿을 준비한 덕에 겨우겨우 필요한 점수를 받을 수 있었습니다. 근데 제 영어 실력은 그대로였습니다. 맥도날드 주문은 여전히 어려웠습니다. 점원이 뭐라고 말하는지 모르겠고, '이거 주세요'는 하겠는데 해본 적 없는 말은 어려웠습니다.

'피클은 빼주시고 음료는 뭐로 바꿀 수 있나요?'
'노 피클, 콜라 노, 밀크 플리즈.'

네 달 동안 열심히 공부해서 토플 성적도 상승했는데 영어 실력이 그대로였던 이유는 뭘까요?

단어에 대한 집착에서 벗어나야 합니다. 다시 보지도 않을 단어를 받아 적는다고 보낸 시간과 노력으로 온전히 수업에 몰입했다면 더 높은 점수를 받았을지도 모릅니다. 저는 영포자가 된 이후 지금까지 단어를 외우지 않았습니다. 그래도 사는 데 아무런 지장이 없었습니다. 단어 시험을 볼 것이 아니라면 단어는 굳이 외울 필요가 없습니다.

영어 자막으로 콘텐츠를 시청하다 보면 매 순간 지나가는 모르는 단어들을 찾아보고 싶은 욕구가 생길 때가 있습니다. 단어를 찾으면서 보면 영상이 끝나기도 전에 머리가 복잡해집니다. 다 내 것으로 만들고 싶은 욕심에 다음 화로 넘어가기 힘듭니다. 모르는 게 많다는 사실을 또 한 번 인지하고 좌절하기 쉽습니다. 사극, 정치 드라마 또는 다큐멘터리를 볼 때 모르는 단어를 찾으시나요? 대충 앞뒤 문맥에 따라 의미를 추측하고 '그런가 보다' 하면서 넘어갑니다.

모르는 단어는 외우지 말고 추측하라 - 정의와 이미지

수강생들을 관찰하며 알게 된 사실이 하나 있습니다. 모르는 단어는 문맥으로 추측해야지, 외워서는 내 것으로 만들기 어렵다는 것입니다. 그러나 의미는 알아야 합니다. 들었을 때 떠올라야 하고, 그것을 표현하고자 할 때 떠올라야 합니다.

단어의 사전적 정의가 아닌 이미지가 떠올라야 합니다. '문맥상 이런 말이겠구나.' 하며 넘어가는 그 순간에 우리는 그 단어의 대략적인 의미를 알게 됩니다. 그것이 몇 번 반복되면 그 단어의 의미가 이미지로서 머리에 남습니다. 누가 어떤 영어 단어를 물어봤는데 그게 무슨 뜻(정의)인지는 모르지만 무슨 뜻(의미)인지는 안다? 영어를 잘 배운 것입니다.

수강생들의 노트 필기를 보면서 복습 시간을 갖습니다. 필기의 내용은 서로 다릅니다. 노트에 적힌 것들은 학생들이 자율적으로 적은 것입니다. 새로 알게 된 것, 내 것으로 만들고 싶은 것, 알면 유용할 것을 자유롭게 받아 적습니다. 그것을 한 사람씩 돌아가면서 복습해줍니다. 스스로 받아 적기는 했어도 그것을 다시 보지 않을 것을 알기 때문입니다. 복습을 숙제로 시키고 그것을 확인할 수는 있습니다. 그것은 아마도 시험의 모습일 겁니다. 아이들은 분명 잘해 올 것입니다. 하지만 강제성에 의해 한 공부는 임시 기억에 잠시 머물렀다가 시험이 끝나면 사라집니다.

수강생들이 자주 하는 말이 있습니다.

'어, 선생님 저 그거 뭔지 아는데… 아는데… 뭐라 그러지?'

영어 단어의 의미를 물을 때 답을 말하기 위해 한국말을 떠올려야 하는데 기억이 안 나는 겁니다. 아이들은 그 단어가 어떤 의미인지 어떤 상황에 쓰이는지 알고 있습니다. 저는 그것을 설명해보라고 합니다. 그럼 어떤 상황에서 쓰는 어떤 의미를 가진 단어인지 본인의 지식을 총동원하여 설명합니다. 아이는 칭찬받습니다. 영어를 영어로 습득한 것입니다. 그리고 그것을 설명하는 동안 그걸 듣고 있는 아이들에게 그것의 의미를 이미지로 전달한 것은 칭찬받아 마땅합니다. 한국어 정의는 말해주지 않습니다. 이미 각자가 이해한 의미를 공책에 적는 것을 보았기 때문입니다.

단어를 찾아보고 싶은 욕구를 참아보세요. 2주가 지나면 단어를 안 찾아도 된다는 사실에 기쁨을 느낄 것입니다.

'내가 잘하고 있는 게 맞는 걸까? 단어를 안 찾아봐도 내가 영어를 하게 될까?'

당신을 믿으세요. 잘하고 있습니다.

▶ 03

자막에 의존하지 마라

자막에 의존해서는 안 된다

다음 글은 2019년 2월 3일에 쓴 다이어리의 일부입니다.

"요즘은 영상을 보면 화자의 입 모양을 보는 것이 자막을 보는 것보다 이해가 잘된다. 천천히 또박또박 말할 때는 자막이 이해하기 좋지만, 말이 빠르면 읽는 속도가 듣는 속도를 따라가지 못해서 이해가 잘 안 된다. 오늘은 생각없이 입 모양에 집중해봤더니 이해가 잘됐다. 헤드폰을 껴서 소리에 더 집중이 잘 된 것도 있겠다."

그 밑에는 철학자 알랭 드 보통이 구글 자이트가이스트(Google Zeitgeist)에서 강연한 'Why You Will Marry the Wrong Person'(당신은 왜 잘못된 결혼을 하게 되는가)의 링크가 첨부되어 있었습니다. 프랑스 영어를 사용하는 철학자의 강연을 보고 느낀 점을 다이어리에 작성한 것입니다. 당시의 영어 아웃풋 능력은 인풋에 비해 부족했습니다. 하지만 소통의 기본인 듣고 이해하기의 수준은 만족스러운 수준이었습니다.

〈노는영어〉에서 영어 자막은 빠질 수 없습니다. 영문을 익숙하게 만들어주는 소중한 정보입니다. 부족한 듣기 실력을 보완해주고, 그들의 대화를 잠시 멈추고 문장을 받아 적는 신적인 능력을 발휘할 때도 영어 자막은 중요한 역할을 합니다. 그러나 자막을 내용을 파악하는 용도로 사용하되 그것에 의존하면 안 됩니다.

〈노는영어〉 1단계 : 시청각 정보로 내용을 추측한다

처음에 드라마 한 시즌을 끝내고 나면 영어 자막으로 영상을 보는 것에 익숙해집니다. 드라마의 전체적인 분위기, 설정, 등장인물들의 성격이 파악되고 주어진 상황과 그들의 연기를 보는 것만으로도 내용을 이해하는 것이 어렵지 않다는 것을 깨닫습니다. 또한 자막에서 아는 단어가 눈에 띄어서 자막이 없었으면 이해하지 못했을 상황을 접하는 횟수가 늘어납니다. 회가 지날수록 영어라는 언어 자체에 적응이 되는 것을 느낍니다. 외국인들의 연기야 워낙 익숙하지만 그들이 영어로 말하는 걸 영어 자막으로 보는 행위가 당연하게 느껴지기 시작합니다. 마치 해외 여행을 가서 처음 하루 이틀은 어색하지만 돌아올 때쯤 되면 호텔 사람들과 인사를 나누고 마트에서 편하게 대화를 하게 되는 것처럼요.

영어에 편해지면 학창 시절 영어 시간의 기억이 하나둘 올라옵니다. 외웠던 단어나 문법, 표현이 떠오르고 이해되는 것을 경험하게 됩니다. 자막이 눈에 더 잘 들어옵니다. 자막이 나타났다 사라지는 속도에 익숙해지고 나타난 글자를 순간적으로 읽을 수 있습니다. 묘한 성취감과 자신감이 붙습니다. 이렇게 주어진 시청각 정보로 대화의 내용을 추측하는 단계가 〈노는영어〉 1단계라면 자막이 눈에 들어오는 단계는 2단계입니다. 2단계가 중요합니다.

<노는영어> 2단계 : 자막이 눈에 들어온다

본인이 2단계에 진입한 것은 본인만 알 수 있습니다. 휙휙 지나가는 화면과 등장인물들의 연기 등 시각적인 정보에서 얻는 즐거움에 내용을 이해하고 흐름이 머릿속에 잡히는 안정감이 더해져 드라마가 재미있어집니다. '아, 방금은 이런 말이었구나, 아, 이럴 땐 이렇게 말하는 거구나.' 깨닫는 순간과 받아 적어서 내 것으로 만들고 싶은 표현이 많아집니다. 2단계를 즐기세요. 자막으로 이해하는 것이 당연해지는 순간이 옵니다. 그때부터 주의해야 합니다. 글자의 늪에 빠질 수 있습니다.

자막 때문에 소리 정보를 놓치지 않게 주의!

극장에서 외국 영화를 볼 때, 한국어 더빙 영화가 아니라면 언제나, 예외 없이 한글 자막이 달려 있었습니다. 분명 말은 영어로 하는데 한글 자막이 달려 있으니 내용을 이해하는 데는 어려움이 없었습니다. 아니, 완전히 이해했다고 할 수 있습니다.

한글 자막이 달린 외국 영화를 볼 때 우리는 이렇게 봅니다. 떠오른 자막을 순식간에 읽습니다. 읽는 순간 그 자막의 내용은 이해됐습니다. 신기하지 않나요? 글자를 해석할 필요없이 읽는 순간 이해가 되다니. 한국어만 할 수 있을 때는 그것이 당연했습니다. 왜냐면 그건 당연한 거니까요. 그러나 다른 언어를 배우면서 알게 됩니다. 글자를 해석 없이 이해하는 것은 당연한 게 아니라는 것을요. 우리는 한글 자막을 읽는 동시에 이해하고 새로운 자막이 떠오르기 전 짧은 시간 동안 화면을 감상합니다. 그리고 이내 다음 문장이 떠오르고 우리는 그것을 반복합니다. 자막 읽고, 화면 보고, 자막 읽고, 화면 보고. 마치 대본을 읽으면서 화면을 감상하는 것과 같습니다.

'말을 못 알아들으니까 자막을 보는 건데 그게 무슨 상관이냐?'

그건 문제가 될 수 있습니다. 글자의 늪에 빠져 내용 이해를 글자에 담긴 정보에 의존하게 되면 다른 정보들을 놓치게 됩니다. 가장 쉬운 예로, 평생을 외국 영화와 외국 드라마를 보면서 살았는데 우리가 아직도 영어를 못하는 이유가 바로 한글 자막입니다. 한글이라는 글자에 담긴 정보에 의존하면서 봤기 때문에 영어로 된 영화를 봐도 영어 실력은 제자리인 것입니다. 한국어 콘텐츠에 비해 노출되는 시간이 짧아서? 그럴 수도 있습니다. 하지만 노출이 언제나 실력 향상을 보장한다면 중년층의 영어 듣기 실력은 청소년들보다 좋아야 합니다. 영화든, 드라마든 더 많이 봤을 테니까요. 한글 자막으로 봐왔기 때문에 변화가 없는 것입니다.

한글 자막이라는 편리한 도구가 있는 이상 우리는 소리로 들어오는 정보에 집중하지 않습니다. 영상물이기 때문에 소리는 작품의 전개에 있어 중요한 정보입니다. 하지만 내가 대화를 글자에 담긴 정보로 이해하는 동안, 우리 뇌는 영어로 말하는 목소리를 그저 영화의 일부, 연기의 일부로 치부해버립니다. 의미가 담긴 언어가 아닌 소음이 되는 것입니다. 이 현상은 영어 자막에서도 비슷하게 일어납니다.

2단계의 정체기, 글자의 늪에서 벗어나라

자막과 언어가 조화롭게 이해를 돕는 2단계에서 눈으로 따라 읽는 자막을 소리로 들으며 발음과 억양을 습득할 수 있습니다. 또한 영문을 읽는 속도가 빨라집니다. 눈에 들어오는 글자 정보가 빠르게 지나가는 상황은 영어를 영어로 이해하는 훈련이 됩니다. 그러나 자막을 읽는 것이 쉽고 편해서 자막만 읽게 되는 순간이 옵니다. 그리고 그 내용이 쉽게 이해할 수 있는 것이 아니라면 우리의 뇌는 자막을 읽는 것에 더 많은 에너지를 사용하게 되고, 이해가 쉽게 되지 않으니 자막을 한국말로 해석하려는 노력을 하게 됩니다. 저는 이때를 2단계의 정체기라고 부릅니다.

저는 학생들과 〈페퍼피그〉를 함께 보면서 수업합니다. 3~4세 수준의 영어를 구사하는 아기 돼지 페퍼의 일상을 담은 만화입니다. 매 시즌마다 조금씩 성장하는 페퍼와 함께 그와 주변인들의 영어도 수준이 높아져서 학생들의 영어 교육에 좋은 콘텐츠입니다. 매회 5분씩 진행되는 〈페퍼피그〉의 분량은 시즌이 변해도 동일합니다. 하지만 그 안에 담긴 대사는 시즌이 올라갈수록 늘어납니다. 시즌1은 대사가 거의 없습니다. 한두 마디 주고받고 웃더니 화면이 바뀌는 정도입니다.

시즌1에서 주어진 상황으로 내용을 추측하는 연습을 하고 영어 자막에 익숙해지는 것이 목표입니다. 영어 자막과 함께 틀어주고 줄거리를 적게 합니다. 시즌2는 영어로 콘텐츠를 보는 것이 익숙해진 아이들과 즐겁게 수업합니다. 영어 자막 없이 화면과 소리만 보면서 줄거리를 적어야 합니다. 시즌3부터 막히기 시작합니다. 화면 없이 소리만 듣고 줄거리를 적어야 합니다.

	시즌1	시즌2	시즌3
목표	줄거리 적기		
영어자막	○	×	×
화면	○	○	×
소리	○	○	○

시즌3는 청각 자료만 가지고 내용을 이해해야 한다는 점에서 학교 듣기 평

가와 비슷해 보이지만 다릅니다. 극의 전반적인 내용과 설정이 아이들의 머릿속에 자리잡은 상태이고, 등장인물들의 목소리, 성격, 특징 또한 완벽히 숙지하고 있기 때문입니다. 아이들이 보는 만화답게 음향 효과로 현장에 어떤 일이 일어나고 있는지 추측할 수 있고, 에피소드의 제목으로 어떤 일이 일어날 것인가 예측이 가능합니다. 즉 화면은 볼 수 없지만 대화를 추론할 수 있는 정보가 주어진 것입니다.

시즌3의 초반에 학생들은 어려움을 느낍니다. 정보의 갑작스러운 감소에 막막함을 느낍니다. 그러나 그것도 역시 회가 지날수록 적응됩니다. 화면을 보고 추측하던 영어 이해 실력이 진짜 영어 듣기 실력이 되는 것입니다.

글자의 늦은 영어를 영어로 배우는 학생들에게도 나타납니다. 줄거리를 적고 발표를 한 다음, 자막 없이 영상을 다시 한 번 보면서 놓친 부분을 확인하고 기존에 받아 적은 줄거리와 대조하는 시간을 갖습니다. 영어 자막을 달아놓고 한 문장, 한 문장 의미를 파악하는 시간을 갖습니다. 시즌1, 2를 할 때는 자막 분석 시간에 어려움이 없습니다. 왜냐하면 이미 처음 볼 때부터 상황을 보면서 내용을 추측했고, 자막은 그 추측을 도와주는 보조 도구로 사용됐기 때문입니다. 하지만 소리만 듣고 이해하다가 영어 자막이 나타나면 아이들은 자막에 집착하는 모습을 보입니다. 자막에 담긴 단어들의 의미를 떠올리고 그것으로 문장이 이해가 안 되면 문법 지식을 동원합니다. '동사가 어디 있고 형용사는 뭘 꾸며주고 있고…' 문법적 지식을 총동원해서 자막을 '해석'하게 됩니다.

해석의 증거는 아이들의 답변에서 쉽게 찾을 수 있습니다. '나는 어제 마트에 갔었어.'라고 말하면 되는 것을 '나는 갔었다 마트에 어제' 하는 식으로 문장을 직역하게 됩니다. 훌륭한 번역가는 그 글이 번역된 문장이라는 걸 독자가 눈치채지 못하게 하는 사람입니다. 그러기 위해선 외국어 문장을 직역하는 것이 아니라 완벽하게 이해해서 그것을 한국어 감성에 맞게 다시 쓸 수 있어야 합니다. 제가 아이들에게 연습시키는 것도 그런 것입니다. 번역한 티가 안 나는 해석. 한국 사람이 들었을 때 한국말임에 믿어 의심치 않을 문장. 그렇게 하려면 일단 영어를 완전히 이해해야 합니다. 하지만 글자로 이해하는 것에 의존하면 번역기 같은 대답을 하게 됩니다.

글자에 의존하지 말고 표정, 입 모양, 말투, 상황에 집중하라

학생들에게 글자에서 벗어나라고 말합니다. 사람은 쉽고 익숙한 것을 반복하기 마련입니다. 같은 길로 출근하고, 같은 길로 퇴근하면서 같은 구간에서 차선을 변경하고, 같은 출입구에서 지하철을 탑니다. 해보니까 빨랐고, 반복해서 손해 볼 게 없는 것을 알았으며, 그렇게 하면 생각을 안 해도 되니 덜 피곤하다는 걸 경험했기 때문입니다.

영어 콘텐츠를 볼 때도 마찬가지입니다. 글자를 보고 대충 알아듣는 게 상황과 전후 사정을 떠올리며 추측하는 것보다 쉬우니까, 그렇게 해도 보는 데 큰 문제가 없었으니까 글자만 보고 있는 것입니다.

저도 그랬습니다. 누가 알려주는 사람도 없고 이해만 하면 되는 거라고 생각했습니다. 2단계에서 오랜 정체기를 겪었습니다. 그땐 정체기라고 생각하지 않았습니다. 원래 오래 걸리는 거라고 생각했거든요. 그러나 그때 글자에서 벗어나 다시 초심으로 돌아가야 합니다. 등장인물들의 표정, 입 모양, 말투, 그리고 주어진 상황에 집중해야 합니다. 글자에서 벗어나서 다시 상황으로 말의 내용을 파악하고, 자막에서 힌트를 얻는 식으로 시청 습관을 바꾸세요. 자막에 익숙해져 자막만 따라 읽던 때 잊고 있던 영상 시청의 재미를 다시 발견합니다.

요즘 유튜브를 보면 한글 자막이 달린 한국어 콘텐츠를 쉽게 찾아볼 수 있습니다. 소리 없이 화면만 봐야 하는 독자들을 위한 것일 수도 있고 정확한 내용 전달을 위해 자막을 달아놓은 것일 겁니다. 유튜버로서는 번거로운 일입니다. 한국어 독자가 한국말을 못 알아들을 리 없는데 시간과 노력을 들여서 한글 자막을 달아야 하니까요.

하지만 보는 우리로서 유용합니다. 안 그래도 내용을 100% 이해한다고 확신했는데 자막이 있으면 훨씬 귀에 잘들어오고 놓치는 내용이 없는 걸 경험합니다. 편함도 느껴집니다. 글자에 담긴 정보와 소리 정보를 적절히 혼합하여 콘텐츠의 내용을 쉽게 이해하게 되는 것이죠. 어느새 한글 자막을 달아주는 유튜버의 영상을 선호하는 내 자신을 발견하게 됩니다.

2단계의 여러분은 영어 콘텐츠를 영어로 보는 데 어려움이 없습니다. 내용이 충분히 이해되고 즐길 수 있죠. 거기에 영어 자막은 내용을 더 쉽고 편리하게 이해할 수 있는 도구로서 사용되어야 합니다. 상황을 추측하는 것이 더 익숙해지면 말하는 사람의 얼굴에 집중하게 됩니다. 표정과 입 모양만 봐도 그가 하는 말이 자막을 읽는 것처럼 머릿속에 들어오는 경험을 하게 됩니다. 그때도 도움을 주는 것이 자막입니다.

자막을 힐끔힐끔 보면서 들어보세요. 내가 듣는 것이 자막에서 본 것과 일치할 때의 희열, 틀린 자막을 찾을 때의 짜릿함과 내가 발전한다는 확신에서 오는 성취감. 이 모든 것은 자막에 익숙해진 당신이 자막에서 벗어나 초심으로 돌아갈 때 느낄 수 있는 것입니다.

▶ 04

한국어 모드를 온/오프하라

한국어와 영어를 동시에 감당할 수 있을까?

2019년 2월 18일에 쓴 다이어리입니다.

"고모 댁에서 지내면서 우측 1.5미터 옆에서 흘러나오는 한국 라디오를 들으며 영어로 된 콘텐츠를 보게 되었다. 주의를 집중하지 않아도 자동으로 이해되어 입력되는 한국어 정보를 무시하며 영어에 집중하는 연습이다. 한 가지 언어에 억지로 집중해서 이해하는 것. 과연 영어만 보는 것보다 더 많은 에너지를 쓸 것인지, 나의 실력 향상에는 도움이 될 것인지 두고 볼 일이다."

한국에 오기 전 한 달 동안 고모 댁에 머물렀습니다. 사촌 동생은 출근하고 고모부는 볼일 보러 나가신 조용한 오후, 고모와 저는 넓은 식탁에 마주 앉아 각자 할 일을 합니다. 창을 등지고 앉아 성경 책을 읽는 고모와 마주 보고 앉아

힐끔힐끔 창밖의 활엽수 숲을 보며 노트북으로 유튜브를 봅니다. 우측 아일랜드 선반 위의 라디오에서는 한국 방송이 흘러나옵니다. 노트북에서는 영어가 흘러나옵니다. 이 두 가지 언어를 동시에 들으며 정보를 분류하는 훈련을 했습니다.

한국어 라디오를 함께 듣는 것도 선택지에 있었습니다. 하지만 그러기 싫었습니다. 영어를 들을 수 있게 된 이상, 같은 시간이라면 한국어를 듣는 건 시간 낭비라고 생각했습니다. 유익한 방송을 한국어로 듣는 것이 +1이라면 영어로 듣는 것은 +2가 됩니다.

상대적으로 큰 라디오 볼륨과 모니터 앞에 앉아야 겨우 들리는 유튜브 소리. 영어가 상대적으로 불리했습니다. 조건도 달랐습니다. 모국어인 한국어는 해석을 위한 어떤 노력을 하지 않아도 일단 들리기만 하면 내용이 이해가 됩니다. 영어는 그에 비해 많은 집중이 필요했습니다. 잘 안 들리는 부분은 자막을 읽어야 했고 화면에 보여지는 시각 자료 또한 집중을 요구했습니다.

온 신경을 모니터에 집중하고 속으로 자막을 읽으면서 모니터에서 흘러나오는 소리를 자막과 대조하는 식으로 소리를 증폭시켰습니다. 그랬더니 소리는 잘 들리는데 화면을 볼 새가 없었습니다. 화자의 표정과 입 모양을 놓쳤습니다. 상황의 변화에도 집중할 수 없었습니다. 글자와 소리만으로 내용을 이해하려는 시도였습니다. 이해는 되는데 재미가 없었습니다.

한국어 모드를 꺼야 영어 실력이 100% 발휘된다

다음 날은 다른 시도를 해봤습니다. 영어 시청각 정보에 집중하되 한국어 소리를 끄기로 했습니다. 라디오를 끈 것이 아닙니다. 내 머릿속에 한국어를 차단한 것입니다. 한국어만 할 수 있을 때는 생각조차 못 해본 일입니다. 생각하는 언어가 두 개가 되면 필요에 따라 하나를 꺼야 할 상황이 발생합니다. 특히 두 가지 언어가 완벽하게 유창한 상태가 아니라면 말입니다.

　제 한국어 실력이 100이라면 영어는 60입니다. 표현할 수 있는 생각의 양으로 친다면 차이는 그것보다 벌어지겠지만, 해당 언어로 생활하는 데 불편한 정도나 그 언어를 사용하는 데 필요한 에너지를 비교해보면 이런 수치를 얻을 수 있습니다.

　저의 60점짜리 영어 실력은 한국인과 있을 때는 20점이 됩니다. 남들은 한국어를 하는데 나 혼자 영어를 해야 하는 상황, 한국어를 할 줄 아는 사람에게 영어로 말해야 하는 상황, 이 사람과는 한국어를 하면서 저 사람과는 영어를 해야 하는 상황에 처하면 저의 영어 실력은 힘을 잃습니다. 제 영어는 언어를 순간적으로 왔다 갔다 할 만큼 뛰어나지 않습니다. 영어만 쓸 줄 아는 사람과 영어로만 대화할 때 잠재력을 최대로 발휘합니다. 한국어 모드를 완전히 끄고 영어로 생각하면서 영어 모드에 에너지를 집중하는 자유가 주어지기 때문입니다.

　머릿속의 한국어 모드를 끄고 영상을 시청했습니다. 들려오는 라디오 소리는 소음이 되어버립니다. 분명 그 소리 안에 의미가 들어있다는 것을 무의식의 나는 알지만 의식적으로 그 소리를 소음으로 만들었습니다. 마치 영어를 못할 때 듣던 팝송의 가사가 멜로디와 하나가 되어 그저 '음악'으로 들렸던 것처럼, 왁자지껄한 카페에서 남들의 대화 소리는 배경의 일부가 되어버리는 것처럼 우리는 의도적으로 어떤 소리를 소음으로 바꿀 수 있는 능력이 있습니다. 한국어 라디오를 듣는 고모에게 제 노트북에서 흘러나오는 영어가 소음이었던 것처럼 말입니다.

　라디오 소리가 작게 들립니다. 꼬부랑 말로 떠드는 소리에 담긴 의미가 머릿속에 내려앉습니다. 음량은 그대로인데 더 잘 들리는 듯합니다. 소리에 집중된 정신력을 화면에 분배합니다. 들리는 소리가 80%로 줄지만 시청각 정보가 함께 들어오면 머릿속이 밝아집니다. 힐끔힐끔 자막에도 신경을 쓸 여유가 생깁니다. 화면, 자막, 소리 세 가지 정보를 모두 받아들입니다. 고모와 마주 앉은 식탁에서 나 혼자 투명한 원통형의 방음 부스 안에서 영상을 시청하는 것처럼 영어만 듣고 생각하게 됩니다.

어떤 날은 소리와 글자의 대결이었습니다. 한국어 라디오가 흘러나오고 고모는 마실 나온 지인과 대화를 나눕니다. 저는 그 앞에서 영어로 된 뉴스 기사를 읽었습니다. 친구분이 있는데 스피커로 유튜브를 볼 수는 없었기 때문입니다. 귀로 끊임없이 들려오는 한국어 정보, 하나만으로도 집중을 방해하는데 대화와 라디오 두 가지 채널에서 다른 이야기를 합니다. 두 소리 모두 내 의지와 상관없이 이해되는 정보입니다. 저는 그 소리들 사이에서 영문을 읽었습니다. 글자가 눈에 들어오지 않았습니다. 분명 시선은 문장을 따라가고 있는데 머릿속에 들어오는 정보는 제한적이었습니다. 머릿속은 한국어 정보로 인해 만들어진 생각으로 가득했습니다.

이번에도 한국어 모드를 꺼봤습니다. 귀로 들려오는 소리가 커서 라디오만 들을 때보다 많은 집중이 필요했습니다. 눈을 감고 심호흡을 했습니다. 들숨을 온전한 내 의지로 마셨습니다. 폐를 팽창시키면서 코를 통해 빨려 들어오는 공기의 움직임을 상상했습니다. 공기로 가득 찬 폐의 내부를 상상했습니다. 풍선처럼 부풀어 오른 가슴 안쪽 공간에 맑은 공기가 천천히 순환하는 모습을 상상했습니다. 심장 박동마다 산소가 온몸에 퍼지는 것을 느꼈습니다. 천천히 내쉬었습니다. 폐를 수축시키며 코로 빠져나가는 공기의 모습을 상상했습니다. 콧바람이 주변 공기를 가르고 허리춤까지 닿는 모습을 그렸습니다.

심호흡에 집중하여 머릿속을 비웠습니다. 그리고 생각했습니다.

'나는 버스에서 책을 보고 있다, 나는 버스에서 책을 보고 있다, 나는 버스에서 책을 보고 있다.'

눈을 뜨고 글자에 집중했습니다. 주위의 소리가 고막을 때렸지만 무시했습니다. 영문이 나열된 순서대로 시선을 이동하는 눈을 따라서 머릿속으로 글자를 읽기 시작했습니다. 글자의 의미가 들어옵니다. 영문에만 집중하는 것은 한국어 모드를 끄면 쉽습니다. 단점은 가끔 저를 부르는 고모의 목소리도 놓친다는 것입니다. 그리고 집중이 한번 풀리고 나면 다시 집중하기가 어렵습니다. 몸이 거부를 합니다. 에너지가 많이 소모되는 작업입니다.

이렇게 두 가지 정보가 들어오는 와중에 한 가지 정보만 받아들이는 것은 하나의 언어 모드를 끄는 것으로 가능합니다.

한국어 모드를 조절할 수도 있다

그럼 두 가지 정보를 둘 다 받아들여야 할 때는 어떨까요? 하나의 언어로도 두 가지 일을 동시에 하는 것은 어렵습니다. TV를 보면서 대화를 할 때면 우리는 동시에 두 가지를 하는 것 같지만 사실은 그때도 한 번에 한 가지만 할 수 있습니다. 말을 할 때는 말만, 들을 때는 듣기만, TV를 볼 때는 TV만 볼 수 있습니다.

이번에는 두 가지 언어를 동시에 입력하는 연습을 해봤습니다. 영어로 팟캐스트를 들으면서 한국어로 뉴스 기사를 읽는 것입니다. 비효율적인 일입니다. 그러나 팟캐스트를 끄기 귀찮다는 이유로 두 가지를 동시에 했습니다. 일단 먼저 집중하고 있던 팟캐스트이기에 어떤 사람이 말을 하고 있는지, 전후 상황에 대한 이해가 있는 상태였습니다. 그 상태로 친구가 보내준 뉴스 기사를 읽었습니다.

귀로 들리는 소리는 원래의 흐름대로 의미가 되어 전달됩니다. 동시에 눈으로 읽는 정보는 모국어입니다. 많은 노력이 없이도 말끔하게 이해가 됩니다. 하지만 두 가지 다른 내용이 동시에 들어오니 집중이 잘 되지 않습니다. 그렇다고 한쪽 언어를 끌 수도 없습니다. 한국어 모드를 약하게 만들어봤습니다.

저는 속독을 합니다. 어릴 때 책방에서 무협 소설을 빌려 읽었습니다. 대여 기간 내에 최대한 많이 읽기 위해서 문단을 좌측 상단부터 우측 하단까지 대각선으로 훑으며 중요한 단어만 읽으며 내려오는 방법을 고안했습니다. 사실 모든 사람이 책을 그렇게 읽는 줄 알았습니다. 고3 때 수능 언어 영역을 위해 속독 학원에 다닌다는 친구로부터 제가 하던 읽기법이 속독이란 것을 알았습니다.

두 가지 언어를 동시에 받아들일 때 한글 읽기를 정독이 아닌 속독으로 바꿔서 영어와 한글을 동시에 받아들일 수 있었습니다. 소리는 소리대로 집중을 하여 대화의 흐름을 놓치지 않는 정도를 유지하고 한글 기사는 속독을 하면서 주장과 근거를 파악하여 내용을 이해하는 정도로 받아들인 것입니다. 그렇게 하니 두 가지 정보를 동시에 이해할 수 있었습니다. 팟캐스트만 들었다면 더 자세한 한마디 한마디를 경청했을 것이고 기사만 읽었다면 단어의 사용과 논리의 전개가 머릿속에 들어왔을 테지만, 그러면 한 번에 한 가지 정보밖에 소화할 수 없습니다.

우리의 시간은 제한적입니다. 이 삶이 영원할 것처럼 살지만 언젠가는 분명히 끝난다는 사실을, 그리고 그 끝이 언제인지 알 수 없다는 것을 우리는 알고 있습니다. 제한된 시간 속에서 주어진 시간을 최대한 효율적으로 사용하려면 선택을 해야 합니다. 삶은 오늘로 구성되어 있습니다. 오늘을 잘 사는 사람이 인생을 잘 사는 사람입니다. 자는 시간, 밥 먹는 시간, 씻는 시간, 옷 갈아입는 시간, 청소하는 시간, 출퇴근하는 시간을 빼면 절반이 남습니다. 그마저도 일하는 데 쓰고 나면 내 삶을 사는 시간은 몇 시간으로 줄어듭니다.

우리는 그 몇 시간의 삶을 온전히 나와 내 발전을 위해 쓰고 싶습니다. 영어로 보고 듣는 일은 그것이 무엇이든 나를 발전시킵니다. 영어를 듣는 것을 멈추고 싶지 않아서 영어와 한국어를 동시에 받아들이는 연습을 했습니다. 이렇게 하면 영어를 들으면서 동시에 기사를 읽을 수 있고, 메시지를 주고받을 수도 있으며, 조금 신경 쓰면 이메일도 작성할 수 있습니다. 얼마 안 되는 당신의 자유 시간을 최대한 영어와 함께 보내세요. 오늘 하루 영어에 더 많이 노출되면 2개 국어 사용자로 살아갈 오늘이 많아집니다.

▶ 05

말에 영혼을 담아라

말하기는 어떻게 연습할 수 있을까요?

우리는 영어로 대화하기 위해 영어를 배우고 있습니다. 대화는 듣기와 말하기로 이루어져 있습니다. 일방적으로 듣거나 말하기만 한다면 그것은 연설입니다. 〈노는영어〉는 듣고 읽는 인풋 연습을 쉽게 만드는 데서 차별점을 가집니다. 인풋으로 놀면서 영어에 익숙해집니다. 아기가 침묵의 3년 동안 듣기에 전념하듯, 입이 근질거릴 때까지 보고 싶은 것을 영어로 많이 보는 것. 그것이 핵심입니다.

그럼 말하기는 어떻게 연습할 수 있을까요? 이전 장에서 댓글이나 이메일, 문자 주고받기 등의 아웃풋을 연습하셨다면 생각을 밖으로 꺼내는 것에 어느 정도 익숙하실 겁니다. 그 형태가 말이 아닐 뿐이죠. 또한 생각을 영어로 하고, 소리 내어 읽고, 혼자 중얼거리는 연습을 통해 생각을 꺼내는 채널을 다양화할 수 있습니다. 근육을 단련하는 방법은 반복 훈련뿐입니다. 많이 보고 들으면서 뇌에 영어 인풋을 반복시켰듯, 말하기에 쓰이는 혀와 턱, 목의 근육도 반복적으로 단련하는 수밖에 없습니다.

그럼 기존 영어 회화와 다른 게 무엇이냐? 기존 교육에서는 학원, 강사, 또는 출판사가 '엄선한' 문장들을 관심과 관계없이 훈련해야 했습니다. 〈노는영어〉는 당신에게 어떤 것을 연습하라고 제시하지 않습니다. 스스로 중요하다고 느끼는 것을 각자의 필요에 의해 주도적으로 원하는 만큼 연습합니다.

'뭐가 중요하고 뭐가 필요한지 어떻게 아느냐?' 하신다면 파트2의 2챕터로 돌아가길 권합니다. 본인이 영어를 왜 배워야 하는지 이유와 목적이 불분명 하기 때문에 본인에게 뭐가 필요하고 뭐가 중요한지 모르는 것입니다. '아, 나는 그냥 영어를 좀 잘했으면 좋겠어!'는 이유가 아닙니다. 희망사항입니다. '왜냐하면 멋있어 보이니까'는 이유입니다. 이유에 목적이 있고 목적의 옆에 꾸준함이 따라올 것입니다. 당신에게 뭐가 중요하고 뭐가 필요한지는 당신만 알 수 있습니다.

왜 영어로 말하면 로봇이 될까요?

인공지능 비서와 대화를 나눠보셨나요? 과거의 기계 음성 기술을 떠올려보면 딱딱하고 무미건조한 음색, 단어들을 따로 녹음해서 연결해놓은 티가 납니다. 인간다운 면모는 찾아볼 수 없는 기계 읽기 수준을 넘지 못했습니다.

반면 요즘 인공지능의 목소리는 인간의 그것과 비슷합니다. 문장을 통으로 녹음해놓은 것처럼 말의 높낮이와 단어 사이의 연결이 자연스럽습니다. 둘의 차이는 무엇일까요? 과거나 지금이나 기계는 녹음된 소리를 순서에 맞게 재생할 뿐입니다. 하지만 요즘 기술은 송출하는 목소리에 감정을 실을 수 있습니다. 그리고 우리가 감정이라고 느끼게 되는 음성의 차이는 소리의 높낮이에 있습니다.

아래의 문장을 따라 읽어보세요.

A-1. Fog is a cloud that is on the ground instead of in the sky.
(안개는 하늘 대신 땅 위에 있는 구름이다.)

A-2. I was going to paint you a flower.
(나는 너에게 꽃을 그려주려고 했어.)

B-1. Very impressive Jake, you must be an expert pilot.
(아주 인상적이야 제이크, 너는 분명 전문 파일럿임이 틀림없어.)

B-2. Oh, Jake, we are lost, aren't we?
(오, 제이크, 우리 길 잃은 거 맞지?)

어떤가요? 문장을 따라 읽을 때 음성의 높낮이에 차이가 있었나요? A의 문장과 B의 문장을 읽으면서 뭘 느끼셨나요?

눈치채셨겠지만, A와 B는 감정의 유무로 구분되는 문장들입니다. A의 문장은 감정 없이 말할 수 있습니다. B는 감정이 담겨야 합니다. A의 문장들은 무미건조하게 읽어도 문제가 되지 않습니다. 사람마다 차분하고 무덤덤하게 말하는 사람이 있으니까요. 하지만 B문장들은 무미건조하게 읽으면 안 됩니다. A와 B를 똑같이 읽은 분들은 각 문장의 한글 해석을 소리 내어 읽어보세요. A와 B의 차이가 느껴질 겁니다.

B-1은 놀라움이 담긴 칭찬 표현이고 B-2는 실망이 담긴 질문입니다. B를 A처럼 읽는 것, 그것이 기계입니다. 사람인 우리가 기계처럼 말을 하면 상대방은 우리의 영어 실력을 떠나 우리의 인간성에 거부감을 표할 수 있습니다. 자동응답 기계와 대화하고 싶은 사람은 없을 테니까요.

B의 한글 해석을 '자연스럽게' 읽은 당신이 생각해봐야 할 것이 있습니다.

'왜 영어로는 무미건조하게 읽었는데 한글로는 자연스럽게 읽을 수 있었던 걸까?' 민망하고 부끄럽지만 그래도 혼자니까 할 수 있었던 그 '자연스러운' 읽기는 어디서 온 걸까요? 그건 우리가 그 문장에서 느껴지는 감정을 파악했고, 그 감정을 지금 감정 상태와 상관없이 불러올 수 있기에 가능한 것입니다. 네, 맞습니다. 감정을 담은 읽기를 하려면 연기를 해야 합니다. 배우가 대본 연습을 하는 것처럼요.

즉흥적으로 감정 이입 연기를 해보라

〈굿모닝팝스〉를 수년간 진행한 이근철 씨는 유학 없이 유창한 영어를 구사하는 실력으로 유명합니다. '유학 없이 유창하게' 우리의 목표와 비슷하죠? 이근철 씨는 쉬운 문장을 입에 붙을 때까지 반복해서 말하는 연습을 했다고 합니다. 그리고 그 문장들의 단어를 바꿔가면서 표현력을 늘린 것입니다. 여기까지는 우리가 소리 내어 따라 읽고, 좋은 표현을 모으고, 혼자 중얼거리는 연습에서 기대할 수 있는 것과 비슷합니다. 문장 구조에 익숙해지고, 생각이 필요없이 말이 나올 수 있게 반복 숙달하며, 따라 읽는 소리를 내 귀로 들으면서 발음 교정을 할 수 있습니다. 그 이후에 이근철 씨는 영어로 혼자 상황극을 하면서 감정 이입을 연습했습니다. B의 문장을 다시 보겠습니다.

B-1. Very impressive Jake, you must be an expert pilot.
(아주 인상적이야 제이크, 너는 분명 전문 파일럿임이 틀림없어.)
B-2. Oh Jake, we are lost, aren't we?
(오, 제이크, 우리 길 잃은 거 맞지?)

B-1은 제이크에게 놀라워하면서 감탄하는 감정을 담아 말해야 합니다. "아

주 인상적이야 제이크! 너는 분명 전문 파일럿임이 틀림없어!" 글자일 뿐이지만 문장 부호를 추가한 것 만으로 이것을 읽는 우리의 머리 속에 음성지원이 됩니다.

B-2는 제이크에게 실망하면서 질문해야 합니다. "오… 제이크… 하… 우리 길 잃은 거 맞지…?" 역시 음성지원이 됩니다. 하지만 같은 의미를 지닌 영어 문장에 문장 부호를 추가한다고 음성지원이 되지 않습니다. 어디에 강세를 줘야 하는지 우리가 모르기 때문입니다. 그래서 영어 회화책이 무용지물인 것입니다. 그 책에 담긴 표현들이 너무나 유용한 표현인 것은 부정할 수 없는 사실입니다. 그 자료를 준비한 노력은 분명 인정받아야 합니다. 하지만 회화책은 감정을 담아 읽는 법을 알려주지 않습니다. '붸뤼 임프뤠시브v- 제익, 유 머슽 비 언 엑스뻘트 파일럿ㅌ.' 이렇게 발음을 소리나는 대로 적어준다고 말에 감정을 담을 수 있을까요? 자동응답 기계가 되는 것입니다.

저 또한 이 책으로 감정을 담아 읽는 법을 알려드릴 수 없습니다. 하지만 여러분이 필요에 의해 중요하다고 여긴 문장들은 여러분이 본 그 콘텐츠에서 원어민이 자연스럽게 들려줬을 겁니다. 그 소리를 반복해서 듣고 반복해서 따라 읽으세요. 처음엔 민망하고 부끄러워서 연습조차 하기 싫을 겁니다. 어떻게 따라 하는지 몰라서 특정 발음에서 목소리만 높이는 것으로 만족할 때도 있습니다. 하지만 그것조차 하다 보면 음만 높이는 것이 아니라 음을 높일 때 발성의 차이를 통해 섬세한 표현이 가능해집니다. 힘을 주어 말해서 신나는 감정을 표현하거나, 음을 끌어 아쉬움을 남기거나, 목소리의 굵기를 바꿔서 감정의 높낮이를 표현하는 방법을 터득하게 됩니다. 이런 감정 담기 연습은 그 언어에 감정을 담을 수 있는 사람에게 배우는 수밖에 없습니다. 발음 좋고 연기 잘하는 당신만의 영어 강사가 당신의 스크린 안에 있습니다. 그들은 같은 표현을 수십 번 반복시켜도 불평 한 번 하지 않습니다.

감정을 담아야 하는 문장에서 감정을 담는 것이 가능해지면, 혹은 감정을 담은 '척'을 할 수 있게 되면 A문장으로 돌아가봅시다.

A-1. Fog is a cloud that is on the ground instead of in the sky.
(안개는 하늘 대신 땅 위에 있는 구름이다.)
A-2. I was going to paint you a flower.
(나는 너에게 꽃을 그려주려고 했어.)

A문장은 아무런 감정 없이 읽어도 됩니다. 한국말로도 그럴 겁니다. 하지만 감정을 담아서 읽어보면 어떨까요? "안개는!! 하늘 대신~ 땅 위에 있는~ 구름이다!!!!" 신난 어린아이처럼 읽는 것도 가능하고,

"안개는… 하… 하늘 대신… 땅 위에 있는… 구름이다…." 폭락한 주식 차트를 떠올리며 아이에게 책을 읽어주는 아버지의 그것처럼 읽을 수도 있습니다. "나는, 너에게, 꽃을 그려주려고 했어!!" 화가 난 사람처럼 읽을 수도 있고, "나는… 너에게… 꽃을 그려주려고… 했어…." 미안한 사람처럼 읽을 수도 있습니다.

문장 하나를 따라 읽을 때 여러 가지 감정을 담아서 연습해보세요. 기쁨, 좌절, 분노, 미안함 등 표현하기 쉬운 감정을 연습해보고 이후에는 문장에 따라서 가능할 것 같은 감정을 즉흥적으로 담아서 감정 이입 연기를 해보는 겁니다.

영어에 감정을 담는 데 익숙해지도록

그러면서 우리는 말에 감정을 담는 것에 익숙해집니다. 말에 감정이 담기니 우리의 말은 자연스러워집니다. 발음과 억양이 좋아지는 것은 두말할 것이 없

습니다. 연습한 문장은 기억에 오래 남습니다. 기억에 남은 문장은 특정 상황이 되면 금방 떠오를 것이고, 생각을 거치지 않고 말할 수 있는 문장이 늘어나는 결과를 만듭니다. 쉽게 떠오르는 문장들을 단어만 바꿔서 다양한 표현을 가능하게 하는 템플릿으로써 사용할 수 있습니다.

생각을 거치지 않고 그때그때 필요한 문장이 바로 떠오르고, 안 해본 말도 할 수 있고, 그 말이 발음과 억양이 좋은 자연스러운 말이라면? 이와 함께 꾸준히 아웃풋 연습과 영어로 생각하기, 혼자 중얼거리기, 온/오프라인으로 외국인과 소통하기를 반복하면 당신이 모르는 사이에 당신은 2개 국어 사용자가 됩니다.

▶ 06

최종 훈련, 녹음해서 들어보기

기왕이면 더 잘하는 게 좋으니까

내 입에서 나오는 영어가 괜찮은지 어떻게 알 수 있을까요? 구글 어시스턴 트에게 영어로 말을 걸어 보는 것도 좋은 방법입니다. 구글이 알아듣는다면 최 소한 발음은 괜찮다는 뜻이니까요. 기준에는 차이가 있겠지만 원어민과 가까 운 것이 잘 말하는 것이라는 데에는 이견이 없을 것입니다. 우리는 〈노는영어〉 를 시작할 때 영어를 잘하는 기준을 바꿨습니다.

'내 의사를 영어로 당당하게 표현할 수 있으면 잘하는 것이라 믿고 해왔는데 이제 와서 원어민처럼 유창하게 말하라고?'

영어 말하기 녹음은 마지막까지 미루던 훈련입니다. '한국말도 어색한 걸 굳 이 해야 할까? 난 이미 대화도 되고 인공지능도 잘 알아듣는데, 그리고 내가 말하면서 어색한 것을 못 느꼈는데 굳이…?' 사건은 의외의 상황에서 발생합니다. 바로 '아이스버킷 챌린지'입니다.

'아이스버킷 챌린지'는 2014년 루게릭병 환자를 돕기 위해 진행된 기부 캠페인으로 참가자는 얼음 물통을 뒤집어쓰는 영상과 함께 다음 참가자를 지목합니다. 당시 미국에 있던 저는 다음 참가자를 지목하는 문장을 열심히 연습했습니다. 발음이라도 안 틀리면 된다는 마음이었습니다.

3년 뒤, 사진첩을 정리하다가 우연히 아이스버킷 챌린지 영상을 다시 봤습니다. 연습한 티가 팍팍 나는 발음과 어색한 억양. 지금은 저것보다 잘할 것이라는 근거 없는 믿음이 있었습니다. 문득 머릿속에 한마디가 떠올랐습니다.

'진짜 내가 저 때보다 나아졌을까? 지금의(2017년) 나는 잘 알아듣고, 하고 싶은 말도 잘하고, 가끔 영어가 먼저 튀어나오고 하잖아. 하지만 아이스버킷 챌린지 때의 나보다 잘하는 게 맞을까?'

2014년보다 나아졌는지 확인할 방법은 녹음뿐이었습니다. 영어책을 펴서 괜찮은 문단을 하나 골라서 읽어봤습니다. 스스로가 자랑스러웠습니다. '내가 이제 이런 걸 읽을 수 있는 사람이구나, 게다가 그걸 녹음까지 하고 있다니!' 자신 있게 재생버튼을 눌렀습니다. 그러나 차마 끝까지 들을 수 없었습니다. 어설픈 코맹맹이 소리가 듣기 거북했고 내가 기대하던 자연스러운 억양은 어디 갔는지, 민망했습니다. 스스로에게 실망했습니다. '내가 너무 자만했구나. 편하게 읽어서 녹음이 이렇게 된 거야. 신경 써서 다시 녹음해보자.' 결과는 더욱 충격이었습니다. 신경 쓴 티가 나는 어색한 목소리.

'이게 내 영어 실력이라고? 분명 내가 글을 읽는 것을 녹음해서 그럴 거야. 자연스러운 대화는 이것보다 나을 것이 분명해.'

미국은 통화 녹음이 법으로 금지되어 있습니다. 나도 모르는 사이에 녹음되어 있을 통화 녹음을 들을 수 없었습니다. 그럼 내 자연스러운 영어는 어떻게 들어볼 수 있을까? 귀를 막고 말하는 것이 떠올랐습니다.

노래하는 사람들을 보면 인이어를 끼거나 한쪽 귀를 막고 노래 부르는 것을 볼 수 있습니다. 노래방에서 한쪽 귀를 막고 노래를 했더니 목소리가 잘 들려서 음을 맞추기 쉬웠던 것이 기억났습니다.

다음 날 학교에서 친구들과 대화할 때 한쪽 귀를 막아 봤습니다. 저의 실제 영어는 상상했던 것과 달랐습니다. 발음은 예상과 비슷했지만 억양은 원어민의 그것과 달랐습니다. 그간 나름의 성취에 만족했던 마음이 싹 사라졌습니다. 내 기준에서 잘하면 뭐 합니까? 더 잘하면 더 멋있을 테고 더 좋을 텐데 말입니다. 내가 정한 기준에서 잘한다는 믿음이 자신감을 주고 대화에 뛰어드는 것을 도왔다면, 내 영어를 듣고 난 뒤에 드는 실망감은 더 잘하고 싶은 욕구를 불러 일으켰습니다.

그 뒤로 저는 좋은 표현을 따라 할 때 녹음을 해봅니다. 카카오톡이나 문자메시지의 음성메시지 기능을 이용합니다. 마이크 모양의 버튼을 누르고 있는 동안 목소리가 녹음되고 손을 떼면 멈춥니다. 녹음 파일을 보내지 않으면 저장되지 않으니 정리도 편합니다. 그것마저 귀찮을 때는 한쪽 귀를 막고 연습합니다.

자기 목소리를 들으며 자기 평가와 반성, 자극을!

학생들에게도 녹음을 시킵니다. 각 에피소드마다 중요한 문장을 하나씩 골라서 복습하는데 그중 감정이 담겨야 하는 문장(전 챕터에서 B와 같은)을 연습할 때면 진전이 없는 순간이 옵니다. 자기 자신은 잘 따라 하고 있다고 믿기 때문입니다. 지금부터 녹음을 할 테니까 지금 하는 그대로 해보라고 합니다. 처음엔 강한 거부 반응을 보입니다. 한국말도 녹음해서 들으면 이상하게 들리는 걸 알기에 영어는 더욱 자신이 없는 것입니다.

"여기에는 우리 말고 아무도 없고, 우리는 너의 영어를 항상 듣던 사람들이야, 그래도 정 싫으면 혼자 들어봐."

아이들은 녹음된 목소리를 듣고 충격 받습니다. 목소리가 어색한 것은 예상했던 것이기에 언급조차 하지 않습니다. 그들이 놀란 건 자신들이 이렇게 무미건조하게 말하고 있었다는 사실이며, 본인들은 그동안 그것보다 좋은 억양으로 말한다고 믿었던 것입니다. 다시 녹음을 해봐도 결과는 비슷합니다. 억양은 쉽게 고쳐지지 않습니다. 아이들은 중요한 것을 깨닫습니다.

'평상시에 내 귀로 듣는 내 목소리가 내 실력을 가늠할 수 있는 지표는 아니구나.'

외국인인 우리가 그들처럼 완벽한 영어를 구사하는 것은 이미 늦었을지도 모릅니다. 그러나 영어를 배우기로 한 이상 내가 이룰 수 있는 최고 실력에 도달해봐야 하지 않을까요? 말에 영혼을 담고 감정을 바꿔가며 연습할 때 녹음을 해보세요. 한 문장을 수십 번 녹음할 필요는 없습니다. 녹음 한 번 해보고 들어보는 것으로 충분합니다. '자연스러울 줄 알았는데 생각보다 딱딱하네, I를 조금 더 올려서 말하면 괜찮겠다.' 자기 평가와 반성이 거듭되면서 당신의 영어 실력은 향상됩니다.

언어는 익숙해지는 것입니다. 익숙해지는 데 지름길은 없습니다. 많이 보고 듣고 말하면서 눈으로 귀로 입으로 그 언어에 적응하는 것, 언어를 배우는 가장 쉬운 방법입니다. 영어로 놀면서 중얼거리고 연습하는 것을 꾸준히 한다면 당신의 영어 실력은 에스컬레이터에 탄 것과 같습니다.

2. "한꾹인뜰만알아뾸쑤있께짝썽하껬씁니다.
  히까씨이케부쿠로역에썬
  30초또안껄릴 만끔가깝찌만 쑥쏘까많이 낙후뙤어있꼬
  엘베없꼬4층이라짐많으면깨꼬쌩합니다.
  빠뀌뻴레나왔꼬 화짱씰 많이낡았씁니다.
  끄래써 똥 역화짱씰까써 쌌씁니따
  쩔때 여끼로오찌마쎄요!
  뜨럽꼬 낡꼬 계딴을 쫑아하씨는 뿐만 까쎄요!"

3. "일 흘긴를 한국인엔겐 받칩닡단 윔칩뺄곤 좋은겐
  없얻욤 진짠 딱 곧급진 곧싱원같슶딛단 옆방엠
  삳는 짱깰덕분엠 잠 못잤슶딛단 윔칩는 좋음딛깔
  진짜 잘 곳만 필욤한 분들은 사용한셈욤"

선생님은 잠시 허공을 응시하고 한쪽 눈썹을 찡그리시더니 말했습니다.

"C언어는 어려운 거야. 아무나 할 수 있는 게 아니지."
"얼마나 어려운데요?"
"나도 반밖에 이해하지 못 했어. 그런 컴퓨터 언어가 한둘이 아니야."

그날 선생님께서 "그래 한번 배워봐."라고 했으면 저는 소프트웨어 개발자가 됐을지도 모릅니다. 하지만 선생님이 어렵다고 못 박았기 때문에, '아무나'가 아닐지도 모르는 저는 그것을 경험해보지도 못한 채 할 수 없는 것이라고 믿어 버렸고 그것에 대한 관심을 꺼버렸습니다.

비슷한 일은 고등학교 때도 있었습니다. 컴퓨터 이후 저의 관심사는 심리학 이었습니다. 생각하는 것을 좋아했습니다. 감정과 생각의 관계, 남들의 말과 행동 뒤에 있는 심리를 분석하는 것이 재미있었습니다. 심리학 관련 책을 읽고 그것을 나에게 대입하면서 타인의 감정을 추측하는 것이 즐거웠습니다. 언제 어디서든 나 혼자 할 수 있는 놀이였습니다.

정신과 의사가 되고 싶었습니다. 인문계 고등학교에 갔으니 정신과 의사가 되기 위한 첫 발걸음은 잘 뗀 상태였습니다. 그다음이 문제였습니다. 의사가 되려면 의대에 가야 했습니다. 의대는 이과를 선택해야 갈 수 있는 대학이었습니다. 수학을 싫어하는 저는 일단 겁부터 먹었습니다. 게다가 의대는 이과에서도 공부를 잘해야만 갈 수 있는 곳입니다. '의대에 가기는 힘들어, 수학은 싫어, 화학은 어려워.' 해보지도 않고 어렵다고 믿어버렸습니다. 내가 할 수 없는 것이라고 단정지었습니다. 그래서 문과로 갔습니다. 이때도 할 수 있다고 믿고 이과에 진학했다면 저는 의사가 되었을지도 모릅니다.

물론 쉽지 않았을 겁니다. 하지만 좋아하고 관심 있는 분야에 목표가 있다면 그것을 이루는 것은 하나의 여정이지 역경이 아닙니다. 이후 미국에서 수학을 배울 때 10년 만에 다시 시작한 '수포자(수학 포기자)'가 4.0 만점을 받을 수 있었던 것도, '영포자'인 제가 영어 강사가 된 것도, 할 수 있다고 믿었기 때문에 가능한 일입니다. 어떤 것이 어렵다고 말하는 것은 할 수 있다는 믿음을 빼앗습니다. 당신 스스로에게도 자녀에게도 어떤 것을 어려운 것이라고 하지 마세요. 어려운 것은 없습니다. 익숙하지 않을 뿐입니다. 익숙하지 않은 이유는 관심이 없기 때문입니다. 당신이 어떤 것을 모른다면 그건 당신 지능의 문제가 아니라 관심이 부족한 것입니다.

우리는 결국 익숙해질 것이다, 언제나 그랬듯이

그럼 다시 영어 단어로 넘어옵시다. '어려운 단어는 없다. 익숙하지 않을 뿐이다.' 사실일까요? 이 단어를 봅시다.

Schizophrenia.

일단 철자가 난해합니다. '조현병'이라는 의미를 가졌는데 의미도 잘 와 닿지 않습니다. 발음은 어떤가요? 스치조프레니아? 어려운 단어가 가지는 조건을 다 갖춘 단어입니다. 그러나 이것도 익숙하지 않을 뿐 자주 듣고 본다면 당연하게 느껴질 겁니다. 영단어 Apple을 보면 머릿속에 사과가 떠오르는 것처럼, Schizophrenia도 미디어에서 접한 정신분열증 환자를 떠올릴 수 있습니다. 정신분열증이라는 단어를 영어로 표현할 일이 없다고 생각하시는 분들께는 스쳐지나갈 정보일 겁니다.

'나는 정신분열증 환자가 저지르는 범죄에 대해 하고싶은 말이 있다.' 하는 분들은 이 단어를 여러 번 되뇌게 됩니다.

'스키쵸프레니아[ˌskɪtsəˈfriːniə], 조현병, 스키쵸프레니아, 정신분열증' 그렇게 반복하다 보면 길고 난해해 보이는 단어가 하나의 덩어리로 보입니다. 조현병 또는 정신분열증이라는 정의가 떠오를 수도 있고, 특정 인물이나 사건이 떠오를 수도 있습니다. 단어의 사전적 정의는 몰라도 괜찮습니다. 어떤 의미인지만 알면 됩니다.

단어가 한눈에 들어오고 의미를 압니다. 그것을 어떻게 읽는지 발음도 기억합니다. 이것이 익숙해지는 과정입니다. 그것이 단어이든, 문법이든, 지식이든, 전문 분야이든 우리는 결국 그것에 익숙해집니다. 익숙해지면 그것은 더 이상 내가 모르는 무언가가 아닙니다.

어렵다고 믿지 마세요. 어려운 것은 없습니다. 익숙하지 않을 뿐입니다. 관심을 가지면 뭐든 익숙해질 수 있습니다. 관심이 없는 것을, 모르는 것을 자책하지 마세요. 모든 것을 다 알 수는 없습니다. 당신이 알고 싶은 것만 알기에도 우리에게 주어진 시간이 부족합니다. 관심 없는 것을 알기 위해 노력할 시간에 관심있는 것들에 집중하세요. 학창 시절의 저처럼 무언가 어렵다고 믿고 후회하는 일이 없길 바랍니다.

PART 4

P.L.A.Y.

자주 하는
질문들

▶ 01

읽기는 되는데 듣기가 안 돼요

영어를 공부하지 않은 사람이 없다

영어가 익숙한 세상이 됐습니다. 아이 키우는 집에 가보면 벽에 한글과 함께 알파벳이 붙어 있습니다. 그래서 요즘 어린아이들 중에 알파벳을 모르는 아이는 찾기 힘듭니다. 비록 영어 단어를 읽을 수 있는 것은 아니지만 알파벳을 읽거나 쓰는 것이 가능합니다.

그뿐만 아니라 우리 주위에는 영어가 흔합니다. 찬장 한편의 약통과 건강보조 식품에는 영문이 가득합니다. 밖에 나와도 마찬가지입니다. 카페 이름도 영문, 식당 이름도 영문, 도로 표지판에도 버스나 지하철 노선표에도 영문은 언제나 한글과 함께합니다.

영문이 익숙한 상태로 자란 아이는 유치원에서 첫 사회생활을 시작합니다. 알파벳으로 이뤄진 단어를 읽습니다. 간단한 영어 표현을 익힙니다. 오히려 이 시기에는 뭔가를 외워야 하는 부담감이 없어서 영어를 그저 유치원이라는 놀이공간에서 얻는 지식 중 일부로 여깁니다. 그러나 학교에 입학하고 나면 영어는 더 이상 놀이가 아니게 됩니다.

문제는 이때부터 시작입니다. 영어 단어와 표현을 익힐 때까지는 좋았는데 이제 그것들을 품사로 구분합니다. "이건 동사고, 이건 명사야." 그리고 품사로 인해 구분할 수 있게 된 문장의 구조를 배웁니다. 이때부터 아이들은 영어를 공부해야 할 대상으로 인식합니다.

'한국어는 그런 거 몰라도 잘하는데 왜 영어는 복잡하게 구분해야 하는 걸까?'

보통 두 부류로 나뉩니다. 첫째, '영어는 내가 배울 수 있는 것이 아니다. 나는 영어와 맞지 않는 사람이다.'라고 믿고 영어를 포기합니다. 그래도 고등학교를 졸업할 때까지 수업 듣고 시험 준비를 하면서 영어를 어느 정도 읽고 이해하는 능력이 생깁니다. 읽을 수는 있지만 소통할 수는 없습니다. 영어를 모른다고 하기도 안다고 하기도 애매합니다.

둘째, '영어가 어렵지만 관심은 있으니까 공부한다.' 학업에 열중하여 영어 시험을 잘 볼 수 있습니다. 단어를 외우고 문법을 공부하고 문제를 풉니다. 독해 문제는 해설지를 보면서 문장을 해석하는 방법과 반복되는 패턴을 발견하고, 듣기 문제에도 요령이 생깁니다. 그리하여 영어 시험에서 원하는 성적을 받습니다. 주위에서는 그를 영어 잘하는 사람이라고 생각합니다. 본인 또한 영어를 못하는 건 아니라고 생각합니다. 취직을 위한 영어 성적도 가지고 있습니다.

어쩌면 어학연수 경험이 있을 수도 있습니다. 하지만 영어만 써야 하는 환경에서 가벼운 충격을 받습니다. 내가 해온 듣기는 듣기가 아니라는 사실, 영어를 읽고 이해할 수 있으면 문장을 만들어 말할 수도 있다는 믿음이 틀렸다는 것을 알게 됩니다. 분명 나는 영어를 못하지 않는 사람인데 영어로 소통해야 하는 상황에 직면하니 머리가 하얘집니다.

지금 이 책을 읽고 있는 당신도 두 부류 중에 하나에 속할 것입니다. 저는 첫째에 속하는 사람이었습니다. 영어는 수학과 함께 진작에 포기한 '과목'이었습니다. 잘하고 싶은 욕구는 강했습니다. 하지만 방법을 몰랐습니다. 길거리에서 보이는 간판의 영어 상호명을 속으로 따라 읽었습니다. 외국 영화를 보면서 아래에 달린 한글 자막을 읽고 '맞아, 방금 주인공이 그렇게 말했지.' 내가 이해한 것 마냥 아는 척을 했습니다. 그렇게라도 위안을 삼지 않으면 내 자신에게 용납이 되지 않았습니다.

이해하는 수준의 차이가 있을 뿐 기초 교육 과정을 거친 한국인은 영문을 읽고 이해할 수 있습니다. 듣기도 마찬가지입니다. 학교에서 듣기 평가뿐만 아니라 TV와 영화, 그리고 예능 프로그램에서도 영어를 유창하게 사용하는 사람들이 나옵니다. 우리도 모르게 영어를 많이 들어서 영어를 듣는 것도 익숙합니다. 아는 단어에 한해서 그것이 소음이 아니라는 인지도 가능합니다. 하지만 제한적인 상황에서 훈련한 듣기 실력으로는 현실의 대화에 어려움을 느낄 수밖에 없습니다.

'영어를 조금이나마 안다'는 생각을 버려라

우리는 영어를 조금이나마 안다는 생각을 버려야 합니다. 우리는 영어를 아는 것이 아닙니다. 영어를 배운 적도 없습니다. 우리가 배운 것은 영문입니다. 영어권의 고객 또는 거래처와 이메일을 주고받고, 전화통화를 하기 위한 직업 훈련 과정을 거친 결과가 지금 우리의 영어 실력입니다. 한국에 사는 우리가 직장에서 외국인과 문자와 소리로 소통할 것이라는 예측, 그리고 그것을 가장 효과적으로 준비하는 방법이 문자를 배우고 듣기를 훈련하는 것이라는 주장은 충분히 설득력이 있습니다.

그러나 '듣말읽쓰' 중 읽기는 말을 할 수 있는 사람들이 배우는 것입니다. 또한 듣기는 언어의 시작이긴 하나 현재의 교육은 말을 못 하는 3살짜리 아이에게 대화를 듣고 알맞은 것을 고르게 하는 것과 같습니다. 그 교육을 따라갈 수는 있지만 투자되는 노력 대비 나타나는 결과의 질과 양은 정상적인 언어 습득 과정과 비교했을 때 현저히 떨어질 수밖에 없습니다. 그래서 배웠다는 생각을 버리고 듣기부터 다시 시작해야 하는 것입니다.

집이라는 울타리 안에서 가족이 세상의 전부인 아기들이 그들의 언어를 습득하는 것처럼 처음에는 그저 들어야 합니다. 하지만 우리는 아기들보다 조건이 좋습니다. 그들보다 인지 능력이 뛰어나고 인간 사회의 경험이 많습니다. 같은 콘텐츠를 소비해도 주어진 정보에서 추측하고 이해하는 능력이 뛰어납니다. 게다가 우리는 영문을 읽을 수 있습니다. 아기들은 문자를 배우고 나서 그것을 일상 대화 수준으로 읽기까지 수년이 걸립니다. 그전까지는 오로지 소리 정보와 화자의 표정 등으로 대화 내용을 이해합니다.

우리는 그들보다 뛰어난 상황 파악 능력과 더불어 글자를 이해하는 능력을 가졌습니다. 이것은 언어 학습에 있어서 슈퍼파워와 같습니다. 눈앞에서 두 사람의 대화를 듣는데 그들의 명치 부근에 그들이 하는 말이 자막으로 떠 있다고 상상해보세요. 물론 현실에서 실시간 자막이 보일 리는 없습니다. 그와 동시에 우리는 현실에서 영어 대화를 접할 일도 많지 않습니다. 우리는 화면을 통해 영어 대화를 접합니다.

영어를 듣되 그간 연습했던 것처럼 소리만 듣지 말고 영상과 함께 보세요. 말하는 사람들이 있는 공간, 옷차림, 얼굴 표정, 입 모양을 보면서 억양과 몸동작을 가지고 그들의 대화를 '추측'하세요. 언어는 추측하면서 습득하는 것입니다. 그리고 그 추측의 과정에 당신의 읽기 능력이 더해진다면 당신의 듣기 능력은 날개를 답니다. 이제 영어에 익숙해질 일만 남았습니다.

글자도 모르고 인지 능력도 낮은 아이들도 남들을 보면서 언어를 습득하는데, 그보다 조건이 좋은 당신이 언어를 습득하지 못할 이유는 없습니다. 올바른 방법과 꾸준함이 필요합니다. 기존에 투자된 것보다 적은 시간으로 당신은 원하는 것을 얻을 수 있을 것이며, 비효율적인 투자였지만 그것에서 얻은 읽기 능력은 당신이 원하는 것을 얻는 데 도움을 줄 것이니 결국 손해 본 것은 없습니다.

손해는 도전을 안 했을 때 발생합니다. 저는 가만있으면 중간이라도 간다는 말을 싫어합니다. 매년 화폐 가치가 떨어지듯, 당신의 능력은 그냥 두면 퇴화할 뿐 그 자리에 있지 않습니다. 도전하세요. 당신은 할 수 있습니다.

▶ 02

단어는 외워야 하나요?

단어 암기의 한계

영어 단어 'Take'를 보면 무엇이 떠오르시나요? 영어 사전에는 '가지고 가다, 데리고 가다, 이르게 하다, 잡다'라고 나와 있습니다. 당신이 영어 단어 'Take'를 외워야 한다면 이 정의 중 어떤 것으로 외우실 건가요? 보통은 사전에 나오는 한두 가지 의미를 암기합니다.

Take 가지고 가다, 데리고 가다.

이렇게 스펠링과 의미를 외웠다고 칩시다. 그럼 우리는 이 단어를 영어 아웃풋(말과 글)에 사용할 수 있을까요? '사과, 사슴' 같은 명사라면 가능합니다. 그러나 명사 이외의 단어들은 의미를 안다고 사용할 수 없습니다. 더욱이 의미를 한국어로 외웠다면 인풋(듣기와 읽기)에서만 사용할 수 있습니다. 즉, 단어를 쓰면서 외우는 행위로는 단어 시험과 읽기 시험밖에 볼 수 없다는 말입니다.

한국어 뜻을 외우면 생기는 두 가지 문제

'Take 가지고 가다, 데리고 가다'를 외우면 우리는 'Take'라는 단어의 한국어 정의를 외우는 겁니다. 어휘를 언어에 활용하는 데 있어서 정의는 필요가 없습니다. 의미만 알면 되죠. 정의와 의미가 혼동되는 분들을 위해 간단히 예를 들어보겠습니다. 'Take'라는 영어 단어는 잠시 잊고 '가지고 가다'라는 한국어 동사를 생각해보겠습니다.

'가지고 가다'는 국어사전에 '가져가다'라는 동사로 찾아볼 수 있습니다. 표준국어대사전에 따르면 동사 '가져가다'는 '1. 무엇을 한 지점에서 다른 지점으로 옮겨 가다. 2. 어떤 결과나 상태로 끌고 가다.'라고 정의합니다.

'그래, 가져가다가 그런 뜻이지. 근데 뭐?'

사전적 정의를 듣고 보니 해당 동사의 정의를 원래 알고 있었던 것 같은 착각이 듭니다. 하지만 위의 정의를 읽기 전에 '가져가다'라는 동사의 정의를 말할 수 있었을까요? 어느 날 어린아이가 "가져가는 게 무슨 말이에요?"라고 물으면 뭐라고 설명하실 건가요? "응. 어떤 물건을 가져가는 거야." 가져가는 게 뭐냐고 묻는데 가져가는 거라고 말하고 싶습니다. '아, 이건 아니지.' 몸짓으로 보여줍니다. 눈앞에 있는 스마트폰을 들어서 한쪽으로 옮기면서 "이런 게 가져가는 거야."라고 말합니다. 사전적 정의를 알려주지 않습니다.

한국어에 능통한 성인도 단어의 사전적 정의를 아는 경우가 드뭅니다. 알 필요가 없거든요. 의미만 알고 사용하는 것입니다. 의미는 살면서 경험으로 깨달은 것입니다. '저런 동작을 저렇게 말하는구나. 저것을 그렇게 부르는구나.' 하면서요.

우리가 '가지고 가다 = 어떤 결과나 상태로 끌고 가다.'라고 외우지 않은 이유는 그럴 필요가 없기 때문입니다. 가지고 가다라는 표현을 읽거나 들으면 가져가는 동작이 떠오르는데 굳이 정의를 알 필요가 없습니다. 그 동작을 언어학자들이 글로써 표현해놓은 것이 정의이고, 우리는 학자가 아니기 때문에 아이에게 동작으로 동사를 설명하는 것입니다. 그런데 우리는 영어 단어를 정의로 외웁니다. 그것도 영어가 아닌 한국어 정의로요.

영어 단어를 한국어 정의로 외우면 두 가지 문제가 발생합니다.

첫째, 실사용이 어렵다.
둘째, 생각을 거친다.

'Take'를 '가지고 가다'로 외운 사람이 아래의 문장을 읽는다고 가정해봅시다.

Can you take a picture for me?

'Can은 할 수 있는 거고… Can으로 시작하는 문장이니 할 수 있냐고 물어보는 거구나. Take는 가지고 가는 거고, Picture는 사진… for는 누구를 위해서니까… 나를 위해 사진을 가져갈 수 있냐는 뜻이구나!'

아시다시피 위의 문장은 사진 좀 찍어줄 수 있냐고 묻는 문장입니다. 사전에는 Take가 '사진을 찍다.'라고 나와 있지 않은데 말입니다. 사전은 공간상의 제약에 따라 가장 대표적인 몇 가지 의미만 상단에 나열됩니다. 네이버 영어사전의 예를 들면 단어를 검색했을 때 대표적인 의미 밑에 자주 쓰이는 숙어가 몇 가지 나오고 그 아래에 '더 보기' 탭이 있습니다. 이걸 누르면 영어단어 'Take'의 4,734가지 의미가 나옵니다. 단어, 숙어 밑에는 숙어를 제외한 'Take' 의 뜻풀이가 나오는데요, 뜻풀이는 10,374가지에 이릅니다. 'Take = 가지고 가다'로 외우면 우리는 이중에 한 가지 의미만을 외우고 그 단어를 외웠다고 생각하는 것입니다.

단어는 이미지와 연결하라

그럼 어떻게 외워야 할까요? 한국어 단어를 외우는 것과 같습니다. 그전에 질문 하나 드릴게요. 한국어 단어를 외워본 적 있으신가요? 어린 시절 받아쓰기 시험을 볼 때 글자를 틀리지 않고 쓰기 위해 반복적으로 적어본 적은 있을 겁니다. 그런데 그때도 단어의 정의를 함께 적었었나요? 사과는 사과고 돌은 돌이고 '성환이가 나를 노려봤다', '강아지가 나를 핥았다' 표기법을 적으면서 외워는 봤어도 '노려보다'가 무슨 뜻인지, '핥다'가 무슨 뜻인지 적으면서 외운 적 있으신가요?

영어도 똑같습니다. 모국어가 아니라고, 단어를 몰라서 이해를 못 하는 거라고 생각하며 영어 단어를 정의로 외우고 계시는 분들. 당신이 한국어 단어의 의미만 알고 일상에서 사용하게 된 것처럼 영어로 똑같이 외워야 합니다. 이미지로요.

'Take'의 10,374가지 의미를 외우지 않고도 알 수 있는 방법이 있습니다. Take를 소리 내어 읽으면서 쫙 편 두 손을 앞으로 뻗고, 주먹을 쥐고, 양손을 당깁니다. 마치 허공에 있는 무언가를 잡아서 내 쪽으로 가져오는 듯한 동작을 취하는 겁니다. 그게 'Take'입니다.

사진을 찍는 것도 우리는 찍는다는 표현이 따로 있지만 영어에서는 Take를 씁니다. 사진을 찍는 상황을 떠올려보세요. 카메라 셔터를 누르면 렌즈를 통해

2차원 평면으로 보이는 눈앞의 장면이 저장됩니다. 그것이 사진입니다. 내가 카메라로 보고 있는 이 사각 프레임 속 현실을 'Take'하는 것. 그것이 영어에서 말하는 사진을 찍는 것입니다. 눈앞의 장면을 양손을 뻗어 잡고 나에게 가져오는 것. 그래서 Take라는 동사를 쓰는 겁니다. 가지고 가는 것도, 데리고 가는 것도, 이르게 하는 것도, 잡는 것도 결국은 손을 뻗어 잡아오는 동작을 상황에 따라 응용한 것에 불과합니다.

Take the first step.

처음의 한 발자국을 나에게 잡아당기는 것. 즉 결국은 내가 앞으로 나아가는 것이기 때문에 첫발을 내딛다라고 해석됩니다.

Take an exam.

시험이라는 단어를 허공에 띄우고 그것을 잡아 나에게 가져와보세요. 시험을 치르는 것입니다. 표현이 다양한 한국에서는 시험을 보거나 치른다고 표현하지만 영어는 하나의 단어를 여러 상황에 응용하는 식으로 발전해왔습니다. 영어를 한국어처럼 외우면, 즉 세분화된 표현이 있는 것처럼 정의를 외워버리면 단어는 알지만 문장을 이해하지 못하는 일이 발생합니다. 그래서 명사는 이미지로, 나머지는 동작으로 숙지해야 합니다.

Take처럼 다양한 의미로 사용되는 동사인 Get, Have, Make, Put 등의 동사도 동작으로 외우면 다양한 상황에서 유동적으로 이해할 수 있습니다. Get은 한 손을 뻗어 마지막 남은 과자를 집는 듯한 동작, Have는 양손을 넓게 뻗어 허공을 끌어안아 품으로 가져오는 동작, Make는 아무것도 없는 허공에 내가 원하는 무언가가 짠 하고 나타나는 모습으로, Put은 무심하게 뭔가를 툭 내려놓는 동작으로 숙지할 수 있습니다.

물론 동작 하나로 수천 가지 의미를 완벽하게 해석할 수 없습니다. 그 다양한 의미를 알아야 할 때는 당신이 해당 단어로 아웃풋을 할 때가 아닌 인풋을 할 때일 겁니다.

'When did you get there?'이라는 문장에서 Get을 한 손을 뻗어 잡는 동작으로 이해하고 있으면 '언제 거기에 도착했니?'라는 의미가 추론 가능합니다. 어떤 공간을 잡는 것. 언제 거기를 잡았냐는 의미는 곧 언제 거기에 갔냐는 말과 같으니까요. 그럼 양손을 뻗어 잡는 Take와 헷갈릴 수 있습니다. 비슷한 표현을 각각 어떤 상황에서 쓰는지 모두 외우는 것은 불가능합니다. '그렇게 말하는 걸 들어본 적 없으니까.' 그래서 원어민들이 하는 말을 많이 보고 들어야 합니다. 그것을 추측하면서 그들이 사용한 어휘를 한국어 정의가 아닌 이미지와 동작으로 이해하고 내 것으로 만드는 겁니다.

실제로 어떻게 쓰이는지 보고 소리 내어 반복하라

앞에 언급된 단어들처럼 기존에 자주 봤던 단어들은 동작만 몇 번 떠올리면 쉽게 외울 수 있습니다. 하지만 익숙하지 않은 단어들은 동작만 떠올렸을 때 이해가 될 수는 있어도 아웃풋에 사용하기는 어렵습니다. 우리가 학창 시절 단어를 외울 때 반복적으로 적었던 이유는 반복이야말로 임시 기억에 머무를 정보를 장기 기억에 뿌리 내리게 하는 방법이기 때문입니다.

동작으로 어휘를 외울 때도 반복해야 합니다. 소리 내어 따라 읽으면서 동작을 떠올리는 것이 좋습니다. 소리 내어 읽으면 말하는 근육을 사용하면서 집중하기에 한 번, 내가 말한 소리를 내 귀로 들으면서 또 한 번 해당 단어가 입력되기 때문에 같은 시간을 투자했을 때 더 많은 반복 효과를 누릴 수 있습니다.

얼마 전 유튜브를 보다가 새로운 단어를 하나 알게 되었습니다.

"Can we all appreciate that how this guy's channel only took 3-4 months to reach 100k Subscribers without posting any nonsense or clickbait content."(우리는 이 사람이 말도 안 되는 내용이나 낚시성 콘텐츠도 올리지 않고 몇 달 만에 10만 구독자를 달성한 것을 인정해야 돼.)

질문문인데 물음표가 없고, 인정해야 한다고 주장하는데 Can을 쓴 점이 이상하게 느껴졌나요? 외국인들도 문법을 신경 쓰지 않고 마음대로 말합니다. 당신도 마음대로 말하세요. 당신의 문장을 평가하는 것은 한국인들뿐입니다. 영어는 외국인에게 하려고 배우는 것인데 한국인을 신경 쓸 필요가 있나요?

저는 이 댓글에서 'Clickbait'이라는 단어를 알게 됐습니다. 사전에는 없는 신조어입니다. Click은 누르는 것이고 Bait는 미끼입니다. 누르는 미끼. 즉 낚시성 제목이나 썸네일을 말하는 것입니다. 자기 직전이라서 머릿속으로 '클릭베잇, 클릭베잇, 클릭베잇' 따라 읽으면서 자극적인 썸네일을 상상했습니다. 하지만 속으로 읽는 것은 소리 내어 따라 읽는 것처럼 효과적이지 않았습니다. 소리 내어 읽으세요. 여러분의 시간은 소중하니까요.

단어를 검색한다면 결과를 이미지로 보라

단어를 찾아볼 때는 영어사전보다 구글 이미지 검색을 추천합니다. 구글에 영어 단어를 검색하고 이미지 탭을 눌러보세요. 그럼 그 단어에 관한 이미지가 나옵니다. Dog가 뭔지 모르는 아이에게 개라고 말해주면 개가 어떤 동물인지 아는 아이는 Dog의 의미를 알 수 있습니다. 하지만 개가 무엇인지 모르는 아이는 알 수 없습니다. 구글에 Dog를 검색해서 이미지 탭을 눌러보면 온갖 개 사진이 나옵니다. 그것으로 Dog를 알려주는 것이 사전적 의미인 개를 알려주는 것보다 효율적이고 효과적입니다. Dog를 들었을 때 개라는 한국어가 떠오르기보다 이미지가 떠오르는 것이 이상적입니다. 영어로 생각하는 법, 생각을 거치지 않고 말하고 듣는 것의 시작이 바로 영어 단어를 이미지와 동작으로 외우는 것입니다.

영영사전을 사용하는 것은 어떻냐고 질문을 많이 받습니다. 영한사전보다는 분명히 좋습니다. 정의를 영어로 알면 한국어로 변환하는 시간이 줄고 영영사전을 찾는 행위 또한 영어에 익숙해지는 시간으로 투자될 수 있는 방법입니다.

미국에 처음 가서 영어 공부한다고 인터넷 강의를 들을 때 강사분께서 영영사전이 좋다고 하여 사용해본 적이 있습니다. 하지만 영영사전은 본인의 영어 실력이 충분히 뒷받침될 때 효과적입니다. 단어의 의미를 찾으려고 사전을 검색했는데 의미에 있는 단어의 의미를 몰라서 또 그 단어를 검색하고, 그 단어의 의미도 해석이 안 되는 경우를 많이 겪었기 때문입니다.

'단어를 이미지와 동작으로만 외우면 우리가 어릴 적 받아쓰기를 틀렸던 것처럼 철자를 모르게 되는 것 아니냐?'

맞습니다. 한두 번 눈으로 읽어보면 스펠링이 외워지는 사람이 있지만, 저는 아닙니다. 눈으로 보거나 소리로 들으면 단어를 인지할 수 있고, 그것의 소리가 떠올라서 표현에 사용할 수는 있으나(소리 내어 읽어야 하는 이유입니다.) 스펠링은 모르는 단어가 많습니다. 그러나 우리는 더 이상 단어 시험을 볼 것도, 종이에 펜으로 영어 문장을 적어서 누군가에게 제출해야 할 일도 없습니다.

한국어는 띄어쓰기가 어렵고 영어는 스펠링이 어렵습니다. 한국인인 우리도 띄어쓰기를 수시로 틀립니다. 외국인들도 스펠링을 틀립니다. 중요한 글을 쓸 때를 제외하면 띄어쓰기를 틀리는 것에 대해 지적하거나 신경 쓰는 사람은 없습니다. 영어도 마찬가지입니다. 게다가 요즘은 자동완성 기능으로 철자를 선택할 수 있어서 스펠링을 몰라 글을 못 적는 경우는 흔치 않습니다.

만약 자동완성과 추천 단어 기능이 없는 곳에서 글을 써야 할 때는? 사전을 찾아서 쓰면 됩니다. 학교를 졸업한 당신에게, 모국어가 아닌 영어로 글을 쓰는데 스펠링을 모른다고 구박하거나 사전을 쓴다고 쓴 소리 할 사람은 없습니다. 물론 철자를 많이 알면 좋습니다. 하지만 그것이 잘 안 외워지는 사람이 철자와 씨름할 시간에 영어로 유튜브를 하나 더 보는 게 당신의 영어 실력에 훨씬 도움됩니다.

어떻게 하면 더 많이 들어서 영어 대화를 이해하고, 어떻게 하면 더 많이 말해보고 사용해볼까만 고민하세요. 스펠링은 단어 시험을 볼 때만 외우세요. 그때그때 상황에 맞는 공부법을 융통성 있게 적용하는 것을 추천합니다.

▶ 03

점수를 위한 영어가 급해요

시험 성적이 필요하고 급하면 시험 공부를 하는 게 맞다
그러나 시간도 있고 영어도 배우고 싶다면? <노는영어>하라!

결론부터 말하자면, 지금 당장 시험 성적이 필요하다면 시험을 위한 영어 공부를 하는게 맞습니다. 저는 세 가지 영어 시험 경험이 있습니다. 학교 시험(수능 포함), 토익, 토플입니다. 난이도는 토플이 가장 어렵습니다. 말하기와 쓰기가 있거든요. 읽기 영역의 난이도만 놓고 보면 수능이 더 어렵습니다. 토익과 고등학교 영어 시험은 수준이 비슷합니다. 둘 다 듣기와 읽기 능력만 평가합니다. 난이도와 평가 항목이 다른 이 시험들의 공통점은 그것이 '시험'이라는 사실입니다.

시험의 목적은 수험자의 능력을 평가하는 것입니다. 영어 능력을 평가하기 위한 각 기관의 시험들은 각자의 목적에 맞게 설계됐습니다. 학교 시험은 수능

을 위한 준비 과정이고, 수능은 대학 입학을 위한 영어 실력을 평가합니다. 목적에 비해 불필요하게 어려운 것은 사실입니다. 하지만 변별력을 위한 난이도 조정이기에 이해합니다. 토익은 직장인들의 기초 영어 능력을 평가하기 위함이고, 토플은 외국인이 영어권 국가에서 대학 수업을 듣는 데 필요한 영어 능력을 평가하는 시험입니다.

이렇게 특정 목적에 맞게 설계된 시험들은 수준에 상한선이 있고 출제될 단어나 문제의 패턴이 정해져 있습니다. 즉, 작년의 시험과 올해의 시험이 다르지만 비슷할 수밖에 없다는 의미입니다. 매번 비슷한데 내용만 조금씩 바뀌는 제한된 범위 내의 제한된 수준의 시험이라면 그 시험을 많이 보고 분석한 사람들은 출제자의 의도를 파악하여 시험을 예측할 수 있습니다. 족집게 강의가 가능한 이유입니다.

미국에 처음 가서 영어 공부를 할 때 토플 인터넷 강의를 들었습니다. 말하기 듣기 읽기 쓰기 4과목으로 구성된 토플 강의에서 각 과목마다 수업 내용은 비슷합니다.

말하기 – 자주 나오는 질문, 자주 쓰이는 표현과 단어들, 대답할 때 사용하기 좋은 템플릿.

듣기 – 자주 등장하는 상황, 단어, 표현, 자주 나오는 질문, 특정 상황과 질문에서 정답을 빠르게 찾는 법, 보기만 보고 정답을 고르는 법.

읽기 – 자주 등장하는 표현과 단어, 문제 유형, 지문에서 중요한 부분을 빠르게 찾는 법.

쓰기 – 자주 등장하는 상황, 쓰기 좋은 표현과 단어, 기출 문제 분석, 답을 작성할 때 쓰기 좋은 템플릿.

해당 시험에서 고득점을 받는 강사들이 매번 직접 시험을 치르고 기출 문제를 분석해서 문제 유형과 정답을 찾는 방법을 알려줍니다. 각 시험의 족집게 강의를 듣고 열심히 공부하세요. 원하는 성적에 맞게 세분화된 코스가 준비되어 있습니다. 당신이 하는 만큼 성적은 오릅니다. 필요한 것이 영어 시험 성적뿐이라면 〈노는영어〉는 시간 낭비입니다. 시험 공부만 열심히 해서 원하는 성적을 얻고 영어 공부에서 자유로워지세요.

그러나 만약 시험을 준비해야 하는데 영어도 배우고 싶다. 그리고 최소 1년이상의 시간적 여유도 있다면 오늘부터 한국어 콘텐츠를 모두 끊고 〈노는영어〉하세요. 시간이 없을 때는 영어와 시험 중에 선택해야 합니다. 하지만 시간이 있으면 무조건 전자입니다. 왜냐하면 전자를 선택하면 둘 다 준비가 가능하거든요.

시험은 당신의 영어 능력을 평가합니다. 영어 능력을 평가하기 위해 만들어진 시험이 변별력을 가리다 보니 여기까지 온 것입니다. 하지만 영어 능력을 평가한다는 본질은 변하지 않았습니다.

영어는 영어답게 배우는 세상!

지금 이 글을 읽고 있는 당신은 한국어에 자신 있을 겁니다. 한국어능력평가시험을 치면 몇 점을 받을 것 같은가요? 외국인들이 보는 한국어능력평가시험 말입니다. 저는 지금 당장 시험지를 줘도 100점 만점에 90점은 맞을 것 같습니다.

미국에서 외국인에게 한국어를 가르칠 때 깨달은 것이 하나 있습니다.
'난 한국어를 잘한다고 생각했는데 가르치는 것은 어렵구나….'

한국어 문법을 모르기 때문입니다. 알지만 설명을 할 수 없습니다. 하지만 그들이 보는 한국어 시험은 잘 볼 수 있습니다. 왜냐, 너무 쉽거든요. 그 이유는 한국어를 잘하기 때문입니다. 한글 문법은 모르지만 한국어를 잘하기 때문에 시험문제를 풀 수 있습니다. 그 시험이 평가하는 것은 결국 한국어 실력이니까요.

영어도 똑같습니다. 제도권 교육에서 가르치는 것은 엄밀히 말하면 영어가 아닙니다. 영어의 일부인 영문이죠. 시험도 영문을 시험 치는 겁니다. 그리고 영어를 잘하게 되면 영문 시험은 자동으로 쉬워집니다. 제가 그걸 확인하기 위해 한국에 오자 마자 토익 시험을 응시했습니다. 어려운 시험이 아니라는 느낌이 들었습니다. 그동안 영어 공부를 많이 한 것도 아닙니다. 그저 영어로 놀다가 영어에 익숙해졌고, 영어를 조금 할 줄 아는 사람이 된 것입니다.

이 책을 통해 바꾸고 싶은 건 한국의 영어 시험 제도가 아닙니다. 영문을 영어로 알고 공부하는 시스템을 바꾸고 싶습니다. 영어를 영어답게 배우도록 만들고 싶습니다. 학창 시절 10년간 영어를 영어답게 공부하면 고등학교를 졸업할 때쯤 대부분의 학생이 영어를 제2의 언어로 사용할 수 있을 것입니다.

우리는 핀란드의 사례를 벤치마킹해야 합니다. 그들이 특별한 교육을 하는 것도 아닙니다. 문법을 가르치지 않고 영어 능력을 평가하는 시험을 치르지도 않습니다. 어려서부터 영어로 놀게 하고, 수업을 영어로 해서 영어 노출을 늘리고, 수업 또한 영어로 대화하고 소통하는 것이 주를 이룹니다. 그뿐입니다. 그들도 과거에는 문법 위주의 영어 수업을 했습니다. 하지만 결과가 좋지 않았습니다. 의사소통이 목표라면 문법은 필요 없습니다. 하고 싶은 말을 하게 만들면 됩니다. 교육의 방향을 바꾸자 핀란드는 공교육만으로 인구의 70%가 영어를 자유롭게 사용하게 되었습니다.

영어를 할 줄 아는 사람은 이후에 문법을 배우든 고전문학 독해를 시험 치든 영어를 못하는 사람보다 쉽게 준비할 수 있습니다. 우리의 영어 시험이 유난히도 어렵게 느껴지는 이유는 영어를 못하는 사람들이 영어를 할 줄 아는 사람이 준비해야 할 시험을 치르기 때문입니다. 시험의 난이도는 그대로 둬도 됩니다. 대한민국 교육의 수준 유지와 수험생들의 성취감을 위해 필요하다고 생각합니다. 단지 그 시험을 치르는 사람들, 영어를 공부하는 사람들이 '영어'를 배우길 바랍니다. 제가 해봐서 압니다. 영어를 할 줄 알면 영어 시험 준비가 훨씬 수월해진다는 사실을요.

▶ 04

문법은 어떻게 해요?

일단 해석하지 않고 보는 게 먼저다

제가 학생들에게 항상 하는 말이 있습니다. 너무 자주 해서 '또 저 소리하시네.'라며 표정이 굳을까 조심스럽게 말합니다.

"언어는 익숙해지는 거야."

이미 잘하는 한국어를 더 잘할 것도 아닌데 한국어로 된 콘텐츠를 소비하는 건 시간 낭비입니다. 영어는 영어로써 받아들여야 합니다. 많이 듣고 이해하다 보면 말의 구조와 규칙이 머리에 들어오기 시작합니다. 그것이 문법입니다. 우리도 한국어를 그렇게 배웠습니다. 문법은 모르지만 규칙은 알고 있습니다. 영어도 인간이 말하는 언어의 하나일 뿐입니다. 한국어와 다른 방법으로 배울 이유가 없습니다.

당신은 아마 영어를 듣거나 읽으면 그걸 한국어로 해석하고 있을 겁니다. 그게 문법/독해 위주 교육의 결과입니다. 말을 못 하는 사람들에게 글을 가르쳤기 때문에 인풋을 그대로 받아들이지 않고 내 언어로 해석하여 이해하는 것입니다.

저도 그랬습니다. 영어 자막으로 영상을 처음 볼 때 자막을 해석하면서 보려니 자막을 따라갈 수 없고, 모르는 단어가 많이 나오면 막히고, 멈춰서 단어의 의미를 찾아보고는 그 많은 걸 다 알아야 한다는 부담감에 압도됩니다. 좋기만 해야 할 노는 시간에 부담감이 생기니 더 이상 노는 것 같지가 않습니다. 그러니 재미가 없고 꺼버리게 되죠.

해석을 해야 된다는 생각을 버리고 그냥 보세요. 말 못 하는 아이들이 그림만 보면서 만화를 이해하는 것처럼. 상황을 이해만 한다고 생각하세요. 사람 사는 거 다 똑같고 어떤 상황에서 특정 표정으로 하는 말은 다 뻔합니다. 해석하지 말고 그냥 보세요.

그들의 표정, 말투, 입 모양, 몸동작, 억양을 들으면 그게 프랑스어라도 내용을 이해할 수 있습니다.(파트2의 5챕터를 참조하세요.) 그렇게 그냥 계속 보는 겁니다.

출근해서 자고 있는 직원을 보고 사장이 어이없는 표정을 짓는데 옆에서 누가 술 어쩌고 저쩌고 이야기를 합니다. 그러더니 사장은 퉁명스러운 표정으로 'That explains it'이라 말하고 뒤돌아섭니다.

그럼 '아, 저 말은 그럼 그렇지, 혹은 그럴 줄 알았어, 이런 말이겠구나.' 하고 넘어가는 겁니다. 'Explain은 설명하다 라는 뜻이니까 '그것이 이것을 설명한다'겠구나.'라고 해석하지 마세요. 그저 받아들이고 이해하세요.

영어에 익숙해지는 순간 = 당신이 영어 문법을 체득하는 순간

'네가 그 방법으로 성공한 때는 미국에 살던 때이고, 영어에 노출되기 쉬운 환경이었을 텐데 한국이랑 비교할 수가 있냐!!'

하지만 저도 〈노는영어〉를 하기 전까지 당신과 같은 상황이었습니다. 말은 물론 잘 듣지도 못하고 뭐든 해석하려 들던 시기를 보냈습니다. 미국 가서 2년 동안 제자리걸음을 했습니다. 영어로 한두 마디 주고받을 수는 있었습니다. 하지만 대화는 어려웠습니다.

대화는 상대방의 말을 들으면서 동시에 내가 할 말이 장전되어 있어야 합니다. 그러려면 생각을 하면 안 됩니다. 컴퓨터가 아무리 빨라도 중간에 변환 과정이 있으면 느려질 수밖에 없습니다. 들은 내용을 한국어로 번역하고, 그것에 대한 대답을 한국어로 생각하고, 그것을 다시 영어로 번역하기 위해 단어를 떠올리고 문법을 체크하고, 잘못 말하기 쉬운 발음을 신경 써서 입으로 꺼내는 과정을 거치는 동안, 이미 대화의 흐름은 끊겼습니다.

영어 콘텐츠를 한글 자막으로 보면 Entertainment지만, 영어 자막을 달고 보면 Learning이 됩니다. 전자는 개인의 발전에 도움되는 부분이 없습니다. 시간을 즐거움과 바꾸는 것입니다. 저는 그것이 낭비라고 생각합니다. 즐거우면서 동시에 발전할 수 있는데 굳이?

목표를 설정하고 하기로 마음먹었으면 처음 시작의 두려움, 익숙하지 않은 상황의 불편함을 버티세요. 막막하기만 한 적응의 과정도 일주일, 이주일이 지나면 거짓말처럼 편해집니다. 단어, 문법, 해석보다 중요한 것은 편하게 즐기며 이해하는 것, 그리고 익숙해지는 것입니다.

영어라는 언어를 항상 공부해왔지만 더이상은 공부의 대상으로 여기지 마세

요. 다른 지역에 사는 인간들이 의미를 전달하는 방법을 눈치껏 추측한다고 생각하세요. 자기들만의 은어와 신조어로 대화하는 학생들의 대화도 처음에는 하나도 알아들을 수 없지만 가까이에서 듣고 추측하는 시간이 길어지면 결국 알아듣기 마련입니다. 영어를 다른 지역 인간들이 쓰는 사투리 또는 신조어라고 생각하세요. 그들이 말하는 규칙과 순서가 익숙해지는 순간이 당신이 영어 문법을 체득하는 순간입니다.

발음과 억양은 중요한가요?

영어를 잘하기에 앞서 영어를 할 줄 알아야 한다

발음과 억양은 중요하지 않지만 중요합니다. 말장난이 아닙니다. 영어를 처음 습득할 때는 전혀 중요하지 않지만, 점차 중요해집니다. 많은 사람들이 시작부터 중요하다고 믿기 때문에 정말 중요해지는 단계까지 가기도 전에 포기하고 맙니다.

뭐든 빨리빨리 하고싶은 마음에 우리는 기준을 높게 잡습니다. 몸매 관리를 시작하면 운동복부터 삽니다. 전문가의 도움을 받을 수 있는 헬스장에 등록합니다. 그리고 선수들이 대회를 준비하는 식단을 똑같이 따라 하며 운동을 합니다. 소금과 탄수화물을 줄이고 과일, 야채, 고기 위주의 식단을 싸가지고 다닙니다. 단백질 보충제, BCAA, 프리워크아웃 등 좋다는 건 다 먹습니다. 하지만 운동을 처음 시작하는 사람은 그런 생활을 6개월을 넘기기가 어렵습니다. 처음 한두 달은 변화가 보여서 재미있지만 금세 정체기에 진입합니다. 매일 해도 변화가 보이지 않으니 재미도 없고 잘하고 있는 게 맞나 의심스럽습니다. 식단부터 해이해지기 시작하더니 운동을 나가는 횟수가 줄어듭니다. 그리고 결국 원래의 생활로 돌아갑니다.

 마음이 급하기 때문입니다. 큰 맘 먹고 시작하는데 남들이 좋다는 거, 전문가들이 한다는 거 다 똑같이 하면 나도 금방 저렇게 될 것 같았는데 차가운 현실에 얻어맞은 것이죠. 초보자는 집 주변 걷기부터 시작하여 계단 오르기, 팔굽혀 펴기, 맨몸 스쿼트만 꾸준히 해도 충분합니다. 군것질과 야식을 끊고 세 끼 가볍게 먹으면서 홈트레이닝만 꾸준히 해도 체중 감량이 가능합니다. 가벼운 운동을 3개월 정도 하다가 정체기 때마다 장비를 추가하고, 운동 장소를 헬스장으로 옮기면서 차근차근 나아가야 하는데 처음부터 마지막 단계에서 시작하니 정체기에서 더 이상 변화를 줄 것이 없습니다. TV에 나오는 사람들이 6개월 만에 몸을 만들었다는 결과만 보고 과정과 배경은 생각하지 않죠.
 영어 학습도 마찬가지입니다. 이 책을 여기까지 읽은 분 중에 영어로 자유롭게 의사소통이 가능한 분은 많지 않을 겁니다. 아마도 본인이 생각하는 영어를 잘하는 기준이 높을 것입니다. 유창한 발음과 억양으로 세련된 문장을 구사하는 멋짐을 뽐내고 싶으신가요? 그게 영어를 잘하는 것이라고 믿는다면 틀렸습니다. 영어를 잘하기에 앞서 영어를 할 줄 알아야 합니다. 영어를 못 하는 상태에는 영어를 할 줄 아는 것이 잘하는 것입니다. 방금 언급한 상태는 영어를 할 줄 아는 사람들이 생각하는 잘하는 기준입니다. 우리의 기준은 일단 영어를 할 수 있게 되는 것입니다.
 영어만으로 상대방의 말을 이해하고 내 생각을 상대에게 전달하는 것. 그거면 됩니다. 단어도, 문법도, 발음도, 억양도 필요 없습니다. 몸짓 발짓 다 써가며 내가 아는 영어를 총동원하여 상대방에게 내 의미를 전달하는 것. 그것이 영어를 못 할 때 잡아야 하는 영어를 잘하는 기준입니다.

적당한 기준을 돌파하는 순간, 성장의 기회가 있다

본인에게 맞는 기준을 잡아야 기회가 왔을 때 시도할 수 있습니다. 입이 안 트이는 이유는 기준이 높기 때문입니다. 기준이 높기에 나의 실력은 형편없게 느껴지고 부끄러운 것입니다. 못 하는데 뭔 말을 하냐며 입을 닫아버립니다. 입을 열 기회가 없으니 입이 트일 일도 없습니다.

기준을 조정하고 마음 편하게 본인의 생각을 표현하다 보면 막히는 순간이 옵니다. 영어를 꾸준히 듣다 보면 뭐가 올바른 발음인지에 대한 감이 생기는데, 내 발음은 그것과 비교했을 때 부족함이 느껴집니다. 손발 다 써가며 표현할 때는 몰랐는데 마음의 여유가 생기면 내가 말하는 문장이 내 귀에 들립니다. 아무리 들어도 내가 상상하던 억양이 아닙니다. 이는 영어로 타인과 대화할 때보다 혼자 집에서 상황극을 하면서 떠드는 연습을 할 때 더 잘 들립니다. 틀리는 것 신경 쓰지 않고 말할 수 있는 상태에서 발음과 억양이 부족하다고 느낄 때, 그때가 당신의 영어 기준을 기존에 잡았던 기준으로 올릴 때입니다. 홈 트레이닝을 반년 정도 하다가 헬스장의 운동 기구와 전문가의 조언을 위해 헬스장에 등록하는 것과 같습니다. 정체기를 극복하기 위한 자극이죠.

1) 최소한 알아들을 수 있을 정도의 발음

영어만으로 눈치껏 듣고 편하게 말할 수 있게 된 당신에게 발음과 억양은 중요합니다. 발음부터 살펴보죠. 발음은 의미를 소리로써 전달할 때, 그 언어 사용자들끼리 한 무언의 약속입니다. 글자가 없을 때 언어는 소리만 존재했습니다. 특정 상황에서 특정한 소리를 내면 그 소리에 담긴 의미는 무엇이니까, 앞으로 그렇게 알자고 약속한 것입니다. 개와 게, 집과 짚, 배와 배, 다리와 다리, 개발과 계발 등 전후 상황과 문맥을 참고하지 않으면 개별 단어의 발음만으로는 의미를 전하는 것이 어려운 단어들이 있습니다. 그마저 발음을 틀리게 한다면 의미 전달은 더욱 어려워집니다.

영어에도 동음이의어가 있습니다. Son과 Sun, Right과 Write, Red와 Read(과거형), Where과 Wear 등 발음만으론 구분하기 어렵죠. 하지만 문맥을 파악하면 어렵지 않게 소리에 담긴 의미의 약속을 파악할 수 있습니다. 정작 중요한 것은 헷갈리는 동음이의어가 아니라 발음 자체를 틀리게 하는 상황입니다. 무슨 의미인지 추측조차 할 수 없는 소리를 들으면 사고가 정지해버립니다.

일본 사람들이 김치를 기무치라고 발음하는 것에 대해 어떻게 생각하시나요? 기무치라고 발음하다가 이내는 기무치라는 음식을 만들어버렸습니다. 우리 편한 대로 발음하다 보면 외국어가 국내에서만 알아들을 수 있는 외래어가 되어버립니다. 외국어는 그들이 사용하는 원래의 발음과 최대한 비슷하게, 아니, 최소한 그들이 알아들을 수 있을 정도로 연습해서 사용하는 것이 그 문화와 언어에 대한 예의라고 생각합니다.

저는 미국에서 제 이름 '노관평'을 발음하지 못하는 상황을 수도 없이 겪었습니다. 그 뒤로는 Jake라는 영어 이름으로 부르도록 초면부터 못을 박습니다. '관평'을 '쿠완평', '콴형', '콴프영' 등으로 발음하는 것을 들으면 저를 부르는 것 같지가 않습니다. 칼리지에 다닐 때 Jonathan이란 친구가 있었는데 이름을 발음하기가 어려웠습니다. 한국에서는 조나단 또는 조너선이라고 발음하지만 실제 발음은 '줘나th은'에 가깝습니다. 결국 그를 '존'이라고 불렀습니다. John은 실제로 Jonathan의 애칭입니다. 틀리게 발음하는 것보다 차라리 서로 이해할 수 있는 다른 명칭으로 부르는 것이 낫습니다.

제 러시아 친구들도 길고 발음하기 어려운 본명을 두고 별명을 만들어서 자신을 소개합니다. 이름은 이 세상에 태어날 때 부모님께 받은 두 번째 선물입니다. 외국인이라 발음하기 어려운 것을 이해는 하지만 그것이 반복되면 듣기 불편합니다.

지난 아카데미 시상식에서 여우조연상을 수상한 윤여정 씨를 호명한 배우 브레드 피트는 윤여정 씨를 '져정윤(여정 윤)'이라고 불렀습니다. 전 세계가 보는 시상식에서 수상자의 이름을 틀리게 발음한 것은 무례라고 생각합니다.

우리는 그들의 언어를 그들의 발음처럼 들릴 수 있도록 연습해야 합니다. F, Th, R, V, Z, W 등 한국인이 발음하기 어려운 소리들이 있습니다. 그것도 반복적으로 듣고 연습하면 분명 나아집니다. 발음을 연습하세요. 내 귀로 들어도 내가 아는 소리와 비슷할 때까지 연습하면 결국은 따라 할 수 있습니다. 소리만으로 연습이 어렵다면 입 모양을 보면서 연습하세요. 스스로 녹음을 해보면 또 다르게 들릴 것입니다. 그리고 나서 스마트폰의 음성입력 기능이나 AI비서에게 영어로 말하고 알아듣는지 확인해보세요. 음성입력이 잘 되고, AI비서가 알아듣는다면 외국인들도 알아들을 수 있습니다.

2) 진짜처럼 들리게 하는 억양

억양 또한 중요합니다. 발음은 연습하면 좋아질 수 있습니다. 하지만 억양은 피나는 노력이 필요합니다.

방송인 이수근 씨는 가짜 중국어를 잘하는 것으로 유명합니다. 홍콩 영화를 보면서 연습했다고 하는 그의 가짜 중국어에는 의미가 담겨 있지 않습니다. 단지 억양만 중국 광동어와 닮았습니다. 그런데 중국인들은 그의 가짜 중국어에 감탄합니다. 억양이 너무 똑같아서 그것이 진짜 중국어라고 믿고 집중해서 듣는데 이해할 수 있는 단어가 없어서 혼란스러워합니다. 유창한 억양으로 자신 있게 말하니 그것을 이해하지 못하는 자신이 이상한가 생각하기도 합니다.

억양은 의미가 담기지 않은 가짜 언어도 진짜처럼 들리게 하는 옵션입니다. 만약 올바르지 않은 발음으로 억양만 그럴듯하게 말한다면 이수근 씨의 가짜 중국어와 같습니다. 주위 사람들은 그럴듯하게 영어를 한다고 생각할지 모르지만 막상 외국인은 당신의 말을 이해하지 못합니다. 그럴듯하게 말해도 의미가 전달되지 않는다면 그것은 외국어와 다를 바가 없습니다.

발음과 억양보다는 자신감이 먼저다!

발음과 억양 중에 더 중요한 것은 발음입니다. 반기문 전 UN 사무총장처럼 서양식 억양은 없지만 알아들을 수 있는 발음으로 의미가 잘 전달된다면 그것은 그 언어를 잘하는 것입니다. 나아가 의미를 전달할 수 있는데 억양까지 좋다면, 가짜 중국어도 중국어처럼 들리게 하는 억양과 자신감을 발음이 좋은 사람이 보인다면 누구도 그의 언어 능력이 낮다고 평가하지 않을 것입니다.

자신감 〉 발음 〉 억양입니다. 일단 영어로 생각을 표현할 수 있게 되면 더욱 자신 있게 말하세요. 대화할 상대가 없다면 혼자서 중얼거리되 나를 평가하지 않을 가족 앞에서 말하는 것처럼 편하고 당당하게 말하세요. 그 자신감은 상대에게 전달되어 당신의 말을 이해하기 위해 집중하도록 만들 것입니다. 그런 뒤에 발음을 연습하세요. 발음이 좋아질수록 당신의 손짓 발짓이 줄어듭니다. 그런 뒤에 억양을 연습하세요. 억양에는 감정이 들어 있습니다. 영상에서 보여지는 사람들의 말과 행동을 똑같이 따라 한다는 생각으로 표정, 몸짓 그리고 말의 높낮이를 따라 하세요. 그것을 따라 하면서 화자의 감정에 동화됨을 느낄 것입니다.

억양을 위한 감정 연습은 이후 당신의 억양뿐 아니라 듣는 상황에서의 감정 이해와 말할 때 감정을 전달하는 능력을 개발시킵니다. 억양이 완벽하지 않지만 올바른 발음으로 자신 있게 말하는 반기문, 윤여정 씨를 떠올리며 연습하세요. 그리고 의미가 담기지 않은 소리를 중국어로 들리게 하는 이수근 씨의 억양을 떠올리며 억양을 연습하세요.

▶ 06

쓰기가 어려워요

영어 글쓰기를 하려는 목적은 무엇인가?

쓰기는 언어의 마지막 단계입니다. 한국어를 잘하는 우리에게도 글쓰기는 어렵습니다. 글쓰기에도 종류가 있습니다. 우리가 영어 아웃풋을 연습할 수 있는 문자메시지, 이메일, SNS 포스팅, 온라인 댓글, 인공지능 챗봇, 다이어리 등은 쉬운 글쓰기에 속합니다. 문단의 구성이나 글 전체의 흐름과 표현력에 크게 영향을 받지 않습니다.

반면 소설, 수필, 시, 보고서, 논문 등의 글은 난이도가 급격하게 올라갑니다. 적절한 단어의 사용, 문장의 구성, 간결한 표현, 주장과 근거 등 논리적으로 주장하는 글이나 섬세한 표현이 요구되는 문학은 한국어와 마찬가지로 상당한 노력이 필요합니다. 토론 방송을 챙겨보고, 논평, 논문을 읽고, 토론 모임에 나가서 직접 주장하고 반박하면서 논리력을 길러야 합니다. 다양한 문학작품을 읽으면서 사건의 전개, 세계관과 등장인물 설정, 사진을 보는 듯한 표현력을 얻기 위해 필사하고 분석하는 노력이 필요합니다.

여기서 우리는 선택해야 합니다. 내가 영어 글쓰기를 하려는 목적은 무엇인가? 일상에서 문자로 의미를 전달하기 위한 글쓰기가 필요한 것인지, 문학작품이나 논문을 작성해야 하는 것인지 확실히 한 뒤에 영어 글쓰기를 연습해야합니다. 전자라면 영어 자막을 많이 따라 읽다 보면 자연스레 문장의 규칙과 구성이 머릿속에 자리잡게 됩니다. 또한 인상 깊은 문장들을 꾸준히 모아 왔다면 그것들에서 단어만 바꿔서 하고 싶은 말을 만들어낼 수 있습니다. 후자라면 거기에다 추가적인 노력이 필요합니다.

일상적인 의미를 전달하기 위한 글쓰기 8 단계

저는 전자의 글쓰기가 목적이었기 때문에 후자의 글쓰기는 보편적인 글쓰기 연습 방법을 적었습니다. 저 또한 영어로 문학 작품을 작성할 능력이 없기 때문에 그 이상의 설명은 어렵습니다. 그럼 전자의 일상적인 글쓰기 능력을 기르기 위한 연습에 추가적으로 연습할 수 있는 글쓰기 방법을 소개합니다.

이 글쓰기 연습은 실제로 학생들에게 영어 글쓰기를 가르치는 방법입니다. 영문법의 최소 규칙(품사의 종류, 한 문장에 동사 하나)만 알려주고 문장 만들기를 시작합니다. 문장 만들기 연습은 주 1회 진행했습니다. 명사와 동사 하나씩 정해주고 그것으로 문장 하나를 만드는 것으로 시작합니다. 만들어낸 문장의 틀린 것을 고쳐주면서 3인칭 단수 뒤에 오는 동사 원형에는 S가 붙는다, Be 동사와 일반동사의 차이, 진행형-ing, 관사 a와 the의 차이 등 기본 규칙을 추가로 숙지시킵니다.

주어진 두 개의 단어로 문장 하나를 만들지 못하던 학생들이 3회 차가 되면 틀리지 않는 문장을 만듭니다. 5회차가 되면 주어, 동사, 목적어까지 구성이 완벽한 문장을 만들어냅니다. 중요한 것은 하고 싶은 말을 스스로 고민해서 써보고 틀린 것을 고치면서 다시 틀리지 않도록 하는 것입니다. 처음에는 첫 글자도 쓰지 못하고 그나마 써낸 것도 다 틀리지만, 한 번 틀린 것을 다시 안 틀리는 것이 쌓이면 결국 틀리는 것이 없는 문장 하나를 만들게 됩니다.

스스로 고민하여 작성한 글에서 틀린 부분을 통해 문법 규칙을 익혔기 때문에 단순히 규칙을 외울 때보다 이해도가 높습니다. 그렇게 반년이 지난 후로는 7단계 '지정 주제 영작'을 틀리지 않고 쓰기에 이르렀습니다. 스스로 글쓰기를 연습하거나 자녀에게 글쓰기를 지도할 때도 순서대로 지도하시면 원하는 성과를 얻을 수 있습니다. 각 단계별로 문장을 만들어보고 본인이 막히는 부분부터 연습하세요.

1단계 : 단어 주고 문장 만들기

제한된 단어로 표현하는 연습입니다. 명사 하나와 동사 하나(Ex. Dog, Run)를 가지고 문장을 3개 만들어보세요. 문장을 구성하는 핵심인 명사와 동사가 정해져 있으니 문장 3개를 만들면 현재형, 과거형, 진행형, 미래형 등 시제가 달라지는 문장을 쓰기 마련입니다. 동사의 변형과 시제를 이해하는지 확인할 수 있습니다. 이것이 쉬워지면 형용사를 추가하고, 위치(Ex. At school, on the table)를 추가하면서 자유롭게 문장을 만들어봅니다. 주어진 단어들 간에 연관성이 없으면 현실적으로 말이 안 되는 글이 나올 수 있습니다. 그러나 그것이 이 연습의 묘미입니다. 상상력을 발휘하여 그럴듯한 문장을 만들어보세요.

2단계 : 명사 주고 동사 응용

명사와 동사를 가지고 문장을 만드는 것에 익숙해졌다면 이제 명사만 가지고 이야기를 만들어보세요. 예를 들어 Dog라는 단어 하나만 가지고 3문장을 다른 내용으로 만들어보는 겁니다. 본인이 아는 동사들을 응용하는 연습을 하게 됩니다. 또한 불규칙적으로 시제가 변하는 동사들을 만나는 경험은 불규칙동사 3

단 변형을 주구장창 외울 때보다 효과적으로 당신의 기억에 남게 됩니다.

3단계 : 명사만 주고 이야기 만들기

명사만 가지고 문장을 만드는 점은 2단계와 비슷합니다. 하지만 3단계는 이야기를 만들어야 합니다. 주어진 단어를 사용하여 각기 다른 세 가지 문장을 만드는 것에 비해 주어진 문장을 사용하여 3문장짜리 이야기를 만드는 것은 영문에 대한 깊은 이해가 필요합니다. 명사를 반복해서 사용한다면 관사 A가 The로 바뀔 것입니다. 문장들이 연결되야 하기 때문에 같은 동사를 다시 사용하기 어렵습니다. 시제를 일치시켜야 하고 이야기의 흐름이 필요합니다. 3줄 문장으로 시작하여 점차 문장의 수를 늘려서 이야기를 만들어보세요. 여기까지 편하게 할 수 있다면 인터넷 댓글이나 문자메시지는 영어로 하는 것에 어려움이 없을 것입니다.

4단계 : 지정 주제 영작

주제를 정해놓고 자유롭게 영작하는 연습입니다. 머릿속의 생각을 내가 가진 지식을 총동원하여 표현하는 연습을 하게 됩니다. 예를 들어 나의 하루, 슬펐던 날, 기뻤던 날, 기억에 남는 여행, 좋아하는 음식, 취미 등 한국어로 쓴다면 망설임 없이 써내려 갈 수 있는 가벼운 주제로 연습해보세요. 이를 통해 내가 가진 영어 지식을 적재적소에 꺼내 쓸 수 있게 됩니다. 고민을 한 만큼 다음번에 쓰는 것이 수월해집니다. 이 연습은 말하기 실력과도 연결되는데, 일상에서 흔히 쓸 수 있는 말을 직접, 제한된 지식 내에서 만들어보면서 말하기를 해야 하는 상황에서 생각하는 시간을 줄이고 문장을 떠올릴 수 있게 됩니다. 4단계가 자유로워지면 가벼운 내용의 이메일, AI챗봇과의 토론, SNS 포스팅이 가능해집니다. 이후의 상위 단계들은 글쓰기뿐 아니라 생각을 표현하는 말하기 훈련까지 동시에 이뤄집니다.

5단계 : 기존 문장 응용하기

콘텐츠를 소비하면서 기억하고 싶은 문장을 모아놓은 게 있나요? 없다면 검색창에 영어 명문장을 검색하여 문장들을 필사하세요. 두세 번 받아 적으면서 문장의 구조를 파악해보세요. 직접 해석해보는 것도 좋습니다. 문장의 의미와 속한 단어를 완벽히 알게 되면 이제 그 문장에서 단어만 바꿔서 응용 문장을 만들어보세요. 명사만 바꾸는 것은 의미가 없습니다. 명사와 동사 형용사를 자유롭게 바꾸면서 1인칭 시점으로 말해봐도 좋고 3인칭 시점으로 설명해도 좋습니다. 문장 하나당 세 가지 다른 상황의 이야기가 되도록 만들어보세요. 일종의 템플릿처럼 자주 쓰는 표현과 문장의 틀이 많아집니다. 그 템플릿에 내가 아는 단어들을 넣어서 어떤 상황에서든 쓰고 말할 수 있는 탄약을 쌓는 과정입니다. 5단계부터는 영어로 다이어리를 쓸 수 있는 능력이 생깁니다.

6단계 : 한-영 영작

본인이 한글로 쓴 다이어리를 영어로 바꿔보세요. 다이어리를 안 쓴다면 어제 하루에 대해 떠올려보고 한글로 글을 써보세요. 그리고 그것을 영어로 바꿔보세요. 한글 문장을 영어로 바꾸는 연습을 하게 됩니다. 머릿속에 떠오르는 것을 바로 영어로 정리해서 쓸 때와 또 다른 불편함을 느끼게 될 것입니다. 문장 구조와 표현이 다른 한글을 영어로 변환하면서 5단계에서 숙지한 템플릿과 4단계에서 연습한 표현들을 총동원하여 글을 쓰게 됩니다. 연습할 만한 글이 없어지면 한글로 된 동화를 찾아서 그걸 영어로 번역해보세요. 다채로운 표현과 상황 설명, 시제, 문단의 구성에 익숙해집니다.

7단계 : 지정 주제 지정 단어 영작

주제를 정해놓고 글을 쓴다는 점은 4단계와 같습니다. 하지만 7단계는 꼭 써야 하는 단어가 주어집니다. 그리고 주제도 깊어집니다. 예를 들어 '만약 과거로 시간여행을 할 수 있다면?'이라는 주제로 글을 써야 한다면 쓰고 싶은 내용을 먼저 생각해보세요. 이야기는 자유롭게 만들어도 됩니다. 내가 과거에 가서 하고 싶은 일, 내가 과거에 가면 경험할 것 같은 일, 3자를 과거에 보내면 나에게 일어날 일 등 과거로 시간여행이 가능한 세상이라는 설정에서 상상할 수 있는 어떤 이야기도 상관없습니다. 그렇게 주제에 맞는 줄거리를 설정하고 스스로에게 단어를 주세요. 본인이 선택한 단어가 아닌 예상치 못한 랜덤 단어여야 합니다. 단어 카드가 있다면 그것에서 아무거나 뽑아서 사용하고, 인터넷에 기초 영단어를 검색해서 눈감고 스크롤을 내리다가 골라도 좋습니다. 명사, 동사, 형용사를 기본으로 위치까지 추가하면 난이도가 높아집니다. 지정 단어는 전체 이야기에서 한 번만 쓰면 됩니다. 5문장으로 시작하여 점차 늘려보세요. 이전 단계에서의 글쓰기와 달리 쓸 내용을 정해놓고 예상치 못한 단어들을 그 내용에 맞춰서 글을 만들어내야 합니다. 창의성과 문장 및 문단 구성 능력을 기를 수 있습니다. 저희 학생 중 한 명은 위의 주제와 지정 단어 명사 Dog, 동사 Paint, 형용사 Tall/short, 위치 In the dining room를 가지고 이런 이야기를 만들었습니다.

A button was in a dining room. I pressed the button, and I was taken to Easter Island in 1000BC. Dogs and tall status were in the Easter Island and I painted my name on the status.

(식당에 버튼이 하나 있다. 나는 그 버튼을 눌렀다. 그리고 나는 기원전 1000년의 이스터 섬으로 끌려갔다. 그곳에는 큰 동상들과 개들이 있었고 나는 내 이름을 동상에 적었다.)

'내가 만약 영생한다면?'이라는 주제와 'Dog, Laugh, Slow/fast, In the mud'라는 지정 단어를 가지고는 이런 이야기를 만들었습니다.

A man is looking an ancient mural. There are a boy and a dog in the painting. They seem to be laughing in the mud. The man slowly appreciates the mural. Surprisingly, the boy is the man.

(한 남자가 고분벽화를 보고 있다. 그곳에는 한 소년과 개 한 마리가 그려져 있었다. 그들은 진흙탕 속에서 웃고 있는 듯 보였다. 그 남자는 천천히 그 벽화를 감상한다. 그런데 놀랍게도 그림 속의 그 소년은 바로 그 남자였다.)

1인칭 시점으로 적어도 좋고 3인칭 시점으로 적어도 좋습니다. 하나의 주제로 여러 가지 이야기를 만들 수 있습니다. 일주일에 한 번 글쓰기 연습을 한다면 주제 하나로 한 달을 연습해보세요. 초고를 작성하고 몇 시간 뒤에 퇴고하세요. 안 보이던 틀린 점이 보이고 추가할 이야기가 떠오를 것입니다.

글의 길이를 10문장 이상으로 늘리는 것은 추천하지 않습니다. 이 정도 수준이 되면 본인의 생각을 주절주절 꺼낼 수 있게 되는데, 정해진 주제와 줄거리 속에서 주절주절 길게 쓰는 것보다 간결하게 핵심만 담아 짧게 쓰는 것이 더 어렵고 좋은 글이기 때문입니다. 7단계를 쓸 수 있다면 일상 대화나 일상에서 써야 하는 글은 시간만 주어진다면 뭐든 표현할 수 있게 됩니다. 그리고 7단계를 사전의 예문 없이 술술 써내려 갈 수 있다면 영어를 외국어로써 쓰는 당신의 영어 실력을 두고 형편없다고 할 사람은 없을 것입니다.

8단계 : 한글 문단을 읽으면서 즉석 영작하기

마지막 단계는 다시 한-영 번역입니다. 한글로 된 글을 읽으며 영어로 즉시 번역하는 연습을 해보세요. 신문기사나 잡지의 글, 블로그, 책 등 어느 정도 난이도가 있는 글을 선정하여 그것을 즉석에서 영어로 바꿔보세요. 이것이 8단계인 이유는 '즉석'이라는 설정에 있습니다. 사전을 사용할 수 없습니다. 읽고 바로 영어로 바꿔보는 연습을 하는 겁니다. 글로 옮기는 것이 편해지면 그때부터는 즉석에서 말로 한영 번역을 해보세요. 영어 문장 구사 능력이 어느 정도 갖춰진 상태에서 이 연습은 순발력과 응용력을 기릅니다. 한글 단어에 맞는 영어단어를 몰라서 설명이 어려울 때, 그것을 내가 아는 다른 단어와 표현으로 풀어서 설명하는 훈련을 합니다. 물론 번역해야 하는 한글 단어의 수준에 따라 완벽한 설명이 어려울 수도 있습니다. 예를 들어 과학 용어라든지, 의학 용어는 완전히 상응하는 표현을 만들기 어려울 때가 있습니다. 하지만 상관없습니다. 그 글의 내용만 담고 있으면 됩니다. 이 연습으로 당신은 당신이 하고싶은 말은 그게 무엇이든 당신이 가진 영어 지식을 가지고 설명할 수 있게 됩니다.

비록 쓰기가 언어 학습의 마지막 단계라고는 하나 일전에 설명 드린 것처럼 '듣말읽쓰'는 서로 상호 보완적으로 서로를 도우며 시너지를 얻는 관계입니다. 듣기로써 영어라는 언어에 대한 부담감, 불편함이 사라진 이후부터 바로 1단계를 연습하세요. 당신의 영어 실력과 함께 단계가 올라갈 것입니다. 3단계만 되어도 본인의 의사표현이 가능해질 것이고 4단계부터는 생각할 시간이 주어진다면 해외여행에서 간단한 일상 회화가 가능합니다.

저의 학생들의 경우 주 1회 1시간씩 연습한 결과 수개월이 걸렸지만 매일 연습한다면 시간을 단축할 수 있습니다. 한국어도 그렇듯 글쓰기는 많이 써봐야 합니다. 누구도 당신의 글쓰기 능력을 빠르고 쉽게 성장시킬 수 없습니다. 외우는 행위는 이해하지 못했을 때 나타나는 지식 습득 패턴입니다. 위의 순서대로 차근차근 연습하면 단어나, 문법이나, 템플릿을 외우지 않고도 당신의 상시 기억에 저장시킬 수 있으며 이는 당신이 언제든 꺼내 쓸 수 있는 무기가 될 것입니다. 그리고 5단계부터는 당신의 말하기 능력이 함께 상승하는 것을 느낄 수 있습니다. 결국 쓰기와 말하기 모두 비슷한 처리 과정을 거치는 아웃풋의 방법이기 때문입니다.

읽기는 어떻게 연습해야 하나요?

읽기 능력은 나머지 듣기, 쓰기, 말하기를 돕는다

학교에서 영어 읽기를 배웠습니다. 사실 읽기 위주의 수업이었습니다. 초등학교 때는 그나마 인사말과 표현을 배웠는데 중학교부터는 지문을 읽고 이해하는 것이 수업의 전부였습니다. 주변에 보면 영어로 말은 못 해도 독해는 자신 있는 사람들이 있습니다. 언어 습득의 관점에서 읽기'만' 할 수 있는 것은 말하기와 듣기에 큰 도움이 되지 않습니다. 경험의 영역인 말과 달리 글은 반복과 암기로 훈련이 가능하기 때문입니다. 하지만 읽기'도' 할 수 있을 때는 상황이 달라집니다. 앞에서 언급했던 신의 능력, 악마와 계약해서 사람들의 수명이 보이는 〈데스노트〉의 주인공처럼 읽기 능력은 남들이 말하는 것을 글자로 띄워서 듣기 실력을 끌어올릴 수 있는 능력입니다.

〈노는영어〉로 영어를 습득하는 데 있어서 읽기 능력은 유용합니다.

1. 화면에 보이는 상황

2. 화자의 표정
3. 말의 높낮이
4. 영어 자막

총 네 가지 정보를 가지고 우리는 저 외국인이 뭐라고 떠드는 것인지 추측할 수 있습니다. 여기서 중요한 건 하나 더 추가된 정보의 종류가 아닙니다. 의미를 담은 글자를 읽는 것이 나머지 세 가지 정보들에게 주는 버프(Buff)입니다. 버프란 온라인 다중 접속 역할 수행 게임(MMORPG) 이용자들이 사용하는 용어로 대상의 능력을 향상시키는 마법을 말합니다. 영어 자막 읽기는 상황, 안면 정보, 소리 정보 모두에 영향을 주는 버프입니다.

현실에서 하는 대면 소통에서 우리는 상대방이 꺼내놓는 아웃풋을 인풋으로 받아들여 해석하는 과정을 거칩니다. 눈과 귀로 들어오는 모든 정보로 상대방의 의도를 파악합니다. 영상 콘텐츠를 시청하면 현실에서는 받을 수 없는 인풋 한 가지가 추가됩니다. 모르는 단어나 표현, 또는 말의 속도나 발음의 부정확함 때문에 대화의 흐름을 놓칠 때 영어 자막은 잘못 들은 어휘를 교정해주고 빨라서 놓친 표현을 되새기도록 만듭니다.

자신에게 맞는 흥미로운 콘텐츠만 찾는다면, 당신의 콘텐츠 인풋 해석 과정은 외국인과 대면 소통하는 것보다 효과적입니다. 지난 10년간 독해만 연습한 것에 아쉬워할 것 없습니다. 언어는 인풋 두 가지(듣기, 읽기) 아웃풋 두 가지(말하기, 쓰기)로 구성되어 있습니다. 각 요소는 서로에게 상호 보완적입니다. 어떤 인풋과 어떤 아웃풋이든 하나씩만 가져도 소통이 가능합니다.

능력이라고 하기에도 민망한 듣기와 읽기 능력을 가졌던 저도 영어를 사용하게 됐습니다. 100점 만점에 10점을 준 저의 듣기 실력은 소리를 듣고 그것이 영어임을 구분할 수 있었습니다. 많이 들어본 표현에 담긴 의미를 알았습니다. 억양을 가지고 질문인지 독백인지 구분할 수 있었습니다. 읽기는 조금 나았습니다. 명사와 동사를 구분할 수 있었습니다. 몇 가지 힌트로 유추하여 그것이 학교에서 하는 대화인지, 병원인지, 뉴스인지, 광고인지 구분할 수 있는 정도였습니다. 하지만 그 정도 읽기 능력도 영어를 습득하는 데 큰 도움이 되었습니다. 영어 자막이라는 추가 정보에 접근할 권한이 없었다면 저는 지금의 성취를 이루지 못했을 것입니다.

글을 읽을 때 우리는 눈으로만 읽거나 따라 읽는 두 가지 방법을 번갈아 가며 사용합니다. 이 두 가지 읽기법에 대해 생각해봅시다.

1) 눈으로 단어의 모양만 보면서 읽기

모국어나 그에 준하는 유창함을 지닌 언어에서 사용하는 읽기법입니다. 당신이 이 부분까지 글을 읽는 동안 당신의 시선은 문장을 따라 움직이고 있었습니다. 그 과정에서 눈에 들어오는 익숙한 모양의 덩어리들, 그것의 모양만 보고 이해하는 방식으로 읽은 것입니다. 예를 들어보겠습니다.

"가시덤불 속에 가시가 있다는 걸 알지만, 그래도 손 내밀어 꽃을 발견하려는 일을 그만두지 않는다. 인생도 이와 같다."
- 조르주 상드(George Sand)

위의 문장을 읽고 이해하셨을 겁니다. 그런데 이 문장이 당신에게 어떻게 이해된 것인지 생각해보셨나요?
가.시.덤.불.속.에.가.시.가.있.다.는.걸.알.지.만.

한 글자씩 읽지 않았을 겁니다. 띄어쓰기를 기준으로 단어들을 훑고 지나가면서 각 단어의 이미지가 머릿속에 떠오르며 이해됐을 겁니다. '가시덤불'이라는 부분을 지날 때 머릿속에 가시덤불이 떠오르고, '가시가 있다'에서 확대된 가시의 이미지. 손을 내미는 모습, 덤불 속 꽃송이의 모습, '그만두지 않는다'에서 멈추지 않겠다는 의지, '인생', '같다'에 대한 인상. 수초 안에 이뤄진 훑고 이해하는 과정이 바로 읽기의 첫 번째 방법 눈으로 읽기입니다. 생각이 필요 없습니다. 글자를 읽을 필요도 없습니다. 그저 단어들의 집합인 문장을 훑으면 이해가 됩니다. 이것이 한국어로 책을 읽고 있는 당신이 지금껏 사용한 방법입니다.

〈노는영어〉를 한 지 5년째, 최근에야 영어를 덩어리 단위로 훑으면서 읽는 것이 가능해졌습니다. 자막을 소리와 함께 읽다 보니 그들이 말하는 속도로 읽는 것이 익숙합니다.

여전히 모르는 단어는 많지만 의미를 추측할 수 있는 단어가 많아졌습니다. 스펠링도, 정의도 모르지만 눈에 들어오면 그것의 의미가 머릿속에 떠올라서 문장을 이해할 수 있습니다. 문장을 따라 눈으로 훑으면 익숙한 단어들이 덩어리로 이해됩니다. 아래의 글을 한번 보시죠.

Try to read this!(이 글을 읽어보세요!)

fi yuo cna raed tihs, yuo hvae a sgtrane mnid too.

Cna yuo raed tihs? Olny 55 plepoe out of 100 can.

I cdnuolt blveiee taht I cluod aulaclty uesdnatned waht I was rdanieg. The phaonmneal pweor of the hmuan mnid, aoccdrnig to a rscheearch at Cmabrigde Uinervtisy, it dseno't mtaetr in waht oerdr the ltteres in a wrod are, the olny iproamtnt tihng is taht the frsit and lsat ltteer be in the rghit pclae. The rset can be a taotl mses and you can sitll raed it whotuit a pboerlm. Tihs is bcuseae the huamn mnid deos not raed ervey lteter by istlef, but wrod as a wlohe. Azanmig huh? yaeh and I awlyas tghuhot slpeling was ipmorantt!

읽을 수 있었나요? 그랬다면 당신은 영어 단어를 덩어리로 받아들일 수 있는 능력을 가진 것입니다. 위 글의 내용은 이렇습니다.

If you can read this, you have a strange mind too.
Can you read this? Only 55 people out of 100 can.
I couldn't believe that I could actually understand what I was reading. The phenomenal power of the human mind, according to a researcherat Cambridge University, it doesn't matter in what order the letters in a word are, the only important thing is that the first and last letter be in the right place. The rest can be a total mess and you can still read it without a problem. This is because the human mind does not read every letter by itself, but word as a whole. Amazing huh? Yeah and I always thought spelling was important!

(만약 당신이 이 글을 읽을 수 있다면, 당신도 이상한 능력을 가진 것입니다.
이 글을 읽을 수 있나요? 오직 100명 중 55명만이 이 글을 읽을 수 있습니다.
저도 제가 이 글을 읽을 수 있다는 사실을 믿을 수 없었습니다. 케임브리지 대학의 한 연구에 따르면 인간은 경이로운 능력을 가지고 있습니다. 한 단어의 글자들이 어떤 순서로 나열되어 있는지는 중요하지 않습니다. 정말 중요한 것은 각 단어에서 첫 번째와 마지막 글자가 제자리에 있느냐는 것입니다. 나머지는 완전히 엉망이 되어도 당신은 여전히 문제없이 글을 읽을 수 있습니다. 왜냐하면 인간은 단어를 읽을 때 모든 글자를 하나하나 읽지 않고 각 단어를 하나의 덩어리로 읽기 때문입니다. 놀랍지 않나요? 난 항상 철자가 중요하다고 생각했는데!)

한글도 마찬가지입니다. 인터넷에 올라온 게시글 중 '외국 숙박업소 후기 쓰는 법'이라는 글에서 발췌했습니다. 외국인이 번역기로 알아볼 수 없도록 한국인만 이해할 수 있는 후기를 남기는 방법을 공유한 글입니다.

1. "이말거고 지처금럼 네짜글씩 순바서꿔 써돼도요.
   이하상게 한인국은 읽수을가 있든거요. 이역거시 번기역론 안와나요.
   채있미는 훈정민음. 세대종왕 만세만다."

2. "한꾹인뜰만알아뽈쑤있께짝썽하겠씁니따.
   히까씨이케부쿠로역에썬
   30초또안껄릴 만끔가깝찌만 쑥쏘까많이 낙후뙤어있꼬
   엘베없꼬4층이라짐많으면깨꼬쌩합니따.
   빠뀌뻴레나왔꼬 화쨩씰 많이낡았씁니따.
   끄래서 똥 역화쨩씰까써 썼씁니따
   쩔때 여끼로오찌마쎄요!
   뜨럽꼬 낡꼬 꼐딴을 쭝아하씨는 뿐만 까쎄요!"

3. "일 흘긴를 한국인엔겐 받칩닡담 윈친뺀곤 좋은겐
   없언윰 진짠 딱 곤급진 곤신원같습딘담 옆방엠
   삭는 짱깰덕분엠 잠 못쟜습딘담 윔친는 좋음딘깔
   진짜 잘 곳만 필욤한 분들은 사용한셈윰"

1번 글은 위의 영어 예문과 같이 첫 번째와 마지막 글자를 제외한 나머지 글자의 순서를 바꾼 글이고, 2번과 3번은 자음과 받침을 바꾼 글입니다. 정상적인 글처럼 한눈에 들어오지는 않지만 조금만 집중하면 어렵지 않게 이해할 수 있습니다.

　영어도 이렇게 읽을 수 있게 만들어야 합니다. 방법은 하나입니다. 많이 읽는 것. 영문을 많이 읽으세요. 읽으면 이해가 되야 하는데 초반에는 이해가 어렵죠. 그래서 영어 자막 달고 콘텐츠 시청이 효과적인 것입니다. 영어 자막 읽기는 콘텐츠의 이해를 도울 뿐만 아니라 읽기 능력 향상에 큰 도움이 됩니다.

2) 따라 읽으면서 내용을 이해하는 읽기

　제가 책을 읽을 때 사용하는 방법입니다. 저는 책을 제외한 모든 콘텐츠를 영어로 소비합니다. 앞에서 거듭 강조했다시피 더 이상 여가 시간에 한국어로 뭔가를 소비하는 것은 시간 낭비라고 생각합니다. 하지만 책은 한글로 봅니다. 영어 읽기는 자막, 신문기사, SNS, 온라인 댓글로 훈련합니다. 그 이유는 시간과 효율입니다. 제 영어 실력이 아무리 향상해도 한국어 실력을 넘을 것이라고 생각하지 않습니다. 비슷한 수준이라도 되기를 바라지만 그럴 수 없다는 것을 저는 잘 압니다.

　시간을 정해놓고 독서를 하는 편입니다. 같은 시간 읽을 수 있는 텍스트의 양이 영문과 한글이 크게 차이가 납니다. 또한 같은 양을 읽어도 이해하는 정보의 질이 다릅니다. 저는 읽고 쓰고 배우고 가르치는 사람입니다. 깨어 있는 하루 중 일부를 읽기에 투자하여 정보를 얻습니다. 비효율적인 방법으로 읽기에는 시간이 부족합니다. 또한 저는 한글로 글을 쓰는 사람입니다. 많이 읽어야 잘 쓸 수 있습니다. 그래서 책만큼은 한글로 읽습니다.

　그전에는 1의 방법으로 책을 읽었습니다. 빠르게 읽을 수 있습니다. 문장과 문장 사이를 휙휙 넘어다니고 때로는 문단의 시작과 끝만 읽고 내용을 추측합니다. 가벼운 글을 읽을 때는 아무런 문제가 없었습니다. 그러나 내용이 깊고 단어가 난해한 글을 읽을 때는 다 읽고 처음으로 돌아가야 할 때가 있습니다. 의미가 한 번에 들어오지 않기 때문에 진도는 나갔으나 남은 게 없는 상황. 비효율적입니다.

한글을 2의 방법으로 모국어가 아닌 것처럼 읽어봤습니다. 단어 하나하나를 따라 읽었습니다. 눈으로만 읽을 때보다 속도는 느리지만 내용이 확실히 이해됩니다. 머릿속으로만 따라 읽어도 이해가 상승하는데 소리 내어 읽으면 어떻겠습니까. 영문 읽기를 훈련할 때 2의 방법으로 집중해서 해보세요. 물론 따라 읽는다고 모르는 단어의 의미를 알게 되는 것은 아닙니다. 많이 보고 추측하는 영어 자막 읽기의 과정을 충분히 거치고 어려운 영문을 읽을 때 시도해보세요.

물론 이 읽기법에도 단점이 있습니다. 집중이 금방 흐트러집니다. 조금 더 자세히 말하자면 잡생각이 자꾸 떠올라서 읽기를 방해하는 경우가 많습니다.

'집중해서 천천히 읽는데 집중이 흐트러진다고?'

예를 들어보죠. 빠른 속도로 차를 운전할 때, 우리는 전방을 주시하고 오로지 운전에만 집중하게 됩니다. 다른 곳에 줄 마음의 여유가 없습니다. 하지만 천천히 운전할 때는 운전이 지루합니다. 낮에 있었던 일도 생각나고, 괜히 핸드폰도 확인하고 싶고, 잡생각으로 머릿속이 시끄럽습니다. 글을 읽을 때도 마찬가지입니다. 1의 방법은 빠르고 집중이 잘되나 글에 따라 이해가 안 될 때가 있습니다. 2는 느리고 이해가 잘되지만 집중이 오래가지 않습니다. 당신의 실력과 목적에 맞게 1과 2를 조합하여 읽는다면 효율과 능률을 동시에 잡을 수 있습니다.

▶ 08

다양한 영어 공부 방법이 있잖아요

재미있고 쉬운 걸로는 〈노는영어〉가 1등!

저는 지금껏 〈노는영어〉가 최고의 영어 습득법이라는 주장을 펼쳤습니다. 정말 〈노는영어〉가 유일한 답일까요? 본인의 영어 공부 목적에 따라서 최적의 접근법도 달라집니다. 빠르게 영어 시험 성적이 필요하다면 〈노는영어〉는 시간 낭비입니다. 6개월에서 1년 동안 학원에서 족집게 강의를 듣고 공부하세요. 그러나 시간적 여유가 있다면 〈노는영어〉부터 시작하세요. 강의도 시험도 한결 쉬워질 것입니다.

대학원에서 영어로 논문을 읽고 써야 한다면 〈노는영어〉는 취미로 두고 논문을 많이 읽으세요. 그것이 글이든 말이든 언어는 많이 접해서 익숙해져야 합니다. 깨어 있는 시간 내내 공부만 할 것이 아니라면 여가 시간을 영어로 노세요. 영어로 논문을 써야 하는 사람이 한국어 콘텐츠를 소비하는 것 역시 시간 낭비입니다. 영어로 놀고 영어로 정보를 얻으세요. 당신의 논문 작성에 강력한 버프가 될 것입니다.

위에 언급한 예외의 상황은 '영문'에 치중한 영어가 급할 때입니다. 그럼 영어, 즉 회화는 〈노는영어〉가 답일까요? 쉽고 재미있는 방법과 어렵고 지루한 방법 중 후자를 선택할 사람은 없습니다. 원어민 부모나 원어민 친구가 없는 사람이 집 밖에 나가지 않고 본인의 여가 시간에 놀면서 배우는데 이보다 쉬운 게 있을까요? 미국 드라마를 많이 보면 영어가 는다는 말을 많이 들어보셨을 겁니다. 실제로 몇 달 시도해본 사람도 있겠죠. 하지만 금방 포기하고 맙니다. 짧은 시간에 변화가 보이지 않으니 이 방법은 틀렸다고 믿기 때문입니다.

미디어에서 몇 달이면 귀가 뚫리고, 입이 트인다고 광고를 하니 그걸 접하는 우리는 몇 달 만에 결과가 나타나지 않으면 틀린 방법이라고 생각해버립니다. 기계적 문제 풀이의 기술은 가능합니다. 하지만 언어는 짧은 시간에 배울 수 없습니다. 하루에 몇 시간씩 연 단위로 투자해야 익숙해지는 것이 언어입니다. 그럼에도 비교적 적은 시간 투자로 영어가 늘 수 있다고 알려진 공부법들이 있습니다. 그것에 대해 알아봅시다.

1) 전화영어

원어민과 하루 10~20분 전화통화를 하면서 영어를 배우는 방법입니다. 외국인이 원하는 시간에 전화를 걸어주고 몇 가지 질문으로 대화를 주도합니다. 원어민과 대화할 기회가 적은 우리에게는 좋은 기회로 보입니다. 좋은 방법임에는 틀림이 없습니다. 하지만 대상 설정이 잘못됐습니다. 전화영어는 해본 적 없는 말을 즉석에서 꺼낼 수 있는 수준의 영어 사용자가 실력을 유지, 발전시킬 때 유용합니다. 초보에게는 시간 낭비, 돈 낭비라고 말씀드리고 싶습니다. 왜냐하면 전화 통화는 회화의 마지막 단계거든요.

식당에서 주문을 할 때 우리는 보고 들리는 시청각 정보로 상대의 말을 추측할 수 있습니다. 하지만 전화를 할 때는 귀에 대고 있는 기계에서 흘러나오는 목소리만 가지고 표정도, 입 모양도, 심지어 상대의 얼굴도 모르는 상태로 듣고 이해해야 합니다. 듣기는 듣기인데 상대의 의미를 추측할 수 있는 정보가 소리뿐인 듣기죠.

길에서 모르는 사람과 대화를 하는 것은 긴장되지 않습니다. 친구들이 보는 앞에서 영어를 해야 하는 상황도 괜찮습니다. 하지만 지금도 영어로 전화통화를 해야 할 때면 긴장이 됩니다. 상대방의 말을 이해하지 못할까 봐, 나 또한 목소리밖에 전달할 수 있는 정보가 없으니 신경 써서 말해야 합니다. 영어를 잘하고 싶어서 전화영어를 고려하는 분은 다시 한 번 잘 생각해보세요. 차라리 외국인과 직접 만나서 대면 소통하는 것은 도움됩니다. 당신의 지금 레벨과 상관없습니다. 전화통화와 대면 대화는 주고받는 정보의 양과 질이 다릅니다.

2) 그룹 스터디

영어 회화를 잘 하고 싶은 사람들끼리 스터디 그룹을 만드는 것입니다. 저는 긍정적으로 봅니다. 하지만 이왕 시간과 노력을 투자한다면 몇 가지 신경 써야 하는 조건이 있습니다.

첫째, 공부하지 말라.

이름은 스터디 그룹이지만 공부는 하지 마세요. 독해나 문법, 자주 쓰는 표현을 공유하면서 외우고 연습하는 것은 그룹 스터디의 본질을 흐립니다. 여럿이 회화를 하고자 모였으면 오로지 말만 해야 합니다. 상황, 주제, 질문만 정해놓고 그것에 대해 이야기하세요. 좋은 표현을 공유하고자 한다면 표현 하나를 가지고 그룹원들끼리 응용 표현을 사용하는 연습을 하세요. 그 문장이 들어간 말을 해도 좋고, 그 문장에서 단어만 바꿔서 다른 표현으로 만들어도 좋습니다.

남들이 만든 표현에서 영감을 받고, 몰랐던 단어를 알게 되고, 남들의 말을 들으면서 발음과 억양을 교정하고, 비록 완벽하지 않지만 남 앞에서 영어로 말하는 것이 부끄럽지 않다는 것을 깨닫는 것이 영어 회화 스터디그룹에서 기대할 수 있는 이점입니다.

둘째, 한국말을 쓰지 말라.

너무 당연한 이야기죠? 하지만 대부분 지켜지지 않습니다. 그룹원 모집 단계부터 시간 및 장소 조정, 사전 연락 모든 과정에서 영어만 사용하세요. 우리가 영어를 못하는 이유는 영어를 쓸 상황이 적어서가 아닙니다. 영어'만' 써야 하는 상황이 적어서입니다. 그룹원들과는 어떤 상황에서도 한국말을 쓰지 말고 영어로만 소통하세요. 영어에는 반말이 없습니다. You(당신)라는 존댓말만 존재하죠. 상대에 따라 다른 호칭을 써야 하는 한국말과 달리 영어는 상대를 봐가며 신경 쓸 것이 없습니다. 누구에게나 편하게 말하고 대화할 수 있습니다. 만약 한국어로 시작된 그룹이 스터디 모임 때만 영어를 쓴다면 호칭이 불편할 것입니다. 저 사람이 형이라는 인식이 박히기 전에 You로 만드세요.

셋째, 원어민이 필요하다.

인간은 사회적 동물입니다. 구성원의 행동과 말투를 자기도 모르는 사이에 따라 합니다. 그룹 스터디도 마찬가지입니다. 아무리 영어로만 대화해도 그룹의 영어 실력은 그 그룹에서 가장 영어를 잘하는 사람의 수준을 넘을 수 없습니다.

제가 미국에서 어학원을 다닐 때 그곳엔 외국인뿐이었습니다. 중국, 일본, 태국, 사우디아라비아에서 온 친구들과 소통할 방법은 영어밖에 없었습니다. 훌륭한 영어 사용 기회입니다. 하지만 영어를 배우는 랭귀지스쿨에 원어민이 있을 리가 없죠. 우리끼리 영어로 매일 떠들어봐야 거기서 거기, 비슷한 수준의 대화만 오고 갔습니다. 발음과 억양은 잘하는 사람을 보고 따라 하면서 느는 것인데, 모두가 초보이니 보고 배울 사람이 없었습니다. 그룹 스터디도 마찬가지입니다. 한국인끼리 하는 그룹 스터디는 영어에 대한 막연한 두려움을 없애고 자신감을 얻는 것까지는 가능하지만 준비한 내용과 그룹 내의 영어 최대치를 벗어날 수 없습니다. 그룹에 원어민을 데려오세요.

'말이 쉽지 원어민을 어디서 어떻게 데려오냐!'
'데려올 원어민이 있었으면 우리끼리 이러고 있겠냐!'

생각해보세요. 우리는 한국어를 쓰는 나라에서 영어를 배우고자 하는 사람들입니다. 현재 한국은 영어를 쓰는 외국인들로 넘쳐납니다. 이곳에 온 외국인들은 우리와 반대로 한국어를 배우고 싶어합니다. 아무리 영어가 세계 공용어라고 해도 한, 중, 일 삼국에서는 여전히 현지 언어 능력이 필요합니다. 또한 현지에 살면서 현지 언어를 배우지 않는 것만큼 시간 낭비도 없습니다. 한국어를 배우고 싶은 영어 원어민을 찾아서 그룹에 초대하세요. 언어 교환을 제안하는 것입니다. 틴더, 범블, MEEFF 등 친구 만드는 앱에서 찾아도 좋고, SNS나 오픈 채팅에서도 쉽게 찾을 수 있습니다. 발음과 억양의 기준점이 될 원어민이 있는 것만으로도 그룹원들의 영어 실력은 비교할 수 없게 향상됩니다. 실제로 저는 원어민과 대화할 때와, 영어가 제2의 언어인 사람과 대화할 때 발음, 억양, 표현이 달라집니다. 저도 모르게 거울처럼 상대방을 따라 하기 때문입니다.

3) 인터넷 강의
시험을 위한 영어를 준비할 때는 인터넷 강의가 최고라고 생각합니다. 하지만 회화는 아닙니다. 대화는 서로의 의미를 주고받는 것입니다. 주기만 해도 안 되고 받기만 해도 안 됩니다. 그러나 영어 회화 인터넷 강의를 보면 주는 법만 가르칩니다.

'이런 상황일 때 할 수 있는 표현은 이러이러한 게 있다.'

'이러이러한 말을 하고싶으면 이런 표현을 사용하면 된다.'

'이 표현을 잘 숙지하자. 여기에 단어만 바꾸면 여러 가지 말을 할 수 있다.'

분명 경험과 노력이 담긴 유용한 정보입니다. 내 것으로 만들어서 사용하면 생각을 영어로 표현하는 데 큰 도움이 됩니다. 하지만 말하기만 해서는 대화가 되지 않습니다. 상대의 대답을 듣고 이해해야 대화를 이어갈 수 있습니다. 그런 점에서 영어 회화를 가능하게 해준다고 하는 인터넷 강의는 비효율적입니다. 이미 듣고 이해할 수 있는 사람에게는 적합할지도 모릅니다. 그러나 0에서 시작하는 사람들에게는 희망고문일 뿐입니다.

언어는 듣기가 최우선입니다. 들을 수 있게 된 다음 말하기든, 읽기든 쓰기든 나머지 세 가지 요소가 함께 어우러져 당신의 전반적인 영어 실력이 향상됩니다. 듣기가 배제된 상태에서 다른 것을 배우면 균형이 맞지 않습니다. 영어 회화 인터넷 강의는 듣기를 터득한 후에 시작하세요. 앞서 설명했듯이 귀를 뚫기 위해 뭔가를 외우고 공부할 필요는 없습니다. 그저 많이 보고 들으세요. 많이 보려면 지루하지 않아야겠죠. 영어로 노세요. 그 내용을 영어로 말할 수는 없는데 이상하게 이해는 되는 상태, 그 상태가 영어를 영어로서 이해하는 상태입니다. 그때가 되면 영어 회화 인터넷 강의가 큰 역할을 합니다.

아무것도 모르는 상태에선 뭘 하든 공부이고 해야 하니까 하는 일이 됩니다. 일단 놀면서 즐기세요. 해야 하는 일이 아닌 하고 싶은 일로 만드세요. 그런 다음에 추가적으로 실력 향상에 도움을 받고자 할 때 전화영어, 그룹 스터디, 인터넷 강의 중에 골라서 당신의 영어 놀이 생활에 자극을 주세요. 그거면 충분합니다.

09

유학은 필수일까?

영어가 저절로 이해되는 수준까지 3년, 미국에 살았기 때문이 아니었다

"영어 많이 늘었겠다." 미국에 살면서 "잘 지내?" 다음으로 많이 들은 말입니다.

'외국인들과 생활하며 외국어만 사용하는 환경에 던져지면 아무래도 한국에서보다 외국어가 빨리 늘지 않을까…? 나도 외국에 다녀와야 하나…? 유학을 가지 않으면 외국어는 배울 수 없는 걸까…?'

저도 같은 생각이었습니다. 2013년 어느 날, 직접 부딪혀서 영어와 서양의 문화를 배우고 싶다는 충동에 저는 도망치듯 미국으로 떠났습니다.

영어 실력은 형편없었습니다. 워싱턴주의 잠 못 이루는 도시 시애틀에서 차로 20분 거리에 위치한 도시 디모인스(Des Moines)에 제가 다니던 어학원이

있습니다. 레벨 테스트를 봤습니다. 객관식으로 이뤄진 읽기 테스트, 그리고 매니저와 1:1 면접으로 회화 능력을 테스트했습니다. 읽기 테스트는 빈칸에 알맞은 단어를 넣거나 틀린 곳을 찾는 평범한 문법 문제였습니다. 아는 것이 없었습니다. 인터뷰는 지난 여름에 뭐했냐는 질문이었는데 "I like swim, I go swim with friend, I like water."라고 답했습니다.

그날의 인터뷰 기억은 너무나 생생합니다. 제2의 언어가 신기한 것이, 이 언어가 편해졌음에도 이 언어가 불편했을 때의 생각 패턴이 기억 난다는 것입니다. 그렇게밖에 대답할 수 없었을 때로 언제든지 돌아갈 수 있을 것처럼, 마치 영어를 사용할 수 있는 새로운 내가 덧씌워진 것처럼 느껴집니다. 그것이 이제 당연하게 느껴지지만 문득 색안경을 벗고 내 자신을 바라볼 때면 묘한 감정이 듭니다. 영어가 들리면 자동으로 이해되는 현상이 그렇습니다.

이해됨을 경험하는 와중에도 문득 정신을 차려보면 '내가 어떻게 이해하고 있는 거지?'라는 생각이 듭니다. 그것이 언어라고 인지하는 순간 그 목소리의 일정한 패턴은 약속이라도 한 듯 이미지가 되어 머릿속에 의미로 전달됩니다. 이렇게 되기까지 3년이 걸렸습니다. 미국에 살았기 때문은 아닙니다. 2년 동안은 벙어리로 살았거든요.

나는 미국에서 2년 동안 번역기 수준의 영어만 했다

어학원에서 배우는 것은 한국에서 배우던 것과 크게 다르지 않았습니다. 불규칙 동사 3단 변형을 외우고 문법을 익혔습니다. 미국은 뭔가 다를 줄 알았는데 크게 다르지 않은 교육 방식에 실망도 했습니다. 그러나 다른 점이 하나 있었습니다. 그 모든 것을 영어로 배운다는 것입니다. 영어를 모르는 사람이 영어를 영어로 배우는 것. 해보기 전엔 감이 안 옵니다. 이해하지 못할 것만 같습니다. 하지만 이마저도 적응됩니다. 어느새 수업을 이해하고 있습니다. 이유는 모릅니다. 그냥 듣다 보니 꼬부랑 말에서 패턴이 보이고 규칙이 감지되고 의미가 전달됩니다.

어학원에서 5개월 동안 영어를 배우고 칼리지에 입학했습니다. 대학 수업을 들을 수 있다니 영어를 잘할 것 같죠. 여전히 형편없습니다. 주제와 진도가 정해져 있는 수업은 생각보다 이해하기 쉽습니다. 추측할 수 있는 정보가 상대적으로 많습니다. 책도 있고 배경지식도 있습니다. 오히려 어려운 건 일상 대화입니다. 무슨 말이 나올지 알 수 없습니다. 또박또박 말해주지도 않고 내가 경험해보지 않은 문화나 추억에 관한 이야기는 도무지 감이 오지 않습니다. 대학 수업은 들을 수 있는데 미국인 친구들과는 할 이야기가 없었습니다. 문화도 유행도 추억도 공유하는 게 없기 때문입니다. 가끔 나에게 하는 질문에 답하고 나도 뭔가 질문하고 고개를 끄덕이는 것이 대화의 전부였습니다.

영어로 질문을 주고받는 회화가 누군가에겐 영어 실력자로 보일 수도 있습니다. 하지만 그것은 대화라고 할 수 없습니다. 번역기로 대체될 수 있는 수준이거든요. 번역기도 대학 수업을 이해할 수 있습니다. 상대방의 질문도 이해할 수 있고 나의 대답도 번역해서 전달할 수 있습니다. 그러나 번역기는 일상 대화를 할 수 없습니다. 내 감정이 담긴 혼잣말을 번역할 수 없고, 말에 담긴 무게를 상대에게 전달할 수 없습니다. 주절주절 내 감정을 언어에 담아 상대방에게 전달하고 싶지만 번역기는 핵심만 전달합니다. 저는 2년 동안 번역기 수준의 영어만 할 수 있었습니다. 친구를 사귀지도, 그곳의 문화를 이해하지도 못한 채 일상생활이 불편하지 않은 것에 만족하며 제 영어 실력에 대한 불만을 나이를 핑계로 감추고 살았습니다.

외국으로 유학을 다녀왔는데 영어를 못하는 사례를 들어봤을 것입니다. 실패의 근본적인 이유는 그들이 외국에서 살다가 왔지만 사는 공간만 바뀌었을 뿐 한국 문화로 생활했기 때문입니다.

외국인으로 둘러 쌓인 곳에 살지만 한국인들과 한국말로 대화하고, 한국 방송을 챙겨보고, 한국의 친구들과 온라인으로 소통하며 외로운 타지 생활을 견디는 학생들. 그들은 몸만 외국에 있었을 뿐, 정신은 한국을 떠난 적이 없기에 수년을 보내고도 언어와 문화를 체득하지 못합니다.

내 방에서 누리는 영어 문화권 생활!

언어와 문화를 경험하는 데 있어서 공간의 변화가 주는 영향이 작다면, 한국 문화와 일상을 유지한 채로 외국에서 사는 것이 가능하다면, 한국에서 살면서 외국의 문화와 일상을 누릴 수 있지 않을까? 그것이 〈노는영어〉의 핵심입니다.

언어와 문화는 깊게 연결되어 있습니다. 언어를 모르면 문화를 이해할 수 없고 문화를 모르면 사용할 수 있는 언어도 제한적입니다. 〈노는영어〉를 하는 사람들은 자기 방에서 영어 문화권 생활을 하게 됩니다. 영어로 강의를 듣고, 영어로 된 TV쇼, 드라마, 영화, 만화를 봅니다. 또한 사람들과 영어로 소통합니다. SNS에서 만나 생각을 주고받고 떠들게 됩니다. 문 밖에는 정겨운 한국 문화가, 방 안에는 자유로운 외국 생활이 공존하는 'Multi-Culture Experience'. 이것이 〈노는영어〉입니다.

한국 사람들이 영어를 못하는 이유는 '영어를 쓸 일'이 없어서가 아닙니다. '영어만 써야 하는 일'이 없기 때문입니다. 영어가 아니면 생각을 표현할 수 없는 상황이 와야 우리는 모든 지식을 총 동원하여 영어로 말하게 됩니다. 틀려도 상관없다. 손짓 발짓 다 써가며 의미를 전달하는 연습이 필요합니다. 허공의 상대가 한국말을 못 하는 사람이라고 생각하고 연습해야 합니다. 한국어 모드를 끄고 영어로 생각해야 합니다. 내가 영어밖에 못 하는 사람이라고 생각하는 것입니다.

언어를 습득하는 데 중요한 것은 환경이 아닙니다. 노출과 적응입니다. 환경이 바뀌면 노출과 적응할 기회가 많아지는 것은 사실입니다. 하지만 지금은 외국에 살지 않아도 영어에 노출될 기회가 무궁무진한 시대입니다. 외국인들에게 둘러 쌓여 나와 관계없는 그들의 이야기만 어깨 너머로 듣는 것보다, 내가 관심 있는 이야기를 영어 자막과 함께 원하면 돌려 볼 수 있는 권능을 가지는 것이 당신의 언어 적응에 효과적입니다. 미국에서 한국어와 한국 문화로 살 수 있다면 한국에서도 영어와 영어 문화로 살 수 있습니다. 미국으로 가지 말고 내 방으로 유학 가세요. 매일, 당신이 원하는 시간에요.

▶ 10

듣기, 아무리 들어도 헷갈려요

아는 게 없어도 듣기부터 시작해야 하는 이유

Up? Of?

He is? He has?

Can? Can't?

듣고 또 들어도 헷갈리는 영어 표현들에 대한 고민을 털어놓는 분들이 있습니다. 단어도 많이 알고 문법도 익숙해서 독해는 자신 있는데 듣기가 어려워서 영어에 자신이 없는 분들. 원인이 뭘까요? 여기까지 읽으셨다면 뻔한 원인과 뻔한 답을 내놓을 것을 예상할 겁니다.

'많이 안 들어서 그런 거라고? 나도 안다. 근데 난 나름 많이 들었다고 생각하는데?'

듣기가 고민이라고 하시는 분들 중에 듣기 연습을 안 해본 분은 찾기 어렵습니다. 영어에서 듣기라는 명확한 고민거리가 존재하고 그것이 삶에 나름 중요한 고민이어서 누군가에게 상담을 요청할 정도의 관심을 가진 사람들은 후회하지 않을 만큼 충분한 노력을 해본 뒤에 고민을 털어놓기 마련이니까요.

고민의 종류도 다양합니다. 위에 언급한 것처럼 비슷하게 들리는 표현을 구분하는 어려움부터, '말이 빨라지면 뭐라고 하는지 모르겠어요.', '연음, 슬랭 때문에 이해가 안 돼요.', '듣기에 나올 수 있는 모든 단어와 표현들을 어떻게 준비해야 하는지 막막해요.' 등 모두 공감하지 않을 수 없는 고민입니다. 저도 같은 고민을 했었으니까요. 듣고 이해하는 것, 내 언어에서는 별것 아니게 느껴지는데 다른 언어에서는 그 벽이 왜 이리 높기만 한지, 그런데도 저는 듣기가 언어의 시작이라고 주장하고 있습니다.

'뭘 알아야 듣고 이해할 텐데 뭘 알기 전에 듣기부터 하라고?'

문제의 답은 방금 언급한 한 문장에 있습니다. '내 언어에서는 별것 아니게 느껴지는데….' 모국어인 한국어 듣기가 어렵지 않은 이유는 너무나 당연합니다. 생각을 할 필요가 없이 소리 정보가 입력되는 순간 그 의미가 머릿속으로 전달되기 때문입니다. 지금 주변에 들리는 한국어를 들어보세요. 조용한 방에 혼자 있다면 TV나 유튜브를 틀어도 좋습니다. 5초만 들어보세요. 뭐라고 하나요?

'뭐 이런 질문을….' 너무 뻔해서 답하기도 싫죠. 그런데 그 당연한 소리가 당신에게 이해되는 과정을 관찰해보세요. 우리가 어떤 소리를 들으면 뇌는 먼저 그것이 소음인지 언어인지 구분합니다. 그리고 언어라고 구분된 소리는 자동적으로 그간에 입력된 소리의 약속들에 따라 의미로 전환되어 당신에게 전해집니다. 여기서 당신은 뇌가 아닙니다. 뇌에게서 정보를 전달받는 '경험하는 당신'입니다. 당신의 얼굴 뒤에서 이 세상을 경험하는 그 존재 말입니다.

한국어가 모국어인 당신이 '오이'라는 소리를 들었을 때 그것의 글자 모양을 떠올리거나, 오이의 정의를 떠올리는 일은 없습니다. 당신에게 있어서 오이라는 소리가 가지는 이미지, 누군가는 오이의 모양, 누군가는 오이의 맛, 누군가는 오이의 향기, 그리고 또 누군가는 오이라는 야채가 떠오르게 하는 추억이 생각납니다. 어떤 냄새나 맛, 음악을 들을 때 그것과 연관된 당시의 추억이 떠오른 적 있죠? 그것처럼 특별하지 않아서 그럴 뿐 우리는 대부분의 대상을 오감으로 경험한 기억으로 기억합니다.

많이 듣는 것도 중요하지만, 어떻게 듣는지도 중요하다

그럼 들려오는 소리를 이해하기 위한 어떤 노력도 필요하지 않은 상태가 우리의 한국어 듣기 상태인데 왜 영어는 들은 것을 분석해서 이해하려고 하는 걸까요?

언어는 생각을 담아서 전달하는 도구일 뿐이고, 한반도에 사는 우리가 한국어를 쓰듯, 아메리카 대륙에 사는 우리와 생김새가 다른 인간들이 쓰는 방언이 영어입니다. 한국어처럼 영어도 아무런 노력없이 그저 듣고 이해가 되도록 만들어야 합니다. 하지만 우리는 그렇게 연습하지 않았죠. 가만히 듣고 집중해서 들려오는 소리를 글자로 변환하여 해석하는 식으로 연습했습니다. 그래야 듣기 평가 시험을 잘 볼 수 있었으니까요.

듣기 능력 향상을 위해 노력한 분들의 공부법은 다양합니다. CNN 뉴스 듣기, 1시간 연속재생 회화 콘텐츠 듣기, 영어 라디오 틀어놓기, 전화영어 등. 물론 안 하는 것보단 낫습니다. 그러나 비효율적이고, 수준에 맞지 않고, 언어 습득의 본질과 동떨어진 방법입니다. 그래서 발전이 더디게 느껴지고 포기하게 되는 것입니다. 위 공부법들의 공통점이 있습니다. 바로 '듣기만' 한다는 것입니다.

반복적으로 많이 듣는 것이 듣기에 도움이 되는 것은 분명합니다. 하지만 어떻게 듣는지가 중요합니다. 듣기는 크게 세 가지가 있습니다.

1) 전혀 모르는 내용을 듣기: 내용을 전혀 알지 못하는 상태로 듣는 것입니다. 그것이 뉴스인지, 대화인지, 광고인지 정도는 화자의 말투로 알 수 있습니다. 하지만 그것의 내용을 이해함에 있어서 그 정보는 큰 도움이 되지 않습니다.

2) 의미를 아는 내용을 듣기: 한글 번역을 숙지했거나, 이미 아는 내용을 영어로 다시 듣는 것입니다.

3) 의미를 추측할 수 있는 내용을 듣기: 내용은 알 수 없으나 소리 정보와 함께 주어지는 다양한 정보로 그 내용을 추측할 수 있는 듣기입니다.

우리는 듣기 능력을 향상시키기 위해 1과 2를 주로 연습합니다. 모르는 걸 듣다가 이해가 안 되면 그것을 한국어로 일단 이해하고 나서 다시 듣습니다. 의미를 알고 들으면 의미를 이해할 수 없는 소리와 내가 알고 있는 의미가 융화되어 내가 그 소리를 이해하는 것 같은 느낌이 듭니다. 결국 듣기를 위해 듣기만 하고 있습니다.

듣기를 잘하고 싶다고 해서 듣기만 해서는 안 된다

듣기만 연습하는 것, 어찌 보면 효율적으로 느껴지는 훈련법입니다. 하지만 언어를 공부한다는 발상부터 잘못됐기 때문에 이 방법은 비효율적입니다. 언어 영역의 고전문학이 약해서 고전문학만 공부하듯, 한국사 중 근현대사가 약해서 그 부분만 집중 공부하듯, 수학의 집합이 약해서 집합만 공부하듯, 영어듣기도 영어라는 학문 안에 있는 일종의 세부 과목 중 하나라 여기고 그것에 집중하는 방식으로 접근하는 것입니다.

'듣말읽쓰'는 인간이 의미를 주고받는 행위를 구분해놓은 개념입니다. 다른 동물들을 생각해보세요. '컹컹' 거리든지, '꽥꽥' 거리든지, '꾸와악' 거리든지 하는 소리로 위협, 경계, 반가움 등을 표현합니다. 그들이 말을 못 한다고, 글자가 없다고 언어도 없는 것일까요? 인간에 비해 전달할 수 있는 의미가 적고 단순할 뿐, 그들에게도 언어는 있습니다. 개체와 개체가 소통하게 하는 모든 행위가 언어입니다. 수화, 바디 랭귀지, 컴퓨터 언어도 마찬가지죠. 인풋과 아웃풋이 있을 뿐 그 외의 구분은 사실 무의미합니다. 내가 정보를 주느냐 받느냐만 구분하면 됩니다.

그런데 우리는 잘 듣기 위해 듣기만 하면서 듣기를 연습합니다. 듣기는 인풋입니다. 인풋은 상대방의 의미를 받아들이는 행위입니다. 그런데 현실에서 듣기'만' 하는 일이 얼마나 잦은가요? 현대에 들어서야 상대방을 보지 않고 목소리만 듣는 것이 가능해졌습니다.

하지만 자연에서 동물들이 소통할 때 일부 해양생물이나 조류 등을 제외하면 눈에 보이는 거리 내에서 소리를 주고받습니다. 인간도 일정 거리를 넘어서면 언어로 소통하는 데 한계가 있죠. 그 말은, 언어가 애초에 화자와 청자가 같은 공간에서 소통하기 위해 시작됐다는 의미입니다.

같은 공간에서 소통할 때 우리는 소리뿐만 아니라 다양한 정보를 함께 받아들이면서 상대방의 의미를 이해합니다. 표정, 옷차림, 주변 환경, 몸짓, 현재 날씨, 상황, 주변의 반응 등 오감으로 느낄 수 있는 모든 감각과 함께 화자의 소리를 듣습니다. 딴짓을 하거나 다른 곳을 보면서 상대의 말을 들을 때도 있습니다. 하지만 그러기 위해선 전제조건이 필요하죠. 그가 누구인지, 그와 그가 말하고 있는 상황에 대한 배경지식, 그와 나의 관계 등 화자에게 지금 당장 집중하지 않아도 그의 말을 이해할 수 있다는 믿음은 이런 전제 조건이 필요합니다.

그런데 우리는 듣기를 연습하기 위해 생면부지의 누군가가 하는 말을 그저 듣기만 합니다.

'뉴스니까 무슨 소식을 전하는 거겠지, 회화니까 일상 대화겠지, 돈 내고 하는 전화영어인데 쓸데없는 말 하겠어?'

소리와 함께 극한으로 줄인 정보의 다이어트를 행한 상황을 설정하고 듣기를 연습합니다. 어려운 상황을 극복한다면, 어려운 문제를 풀고 나면 나는 그보다 쉬운 문제를 풀 수 있는 사람이 되는 것 같은 느낌. 수학에서는 가능합니다.

모르던 걸 결국 알게 될 테니까요. 하지만 언어는 아닙니다. 앞으로 당신이 뭘 듣게 될 줄 알고 표현을 준비할 수 있을까요? 지금 듣는 CNN 뉴스를 듣고 또 듣고 번역을 찾아보고 거기에 등장한 표현을 외운다고 해서 내일 자 CNN 뉴스를 이해한다는 보장이 있나요?

듣말읽쓰는 하나다! 보면서 들어라

언어에 대한 접근과 레벨 설정이 잘못됐습니다. 언어는 공부해서 학습할 수 있는 것이 아닙니다. 인간이 가지고 있는 언어 능력. 이건 우리가 가지고 태어난 능력입니다. 어떤 소리에 의미가 담겼다는 것을 뇌가 인지하면 그때부터는 경험하는 우리 자신과 관계없이 뇌는 알아서 그 언어를 습득합니다. 소리의 의미는 단어를 외워서 아는 것이 아닙니다. 그 소리를 내는 사람과 배경지식을 가지고 추측하는 거죠. 우리가 외운 단어를 떠올리는 것보다 우리 뇌가 소리를 듣고 그것과 연결된 기억을 가져오는 것이 훨씬 빠르고 편리합니다. 당신이 한국어를 들을 때처럼요.

또한 우리는 무작정 많이 들으면 될 거라는 착각을 하곤 합니다. 어려서부터 부모가 CNN을 틀어줬던 아이가 영어를 잘하게 됐다는 이야기, 볼 게 영어 드라마밖에 없어서 많이 보다 보니 영어를 잘하게 됐다는 이야기, 우리는 사건의 결과를 포함한 제한적인 정보만을 가지고 그것을 믿어버립니다. 그 사람들이 그렇게 된 것은 무작정 많이 들었기 때문만이 아닙니다. 들으면서 그 소리에 담긴 의미가 무엇인지 알기 위해 시청각 정보를 분석한 시간이 쌓여서 실력이 된 것입니다.

그냥 듣기만 해서 영어 실력이 는다면 우리나라는 영어를 잘하는 사람이 더 많았어야 합니다. 팝송을 듣고 영화를 볼 때 영어를 들으니까요. 수백 번 들은 팝송이 있을 겁니다. 하지만 가사가 무슨 뜻인지 모르는 것이 있어요. 가사를 안 찾아봤으니까요. 여기에 답이 있습니다. 가사를 찾아보기 전까지는 가사의 내용을 모른다. 즉 그냥 듣기만 해서는 백 번이고 천 번이고 들어봐야 이해하지 못한다는 겁니다. 당신의 뇌가 그 팝송을 의미가 담긴 언어가 아닌 아름다운 소음으로 인식하고 있기 때문에 아무리 들어도 이해가 되지 않는 겁니다.

CNN 뉴스나 영어 라디오, 영어 회화 연속재생 콘텐츠 등은 영어가 편해진 다음에는 훌륭한 영어 학습 방법이 될 수 있습니다. 어느 정도 듣고 말하고 읽고 쓸 수 있는 사람. 영어 자막과 함께 콘텐츠를 보다가 자막보다 입 모양을 보면서 듣는 게 더 편한 사람. 부정확한 AI자막이 거슬리는 사람, 듣기만 해도 내용이 이해돼서 눈을 다른 데 쓸 수 있는 사람(걷거나, 운전하거나, 요리하거나, 운동할 때)에게 최적화된 영어 콘텐츠 소비법입니다. 영어를 들을 수 있는 사람들이 훈련하는 방법을 영어를 듣고 싶은 사람이 시도하니까 발전도 없고 재미도 없고 막막한 것입니다.

위에 제시한 수준이 되기 전까지는 그저 많이 보고 들으세요. 보기와 듣기는 따로가 아닙니다. 보면서 들으세요. 3번 의미를 추측할 수 있는 내용 듣기를 반복하세요. 같은 걸 보고 또 보고 하라는 의미가 아닙니다. 행위를 반복하되 대상을 계속 바꾸세요. 아무리 재미있는 것도 두 번 보고 세 번 보면 재미없습니다. 스크린으로 뭔가를 본다는 행위 자체가 질려버립니다. 본인이 스스로 원해서 보고 싶은, 흥미롭고 알고 싶은 주제를 찾아서 보세요. 그것이 요리든, 운동이든, 코미디든, 연예계 가십 거리든 상관없습니다.

건설적이지 않고 학문적이지 않다고요? 당신은 영어를 배워서 수능을 보거나, 토플 시험을 칠 것이 아닙니다. 당신이 소비하는 콘텐츠의 내용이 어떤 학문적인 것과 연관되어야 할 필요는 없습니다. 그저 재미있는 걸 영어로 많이 보세요. 그래도 되냐구요? 그래야 됩니다. 많이 보고 많이 들어야 익숙해질 수 있습니다. 그래야 영어를 당신의 뇌에 습득시킬 수 있어요.

'재미있는 것'은 초보자가 콘텐츠를 선택함에 있어 중요한 조건입니다. 재미있기만 한 것은 괜찮아요. 근데 흥미롭기만 해서는 안 돼요. 흥미롭고 재미있어야 해요. 예를 들어 저는 투자와 과학에 관심 있습니다. 흥미로운 주제죠. 제가 초보일 때 흥미만을 따라서 영어로 투자 관련, 과학 관련 영상을 봤다면 저는 이 책을 쓰지 못했을 겁니다. 영어를 배우지 못했을 거거든요. 한국어로 봤다면 흥미로운 저 주제들에서 재미를 찾았을 겁니다. 하지만 다른 언어로 볼 때는 재미가 우선입니다. 내용이 쉽고 단순한 재미, 시각 정보로 내용을 이해하기 쉬운 만화나 드라마, 몸동작과 화면 전환이 많은 예능 등이 이에 속합니다.

많이 보고 들어서 그 꼬부랑말에 의미가 담겼다는 것을 당신의 뇌에게 알려주세요. 그리고 시청각 정보를 모두 활용하여 소리에 담긴 의미를 추측하세요. 손 놓고 자전거를 타게 되는 것처럼 그 소리를 추측하는 것에 익숙해지세요. 소리가 헷갈리든, 말이 빠르든, 단어를 모르든, 당신의 영어 적응도와 추측 능력이 향상함에 따라 어떤 것도 문제되지 않을 것입니다. 하루 아침에, 한두 달만에 이뤄질 일은 아닙니다. 하지만 당신이 인간인 이상 분명히 이뤄집니다.

이해는 되는데 말이 안 나와서 답답해요

언어 습득의 본질 - 많이 듣고 많이 말하기

2차 세계대전 당시 미국은 스파이 파견, 도청 등 전시 정보를 습득하기 위해 외국어에 능통한 군인이 필요했습니다. 그러나 그런 군인의 숫자는 제한적이었죠. 그래서 미군은 언어교육원을 운영했습니다. 그곳에서 병사들은 철저히 듣기와 말하기 위주의 훈련을 받았습니다. 하루 10시간 이상 원어민 2명과 반복적으로 질문과 대답을 주고받는 연습을 했습니다. 그렇게 6개월이 지나면 병사는 외국인처럼 말할 수 있게 되었다고 합니다.

회화 위주의 반복 훈련. 문맹이 되어도 좋으니 말만 잘하면 됐던 당시의 상황에 적합한 훈련법입니다. 반면 우리는 독해와 문법 위주의 벙어리가 되는 교육법을 수십 년째 고수하며 매년 영어를 배웠지만 영어는 못하는 학생들을 졸업시키고 있습니다.

생각할 시간조차 주지 않고 빠르게 질문하는 원어민 선생님 앞에서 반사적으로 외국어로 답하는 연습. 우리가 미군 언어교육원의 말하기 교육법에서 배울 점은 두 가지입니다. 반복 입력과 반복 출력. 인풋과 아웃풋이 반복적으로 수강생의 머릿속을 드나들면 이미 모국어가 자리를 잡은 성인의 뇌도 외국어에 강제적으로 적응됩니다.

처음 듣는 소리에 의미가 담겼다는 사실을 인지함과 동시에 정보의 파도를 받아들이고 또한 내보내는 것입니다. 원어민의 질문에서 발음과 억양을 나도 모르게 습득합니다. 그것을 입 밖으로 꺼내다 보면 그들과 비슷하게 말하고 있는 자신을 발견하게 됩니다. 사실 전쟁이라는 극단적인 상황에서 행해진 속성 교육이지만 언어 습득의 본질은 정확히 파악하고 있습니다. '많이 듣고 많이 말하는 것'입니다.

아는 만큼 보인다고 하죠. 같은 신문 한 부를 봐도 두 사람이 얻는 정보는 다릅니다. 이는 언어 학습도 마찬가지입니다. 내가 아는 만큼 이해할 수 있고, 내가 들은 만큼 말할 수 있습니다. 여기서 아는 것은 단어나 문법 이론뿐만 아니라 이 세상과 인간에 대한 지식이 포함됩니다. 특정 상황에서 어떤 표정과 억양으로 말할 내용은 뻔하다는 경험적 지식이 있다면 난생처음 듣는 언어도 이해할 수 있습니다.

이는 이해한 것을 입 밖으로 꺼낼 때도 적용됩니다. 우리는 들어본 것만 말할 수 있습니다. 해당 언어를 사용하는 사람들이 그 표현을 어떤 억양과 발음으로 말하는지 듣고 기억하고 있어야 그것을 말할 수 있습니다. 상대방의 말을 이해(인풋)하고 말하는(아웃풋) 과정에는 축적된 데이터가 필요합니다. 들은 게 있어야 이해할 수 있고 말할 수 있습니다. 데이터로 이해하고 데이터로 말하는 것이죠.

예상치 못한 상황에 외국인과 대화를 해야 할 때, 상대방의 말을 듣고 어느 정도 이해는 했는데 뭐라고 답해야 할지 생각이 나지 않아 답답한 경험이 있을 겁니다. 그 상황에서 당신이 상대방의 말을 이해하는 과정을 떠올려봅시다. 당신은 그의 언어를 한국어처럼 듣자 마자 이미지로 이해했나요? 아니면 들은 소리 중에서 아는 어휘들을 가지고 한국어로 번역했나요?

반복 입력과 반복 출력만이 답이다

가천의대 뇌과학연구소에서는 참가자들의 뇌를 FMRI 영상 촬영을 하면서 영어로 질문을 하고 답을 생각하게 했습니다. 참가자들의 뇌는 영어 질문을 듣고 아무런 변화를 보이지 않았습니다. 모국어를 사용할 때는 활성화되던 언어 영역이 잠잠했던 것입니다. 이에 대해 김영보 교수는 이렇게 설명합니다.

"20대 이후에 언어 공부를 한 사람의 외국어 능력은 모국어를 기반으로 들은 것을 해석하여 이해하는 반복적인 노력으로 얻어진 것이기 때문입니다."

이해는 하겠는데 말이 안 나오는 문제의 근본적인 이유는 애초에 이해를 하지 못했다는 것에 있습니다. 소리를 듣고 의미를 파악하는 데 나의 모국어가 개입한다면 그것은 이해보다 번역에 가깝습니다. 인풋을 번역해야 한다면 아웃풋도 번역을 해야 합니다. 그래서 말이 나오지 않는 것입니다.

한 연구에서는 외국어를 언제 어떻게 배웠느냐에 따라 사용하는 뇌의 영역이 다르다는 결과가 나왔습니다. 어릴 때 외국어를 배운 사람은 모국어와 외국어를 쓸 때 같은 뇌의 영역을 쓰지만, 나이 들어서 배운 사람은 외국어를 쓸 때 별도의 뇌 영역을 쓴다는 것입니다.

그럼 이제 우리는 영어를 배우는 것이 불가능한 것일까요? 그렇지 않습니다. 그랬다면 26살까지 Yes와 No밖에 할 줄 모르던 제가 영어를 사용하게 되는 일은 일어나지 않았을 것입니다. 미군 언어교육원에서 교육받던 병사들도 모두 성인들이었습니다. 우리가 그들처럼 극단적인 방법으로 6개월만에 외국어를 습득해야 할 이유는 없습니다. 그리고 우리는 영어를 원어민처럼 유창하게 할 필요도 없습니다. 우리에게 영어는 외국어일 뿐입니다. 필요한 내용을 이해하고 내가 하고 싶은 말을 상대방이 이해할 수 있도록 표현할 수 있으면 됩니다. 방법은 똑같습니다. 반복 입력과 반복 출력.

〈노는영어〉와 함께라면 깨어 있는 매순간이 연습의 기회다

하루 10시간씩 인풋을 해줄 원어민 강사는 없지만 24시간 붙어 다니면서 화장실까지 따라오는 스마트폰이 있습니다. 내가 보고 싶은 재미있는 것만 골라서 볼 수 있고 친절하게 자막도 띄워줍니다. 그럼 반복 출력은 어떻게 할까요?

챕터2에서 언급했던 것처럼, 아웃풋의 기회는 스스로 만들어야 합니다. 이 세상 어디에도 언어 학습의 아웃풋을 떠먹여주는 곳은 없습니다. 학원과 과외는 원어민의 시간을 돈으로 사야 하고, 외국인 친구도 언어 학습 기계가 아닙니다. 시간과 노력을 투자해서 정을 주고받아야 합니다.

그런 점에서 〈노는영어〉가 제안하는 아웃풋 훈련은 시간과 돈이 들지 않습니다. 나의 관심과 노력만 있으면 되죠. 말하기가 안 된다고 말하기에만 집중하면 안 됩니다. 말하기와 쓰기는 둘 다 아웃풋의 한 방법으로 언어와 문화처럼 연결되어 있는 유기체입니다. 말하기가 편해지면 쓰기도 쉬워지고, 쓰기가 익숙해지면 말하기도 수월해집니다. 새로운 언어를 학습하는 외국인으로서 말하기를 가로막는 발음과 억양의 벽이 낮아지면 말하기와 쓰기는 상황에 따라 선택하는 당신의 아웃풋 방법일 뿐 더이상 구분하여 연습해야 할 대상이 아닙니다.

말하기 연습 법 중 한 가지를 다시 한 번 강조해보겠습니다. 발음, 억양, 유창성을 한 번에 잡을 수 있는 효과적인 말하기 연습법이 있습니다. 저는 매일 새벽 유산소 운동으로 하루를 시작합니다. 그중 아파트 계단 오르기를 좋아하는데요. 시간과 날씨의 제약을 받지 않기에 안 할 핑계를 찾을 수 없습니다. 말하기 연습에서 계단 오르기는 '혼자 중얼거리기'입니다. 말하기 연습을 질문하는 분들께 여러 가지를 소개해드리면 '외국인 친구 사귀기'나 '클럽하우스 사용법'에 대한 추가 질문이 있을 뿐, 중얼거리기에 대해 궁금해하는 사람은 없습니다. '혼자 중얼거리기'는 시공간의 제약을 받지 않습니다. 계단 오르기는 계단이 있어야 한다는 최소한의 조건이 있지만 중얼거리기는 그런 조건이 없습니다. '나'가 없는 곳에 존재해본 적 있으신가요? 깨어 있는 매순간이 연습의 기회입니다.

속으로 하다가, 중얼거리다가, 상황극을 하다가

처음에는 머릿속에서 시작합니다. 어제 들었던 단어나 표현 중 떠오르는 것을 반복적으로 따라 합니다. 입 밖으로 꺼내지 않아 효율은 떨어지나 언제 어디서나 반복할 수 있다는 점에서, 그리고 어떤 문장이 떠오를지 모른다는 점에서 포괄하는 내용이 광범위합니다.

단어의 정의는 몰라도 상관없습니다. 그 단어가 '어떨 때 쓰이는 어떤 말이겠구나'만 알면 됩니다. 떠오르는 문장이 없다면 억지로 떠올리세요. 그래도 떠오르는 게 없다면 콘텐츠 시청 경험이 부족한 것입니다. 재밌는 것을 찾아서 더 많이 보세요. 문장을 떠올리고 따라 할 때 그것을 말했던 화자의 표정과 제스처, 억양, 말투를 머릿속에 다시 재생시키면서 똑같이 따라 하세요. 반복 횟수는 당신이 정하는 겁니다. '5번 따라 해봐야지.' 했어도 4번쯤에 이만하면 됐네 싶을 수 있고, 5번으로도 부족하다는 생각이 들면 만족할 때까지 따라 하게 될 것입니다.

머릿속으로 중얼거리는 게 익숙해지면 본인도 모르게 입은 다물고 있으면서 화자의 표정과 제스처를 따라 하고 있는 본인을 발견할 것입니다. 한번은 버스에서 표현 하나가 문득 떠올라서 머릿속으로 몇 번 따라 했는데 표정도 따라 했나 봅니다. 정신 차려보니 저를 쳐다보고 있던 분과 눈이 마주쳐서 급히 고개를 숙였던 기억이 납니다.

입 밖으로 꺼내서 연습하는 것은 약간의 공간적 제약이 생깁니다. 혼자 있을 때를 노려야 하기 때문입니다. 난 누가 옆에 있어도 괜찮다 하시면 상관없습니다. 저도 가족과 있을 때는 신경 쓰지 않고 혼자 중얼거립니다. 아들놈이 미국에서 돌아오더니 꼬부랑 말을 혼자 중얼거린다고 이상하게 보던 가족들도 이제 그러려니 합니다. 방법은 머릿속으로 연습할 때와 비슷합니다. 달라진 점은 발음과 억양을 신경 써야 한다는 점입니다.

학창 시절 영어 자기소개나 짧은 문단을 외워서 발표해야 할 때 비슷한 경험을 해보셨을 겁니다. 정해진 문장을 반복적으로 따라 하면서 외우던 기억, 하지만 그때는 억양과 발음보다는 대본을 외우는 느낌이 강했습니다. 머릿속으로 연습할 때와 마찬가지로 화자의 표정, 억양, 말투, 발음, 제스처를 떠올리면서 똑같이 따라 하세요.

외국 영화에서 외국인이 "WHAT!??!?!??"을 소리치는 모습을 떠올려보세요. 놀랍고 어이없다는 표정과 함께 90도 이상 접힌 양팔과 손등은 바닥을, 손바닥은 위를 향해 있습니다. 그 동작에서 그들의 손가락을 유심히 본 적 있나요? 수술장갑을 끼는 의사처럼 손가락을 쭉 펴고 있지 않습니다. 손가락을 접지도 펴지도 않은 편안한 상태. 개인에 따라 새끼손가락 또는 넷째 손가락이 다른 손가락에 비해 접혀 있는 경우도 있습니다. 저는 제스처의 손가락까지 따라 합니다. 똑같은 'What!?'을 해도 소리만 대충 따라 할 때와 손가락까지 따라 할 때 나에게 전해지는 감정이 다릅니다. 표정과 억양뿐 아니라 동작의 디테일에도 화자의 감정이 담겨 있기 때문입니다.

마찬가지로 가운데손가락을 제외한 나머지 손가락을 접는 손가락 욕도 모든 손가락에 힘을 뺏뺏하게 줄 때와 손가락을 편하게 접고 가운뎃손가락만 살짝 올릴 때의 감정이 다릅니다. 이는 내가 따라 하고자 하는 화자의 표정에서 유추할 수 있는 감정과 일치합니다.

문장을 중얼거리는 게 익숙해졌다면 이제 상황극을 해보세요. 이미 화자를 똑같이 따라 하면서 감정을 복제하는 것에 익숙할 것입니다. 감정이 곧 억양입니다. 억양이 살아 있으면 외국인은 우리의 말을 이해하는 데 어려움이 없습니다. 그 감정을 그대로 담아서 혼자서 상황극을 해보세요.

길 가다가 마주친 외국인이 먼저 인사를 해왔을 때, 마트에서 스몰톡을 시작할 때, 레스토랑에서 음식을 주문하면서 추가적인 요구사항이 필요할 때, 카페에서 음료를 주문할 때 등 일상에서 일어날 수 있는 상황을 미리 연습해본다는 마음으로 자유롭게 연습해보세요. 처음에는 1인 1역으로 시작합니다. '내가 이렇게 대답하면 상대방은 이런 식으로 말하겠지.' 나는 내 할 말만 영어로 하고 상대방의 대답은 한국어 반 영어 반으로 가능한 만큼 상상하는 것입니다.

격투기 선수들이 쉐도우 복싱을 하듯, 중요한 면접을 앞두고 예상 질문에 대한 멋진 답을 생각하면서 아직 일어나지 않은 일을 시뮬레이션 하듯 영어로 말할 상황을 준비하는 것입니다. 여기서도 중요한 건 비록 나 혼자 있는 내 집이지만 그곳에 있는 것처럼 감정을 담아서 허공의 상대와 진심으로 대화하는 것입니다. 우리도 드라마를 보면 시시각각 표정이 바뀌는 연기자들의 실감나는 연기를 볼 수 있습니다. 그러나 우리의 현실 대화에서는 무표정으로 말할 때가 많죠. 혼자서 영어 연습을 할 때는 외국인이 되었다는 상상을 하면서 내가 화면 속에서 보고 따라 하던 외국인들의 표정과 억양, 몸동작을 다 써가며 한국어를 쓸 때 해본 적 없는 감정 담기를 하면서 상황극을 하세요. 이것이 익숙해지고 또한 당신이 보고 들은 것이 많아지면 1인 다역이 가능해집니다. 그때부터 성별, 개인의 성격, 직업에 따라 달라지는 연기도 따라 할 수 있게 됩니다.

　이런 연습을 매일 할 수 있습니다. 당신이 아무리 바빠도 집에는 올 테고, 씻고 쉬는 시간은 있을 테니까요. 이렇게 반복 입력과 반복 출력이 가능한데 당신이 영어를 못 할 이유가 어디 있나요? 목적, 동기, 의지의 문제일 뿐 그 누구도 영어를 못 할 이유는 없습니다.

▶ 12

한국어로 한 번 보고 영어로 다시 보는 건 어때요?

넌 두려워하고 있어, 이해하지 못할까 봐, 시간을 낭비하게 될까 봐

직장에 다니는 친구에게 카톡이 왔습니다.

"영어 공부 어떻게 해야 됨? 진짜 좀 해야 될 듯."

안정적인 직장을 다니는 그 친구는 영어 공부의 목적이 사회적 지위 상승에 있지 않았습니다. 여행을 다닐 때 편하고, 정보를 습득할 때도 용이하고, 일단 잘하면 멋있으니까. 단순히 개인적인 이유로 영어를 배우길 원했죠. 그는 취직 전에 호주에서 워킹 홀리데이를 하면서 영어를 배웠습니다. 한국에 돌아오는 길에 필리핀에 들러 어학연수도 하고 왔죠. 영어를 못하는 친구가 아닙니다. 안 쓰다 보니 많이 잊어버렸고, 잘하던 시절과 비교할 때 지금의 수준이 마음에 들지 않은 상태였습니다. 답장을 보냈습니다.

"공부할 필요 없어. 그냥 미드 보면서 놀아."

"하루에 몇 시간 정도 놀면 돼? 1년을 기준으로 봤을 때."

"나같은 경우 하루 3시간씩 넷플릭스 봤어."

"그렇게 놀아도 영어가 돼??"

"그렇게 놀아야 영어가 돼. 그리고 일단 공부가 아니고 노는 건데 몇 시간이든 못 놀겠냐."

"드라마 같은 거 말하는 거지?"

"네가 보고 싶은 드라마를 영어 자막 틀어놓고 보면 돼. 그게 다야."

"영어 자막이라… 결론은 영어 자막 달린 드라마를 하루 3시간씩 봐라 이거네."

"3시간씩 안 봐도 돼. 네가 보고픈 만큼. 노는 데 시간 정해놓고 노냐? 놀고 픈 만큼 노는 거지. 네가 한국어로 영상 볼 시간에 다 영어로 보면 돼. 내가 학생들한테 하는 말이 있어. 언어는 익숙해지는 거다. 이미 잘하는 한국어를 영상까지 챙겨 보면서 더 잘하고 싶은 것도 아닌데 한국어로 된 콘텐츠를 소비하는 건 시간 낭비다."

"그럼 그 영어 자막으로 보라는 게 혹시 영어는 영어로 받아들여라 이런 거야?"

"맞아. 영어는 그냥 영어로 받아들여야 해. 아마 영어를 듣거나 영어를 읽으면 너는 그걸 한국어로 해석하고 있겠지."

"그게 제일 이해가 안 갔어. 진짜. 몇 번 들었던 말이긴 한데."

"그게 문법 교육의 결과야. 말을 못 하는 사람들한테 글을 가르쳐놔서 그 법칙에 맞게 번역을 하게 만든 거지. 나도 그랬어. 다 해석하면서 보려니 자막을 따라갈 수가 없고 모르는 단어 나오면 막히고 그러니 재미가 없고 꺼버리게 되지."

"그럼 그냥 보면 돼?"

"해석한다는 생각을 버리고 그냥 봐봐. 사람 사는 거 다 똑같고 사람 하는 말다 똑같아. 인간이 어떤 상황에서 어떤 표정으로 할 말은 뻔해. 해석하지 말고그냥 봐. 그들의 표정, 말투, 입 모양, 몸동작, 억양을 함께 받아들이면 그게 독일어라도 이해돼."

"오호⋯."

"그렇게 대충 이해하면서 계속 보는 거야. 그러다 보면 '아, 저럴 때 저렇게말하는구나. 그럼 저건 이런 뜻이겠구나.' 알게 되는 거야."

"근데 넌 미국에 살면서 영어를 많이 접했잖아. 그래서 된 거 아냐?"

"난 〈노는영어〉를 하기 전까지 너와 똑같은 상황이었어. 말도 못하고 잘 듣지도 못하고 다 해석하려고 들었지. 미국 가서도 2년 동안 제자리였지."

"2년 동안? 내가 놀러갔던 때도 아직 영어가 안 되던 시점이야?"

"응. 그때도 영어 못했지. 하고 싶은 말 하려면 머릿속으로 한국어로 할 말생각하고 그걸 영어로 바꾼 담에 입 밖으로 꺼내야 했으니까. 그렇게 하면 두세 마디 주고받을 수는 있어도 대화는 안 돼."

"아하. 그치, 대화 안 되지. 내가 그래."

"대화는 상대방의 말을 들으면서 이미 내가 할 말이 장전되어 있어야 해. 그러려면 생각을 안 해야 되고.

들은 걸 한국어로 번역하고 그거에 대답을 한국어로 생각하고 그걸 영어로번역해서 문법 체크하고 발음 신경 써서 입으로 꺼낸다? 이러면 이미 앞사람은 딴생각 하고 있지."

"흠⋯ 그러면 하나만 더 물어보자. 만약 드라마를 처음부터 끝까지 한국어자막으로 먼저 보고 내용을 어느 정도 숙지 후 영어 자막으로 반복해서 보는건?"

"넌 두려워하고 있어."

"왜냐하면⋯."

"이해하지 못할까 봐. 시간을 낭비하게 될까 봐."

"내 말이 그 말이야."

"하지만 그 시도가 시간 낭비야. 너 노는 데 같은 거 반복해서 보냐? 재밌냐 그러면?"

"아니."

"그래. 그냥 보는 거야. 여전히 그 행위를 공부라고 생각하기 때문에 다 이해하고 반복적으로 볼 생각을 하는 거야. 그래야 공부가 되고 그 지식이 내 것이 될 것 같거든."

"응. 그럼 그냥 봐라? 이해가 안 돼도 걍 보면 되는 거구만."

"언어는 공부하는 게 아니야. 익숙해지는 거지. 무언가에 익숙해지려면 많이 해봐야겠지. 뭔가를 많이 해보는 가장 좋은 방법은 그걸 가지고 노는 거야."

위의 대화는 친구와 주고받은 실제 대화입니다. 친구의 말에 공감 가는 부분이 있으셨나요?

영어를 공부한다는 생각을 내려놓아라

학창 시절, 시험 기간이 되면 시험 범위를 읽고 또 읽었습니다. 처음부터 끝까지 정독하고, 밑줄 치면서 한 번 더 정독하고, 밑줄 친 부분 위주로 속독하면서 놓친 부분 다시 밑줄 치고, 문제 풀고, 틀린 부분 찾아서 다시 읽고, 다시 처음부터 끝까지 통독하고. 이런 식으로 공부하면 범위가 명확히 정해진 과목은 원하는 점수를 받을 수 있습니다.

국어나 영어 시험도 크게 다르지 않았습니다. 범위는 정해져 있고 어떤 지문이 나올지, 어떤 문법이 나올지, 배운 데서 시험을 볼 테니까요. 학교 밖 영어 시험도 크게 다르지 않습니다. 지문은 예상할 수 없지만 어떤 주제로 어느 정도 수준의 독해 능력을 테스트하는 것인지 알기 때문에 준비가 가능하죠. 하지만 우리는 영어 시험을 준비하는 것이 아닙니다. 영어라는 언어를 정복하려고 합니다. 지긋지긋한 영어 공부의 늪에서 탈출하고 싶은 겁니다. 영어에 범위가 어디 있고 수준이 어디 있습니까. 언어에 어려운 단어나 표현은 존재하지 않습니다. 익숙하지 않은 것들이 어려워 보일 뿐이죠. 당신에게 익숙한 당신의 전문 분야, 관심 분야가 남들에게 외계어처럼 보이는 것과 같습니다.

우리가 공부를 이런 식으로 해왔기 때문에 〈노는영어〉도 같은 방식으로 접근하는 분들이 많습니다.

'영어로 된 영상을 한국어 자막으로 먼저 봐서 내용을 완벽히 파악하고, 다시 영어로 보고, 그걸 반복해서 보면 더 좋지 않을까?'

듣고 보면 그럴듯합니다. 그리고 꽤 효과적일 겁니다. 누군가 〈프렌즈〉 시즌 3, 에피소드 1부터 5의 내용으로 시험 문제를 낼 것이고 나는 그 시험을 잘 봐야 할 때라면요.

우리는 우리의 실력을 평가하여 순위를 매기는 시스템에서 교육받았습니다. 내가 뭘 하든 누군가는 어디선가 내 실력을 평가하고 있을 것이고, 그것이 그의 기대에 미치지 못할까 불안해하면서 살았습니다. 학교를 졸업한 이상 당신의 영어 실력을 평가할 사람은 없습니다. 하더라도 속으로 하겠죠. 대놓고 당신에게 이렇게 지적할 사람은 없습니다.

"고작 그런 실력으로 영어를 입 밖에 꺼내? 쪽팔리지도 않나? 연습 좀 하고 하지…. 영어로 잘난 척할 실력은 아닌 듯!"

누구의 눈치를 볼 필요도 없고 영어를 원어민처럼 잘할 필요도 없습니다. 일단 애초에 영어 원어민을 부러워할 필요가 없습니다. 당신은 한국어를 그들의 영어만큼 잘하는데, 뭐가 부럽습니까. 오히려 그 어려운 한국어가 완벽하면서 영어도 할 수 있는 당신을 부러워할 외국인이 더 많을 겁니다.

영어를 공부한다는 생각을 내려놓으면 마음이 편해집니다. 뭘 모르고 넘어간다고 불안하지 않아요. 시험에 나올 거 아닌데 뭘 불안해요. 이해되지 않아도 괜찮습니다. 한국어로 볼 때도 이해 안 되면 그런가 보다 하고 넘어가는 걸요. 방금 그 표현을 지나고 나면 잊어버릴까 걱정하지 않아도 됩니다. 의미를 이해했는데 그것을 잊어버릴까 봐 아쉬운 건데, 이번에 이해했으면 다음에도 이해할 것이니 그때 다시 보면 기억에 남을 겁니다. 정 아쉬우면 메모해놓으면 되죠. 세상에 재미 있는 건 널렸는데 뭣하러 본 걸 또 봅니까. 정 아쉬우면 나중에 정주행 한 번 더 하면 되니까, 그냥 한국어로 노는 것처럼 이것저것 보고 싶은 것만 골라서 보고 재미없는 건 과감히 끄면서 영어로 노세요.

그래도 되냐고요? 그래야 돼요. 당신을 믿으세요. 당신은 잘하고 있습니다.

※ 여기까지 읽어주셔서 감사합니다. 310쪽부터의 에필로그와 부록은 독자분들의 눈의 피로를 고려해 '다크 모드'로 편집했습니다. 인쇄 특성상 묻어남이 있을 수 있습니다.

이제 <노는영어>를 시작할 당신에게!

다시 한 번 우리의 영어 공부 목적을 되새겨봅시다. 우리는 플레이 스톤의 첫 번째 스톤, Purpose(목적)를 마음속에 새기고 영어 공부를 시작했습니다. 저의 영어 공부 목적은 멋있어 보이고 싶어서, 외국인들과 대화하고 싶어서, 외국에 살고 싶어서, 여행을 편하게 다니고 싶어서, 외국의 자료들을 편하게 보고 싶어서였습니다. 지금도 매일 2시간씩 팟캐스트를 듣고 영어로 유튜브를 봅니다. 영어 학습이 행위의 목적이었고 이제는 행위를 다른 이유로 즐기고 있지만 그 결과가 영어 실력으로 나타납니다. 지금 행위의 이유는 즐거움입니다. 궁금한 것을 알고 싶은 욕구를 콘텐츠로 충족하는데 그것이 영어로 된 것입니다.

영어가 아무리 편해진들 한국말만큼 편할까요? 그래도 한국말로 정보를 습득하고 싶은 마음은 없습니다. 어차피 투자되는 시간 대비 습득되는 정보의 양은 비슷합니다. 같은 시간을 투자했을 때 한국어로 보면 정보만 얻지만 영어로 보면 정보+영어 실력을 얻습니다. 어찌 보면 당연한 선택입니다.

저는 아직도 제가 영어를 잘 한다고 생각하지 않습니다. 물론 우리가 학습 초기에 새로 세운 영어를 잘하는 기준으로는 잘합니다. 이 세상 어디에 던져놔도 영어로 살아남을 수 있다는 자신감이 있고, 누구와의 대화도 이어갈 수 있습니다. 요즘 저의 기준은 달라졌습니다. 저에게 영어를 잘한다는 의미는 '외국인으로서 영어를 잘 하는 것'을 넘어 '제2의 언어로 유창하게 하는 것'입니다. 하지만 우리 사회는 처음부터 이런 기준을 잡고 있기에 입을 열기에 어려움이 있는 것 같습니다.

저의 미국 친구들 중 대부분을 차지하는 한국인 친구들. 그들은 어릴 때 이민을 갔거나 유학을 오래했거나, 미국에서 태어난 사람들입니다. 제가 그들을 처음 만났을 때도 그들은 지금의 저보다 영어를 잘했습니다. 영어만 잘하는 것은 부럽지가 않습니다. 저도 그만큼 한국어를 잘하니까요. 하지만 그들은 한국어도 잘합니다. 한국에서 영어 강사로 활동하고 있고 영어 공부법을 책으로 쓰고 있지만 저는 언제나 무리에서 가장 영어를 못하는 사람이었습니다. 그들은 저를 위해 천천히 말해주고 의미를 설명해주고 틀린 걸 고쳐줬습니다.

조언은 상대방의 필요에 의해 잔소리나 참견이 되곤 합니다. 영어를 잘하고 싶어서 도움이 필요했던 저에게 그들의 조언은 큰 도움이 됐습니다. 이 책을 읽고 있는 당신이 정말 영어를 원하는 사람이길 바랍니다. 그리고 당신에게 제가 친구들에게 받았던 도움만큼 힘이 되길 바라며 이 책을 씁니다.

당신의 목적은 무엇인가요? 여러분이 설정하는 목적은 단기적일 경우가 많습니다. 저만 해도 그렇습니다. 멋져 보이고 싶고, 영어로 자유롭게 대화하고 싶은 것은 영어를 잘하게 됐을 때 할 수 있는 무언가입니다. 그럼 그 무언가를 하고 싶은 이유는 뭘까요? 그것이 진짜 목적입니다. 그리고 진짜 목적은 행복하기 위해서일 겁니다. 우리는 욕망에 의해 움직입니다. 외모를 가꾸고 운동을 하는 것부터 고개를 돌리고 기지개를 펴고 물을 마시기 위해 물컵에 손을 뻗는 모든 행동은 욕망에 의한 것입니다. 그리고 그 욕망은 불편함을 해소하기 위해 존재합니다.

책상에 앉아 타자를 치다가 고개를 돌립니다. 무슨 소리가 났는지 궁금한 욕구가 생겨 돌아보는 것입니다. 목이 마른 느낌이 들면 물병으로 손을 뻗습니다. 발가락을 꼼지락거립니다. 발근육이 뻐근했기 때문입니다. 고개를 뒤로 젖힙니다. 목이 뻐근했기 때문입니다. 눈을 지그시 감습니다. 눈이 건조함을 느꼈기 때문입니다. 왼손을 들어 익숙한 궤적을 따라 검지를 안경의 중간 부분으로 향합니다. 안경이 코에서 미끄러져 내려와 거슬렸기 때문입니다. 우리는 깨어 있는 동안 욕구를 해소하기 위해 움직입니다. 그리고 욕구의 해소는 불편함을 없애주어 평온한 상태를 만듭니다. 불편함이 없는 상태. 저는 그것이 행복이라고 생각합니다.

그럼 영어 공부를 하는 이유는 뭘까요? 영어를 잘해서 남들에게 멋져 보이면 그 자체로 기분이 좋습니다. 사람들 사이에 영어를 잘하는 사람이라는 평가가 내려질 것이고 그럼 세상에 나라는 사람의 가치가 올라갑니다. 그렇지 않을 때 보다 살아남을 확률이 높아질 것이고 걱정도 적어집니다. 영어로 자유롭게 대화한다면 그렇지 않을 때보다 불편함이 적을 것이고, 영어로 된 정보를 편하게 얻으면 역시나 불편함이 줄어듭니다. 목적은 결국 불편함을 없애고 싶은 욕구이고 욕구의 해소는 불편함의 부재로 이어져 행복이 됩니다. 우리는 결국 행복하기 위해서 영어를 배우는 겁니다.

행위 자체에서 얻는 고려하지 않은 결과도 있습니다. 마치 지금의 제가 영어로 놀면서 즐거움을 얻는 데 영어 공부가 되는 추가적인 결과를 얻는 것처럼. 배움은 그 자체로 만족감을 줍니다. 당신이 만족감을 목적으로 공부하지 않더라도, 단순히 영어를 잘하면 멋있고 편할 것 같아서 공부를 하더라도 당신의 발전은 당신에게 만족감을 선사합니다. 무언가를 알게 된다는 만족감, 하니까 되는구나 알게 될 때 얻는 만족감, 내가 나아지고 있다는 만족감들은 자기만족이라는 바다로 흘러가 당신의 삶을 풍요롭게 만듭니다.

당신이 어떤 이유로 시작했든 그것이 당신이 원하는 솔직한 이유라면 그것의 결과는 당신을 행복으로 이끌 것입니다. 그러니 언제나 명심하세요.

'나는 왜 영어를 공부하는 것인가?'
'내가 왜 처음 보는 작가의 책 한 권을 읽고 나서 영어로 놀기 시작했는가?'

불확실한 미래에 내 시간을 투자하는 것의 끝에는 무엇이 기다리고 있는가 생각해보세요. 저는 방금 콧잔등을 긁었습니다. 덕분에 가려움이라는 불편함이 해소되었고 행복해졌습니다. 찰나의 긁기로도 행복을 얻을 수 있는데 영어를 잘하게 된다면 얼마나 만족하게 될까요? 후회하지 않을 겁니다. 저는 이 책에 쓰여 있는 방법을 통해 원하는 것을 얻은 사람입니다. 저는 당신에게 약간의 도움을 줄 뿐입니다.

당신과 당신의 선택을 믿으세요. 그리고 이제부터 〈노는영어〉를 시작하세요.
반드시 영어를 잘하게 될 겁니다!

자녀들의 <노는영어>는 어떻게 할까?

언어는 익숙해지는 것입니다. 공부로써의 영어는 잊으세요. 저는 학생들에게 단어를 외우게 한 적도, 문법을 가르친 적도 없습니다. 하지만 1년이 지나자 영어를 듣고 이해하는 데 어려움이 없어졌습니다. 본인의 생각을 말로 표현할 수 있고 주어진 단어로 자기들만의 이야기를 써냅니다.

하루 1시간 함께할 기회가 주어진 그 아이들에게 제가 한 것은 영어로 노는 것을 익숙하게 만든 것, 영어로 듣고 이해하는 것이 당연하다고 믿게 만든 것입니다. 이렇게 아이들이 자기의 여가 시간에 자기 주도적으로 영어로 놀 수 있다면 더 이상 도와줄 것은 없습니다.

1. 영유아

어릴수록 좋습니다. 아이에게 2개 국어를 선물하세요!

그게 무엇이든, 한 살이라도 어릴 때 배우면 좋습니다. 배우는 속도가 빠를 뿐만 아니라 배움의 깊이가 다릅니다. 자아가 생긴 이후에는 무언가를 배울 때 재고 따지게 됩니다. '왜 배워야 하지? 어떤 이득이 있지? 어렵진 않을까? 귀찮은데, 다른 게 하고 싶은데….' 대상을 요리조리 훑어보고 밀봉하여 기억 속에 던집니다. 그것은 한동안 기억 속을 둥둥 떠다니다가 천천히 가라앉습니다. 어린아이들은 그것이 무엇이든 받아들인 그 상태로 기억의 바다에 던집니다.

그것은 온전한 모습으로 가라앉아 기억의 한 켠에 자리를 잡습니다.

세포생물학자 브루스 립튼 박사는 어린 시절 교육의 중요성을 영화 〈매트릭스〉에 비유하여 설명합니다. 7세 이하 아이들의 뇌 진동 주파수는 낮습니다. 때로는 의식보다 낮은 주파수를 보이는데 과학자들은 그 주파수를 '세타파'라고 부릅니다. 세타는 상상의 영역입니다. 모래로 집을 짓고 돌멩이로 요리를 하는 아이들에게 그 놀이는 실제 상황입니다. 세타는 최면과 같습니다. 생후부터 7살까지 아이들은 마치 최면 상태로 세상의 지식을 다운로드합니다. 이 세계에서 살아남는 데 필요한 언어와 규칙을 스펀지처럼 흡수합니다.

어른들이 하는 말을 이해하는 것이 생존과 직결되어 있기 때문에 언어의 개념이 생기기 이전의 아이들은 의미를 추측하는 능력이 극에 달해 있습니다. 언어라는 개념이 생기기 전부터 2개 국어를 동시에 접하면 아이는 뭐가 영어인지 한국어인지 모르고 그저 이미지로서 소리에 담긴 의미를 이해하게 됩니다. 빨간 껍질에 동그랗고 주먹만 한, 씹으면 시큼한 맛과 달콤한 향이 나는 과일을 '사과' 또는 'Apple'이라고 부른다고 알게 만드는 방법은 생각보다 쉽습니다.

미국에 거주하는 일부 한인 가정에서는 규칙이 있습니다. '집 안에선 무조건 한국말을 사용하기'. 아이가 한국어를 잊어버리지 않도록 집에서만이라도 한국어에 노출시키는 것입니다. 이 방법을 한국에선 반대로 적용할 수 있습니다. 집 안에서 영어만 사용하게 하는 것입니다. 부모가 영어로 말하지 못해도 괜찮습니다. 집 안에서 보고 듣는 모든 콘텐츠를 영어로 제한하면 되거든요.

영어, 우리 땐 선택이었지만 지금의 아이들에겐 필수입니다. 영어 유치원이니 영어 학원이니 돈 쓸 필요 없이 무료로, 여가 시간을 이용해서 아이들을 2개 국어 사용자로 만드세요.

영어 유튜브 영상을 틀어주세요

스마트폰이 육아 도우미라는 말이 있을 정도로 어린아이들을 키우는 부모들에게 스마트폰은 필수품이 되었습니다. 그중 가장 많은 시간을 보여주는 것이 유튜브입니다. 신기하고 재미있는 것이 끊임없이 나오는 작은 상자. 아이들에게 유튜브는 손가락으로 접하는 세상이며 즐거움 덩어리입니다. 올바르게 사용하면 유튜브는 아이들에게 이 세상의 규칙을 가르칠 수 있는 도구가 됩니다. 그리고 그것을 영어로 보게 한다면 1석 2조의 효과를 누릴 수 있습니다.

유튜브 검색창에 Pororo를 검색해서 보여주세요. 우리가 아는 그 뽀로로입니다. 말을 하기 전 아이들에게 뽀로로나 그와 비슷한 수준의 만화를 영어 버전으로 틀어주세요. 현실 세상에서는 가족들의 한국말을 듣다가 작은 스크린 세상 속에서는 재미있는 캐릭터들이 말하는 영어를 들으며 하루를 보내게 해주세요. Pororo, Peppa pig 등 영어 만화부터 시작해서 놀이 채널, 교육 채널, TV쇼, 드라마, 영화, 라디오 등 모든 콘텐츠를 영어로 틀어주세요. 그리고 부모님들도 모든 걸 영어로 보세요. 부모님들이 여가 시간에 한국어 콘텐츠를 포기한다면, 3살 즈음엔 영어와 한국어를 구분없이 이해하게 됩니다. 아이들은 어떤 부가적인 노력 없이 2개 국어 사용자가 됩니다.

보상 시스템을 활용하세요

그동안 시청을 방치했던 부모님은 콘텐츠 시청을 일주일 동안 끊고 보상으로써 하나씩 아이들에게 틀어주세요. 아직 판단력이 부족한 아이들에게 자유는 선물이 아닐 수 있습니다. 어느 정도 자기 의지로 누르고 만질 수 있을 때부터 시청의 제한을 두세요. 스마트 기기를 아이들의 손에 쥐어 주지 말고 손에 닿지 않는 곳에 놓고 볼 수만 있게 해주세요. 영어로 틀어주고 손에 쥐어 주면 아이들은 다른 것을 틀어버릴 겁니다. 손이 닿지 않는 곳에 영상이 틀어져 있다면 집중력이 흩어져 딴짓을 할지도 모릅니다. 하지만 이내 다시 영상을 보게 될 것입니다. 뭐라고 떠드는지 몰라도 영상은 재미있을 테니까요.

만약 그동안 영상을 한국어로 보여주던 분들은 아이에게 적응할 시간을 주세요. 기존에 아이가 좋아하던 콘텐츠를 영어로 바꿔보세요. 영어 버전이 없다면 그와 비슷한 것으로 바꾸는 것입니다. 예를 들면 장난감 놀이를 하는 콘텐츠라면 그것을 영어권 유튜버가 만든 콘텐츠로 대체해주세요. 만약 말을 시작한 아이들이라면 거부할 수도 있습니다. 그런 아이들에게는 특히 보상 시스템이 적용되어야 합니다. 즐거움은 너의 손에 닿는 곳에 있는 것이 아니라 너의 행동에 대한 보상이라는 것을 알려줘야 합니다.

아이가 밥을 안 먹어서 신경 쓰이는 부모님들, 혹시 뭔가 보여주면서 밥을 먹이지 않나요? 밥을 먹는 것에 집중하여 밥 먹을 땐 밥도록 하고, 그것을 부모가 원하는 모습으로 잘 끝내면 원하는 걸 얻을 수 있다는 패턴을 만들어주세요. 소리를 지르지 않으면, 장난감을 던지지 않으면, 밖에서 얌전히 있으면, 떼를 쓰지 않으면 보상을 획득한다는 믿음을 심어주세요. 그리고 여가 시간에는 그간 쌓은 보상 중 몇 개를 사용해서 즐거움을 얻을 수 있다는 걸 알려주세요. 일주일도 채 걸리지 않아 아이들은 영어 콘텐츠에 적응할 것이고, 그때부터는 보상이 어떤 언어이든 상관없이 달콤한 보상을 1초라도 놓치지 않기 위해 집중할 것입니다.

중요한 건 유치원 이후입니다. 한국말을 더 잘하기 시작하는 시점에 부모가 집에서 정보의 습득을 어떻게 통제하는가가 아이의 언어 습득을 결정합니다. 7세 이전에 영어 콘텐츠를 익숙하게 만들고 영어 콘텐츠가 보상이 되게 하여 '말을 잘 들으면 즐거움을 얻는다, 즐거움은 영어로 되어 있다. 영어는 즐겁다. 나는 영어로 보는 것이 편하다. 나는 영어로 보고 듣는 사람이다.'로 만들어야 하는 이유입니다.

언제까지나 보상으로써 영상을 보게 하고 통제 속에서 아이의 정보 습득을 제한할 수는 없습니다. 인지 능력과 좋고 싫음, 취향이 만들어지기 이전에 영어를 익숙하고 편하고 좋고 재밌는 것이라는 믿음을 만들어주는 것, 아이를 2개 국어 사용자로 만드는 핵심입니다.

<조금 더 똑똑하게 노는영어> - 미디어 시청과 영유아 뇌 성장 보고서

영상 자료는 생후 24개월 이후부터 보여주세요. TV의 상용화 이후 미디어 시청이 아이들의 뇌 성장 발달에 끼치는 영향에 대한 연구는 꾸준히 지속되어 왔습니다. TV를 많이 본 영유아들의 집중력 저하, 발달 지연, 실행 능력 저하 등의 문제가 보고되어 왔습니다. 그러나 연구들의 공통적인 견해는 '영상 노출이 영유아의 뇌 발달에 직접적인 영향을 준다는 근거는 부족하다'였습니다. TV 시청 시간이 많은 유아들을 상대로 진행한 연구의 결과이지만 TV 시청만이 아이들의 성장 발달을 늦춘 요인이라고 볼 수는 없었던 것입니다.

2019년 영국 왕립보건소아과학회는 미디어 시청이 아이들의 신체적, 정신적 건강에 미치는 영향의 근거들에 대해 940개의 논문을 살펴보고 가이드라인을 발표했습니다. 영국왕립보건소아과학회는 영상 노출의 악영향은 과대평가되었고, 그 근거가 비교적 약하다고 발표했습니다. 그 이유로 영상 시청이 많았던 아이들의 발달 저하는 과도한 영상 시청이 아이들의 수면과 가족 간의 상호작용, 그리고 신체 활동 등 아동 발달에 필요한 시간을 확보하는 데 방해 요소가 되어 발생한 것으로, 미디어 시청에 악영향이라고 알려진 부작용들은 영상 시청으로 인해 희생된 긍정적인 활동을 강화함으로써 상쇄시킬 수 있다고 밝혔습니다.

즉 영상 시청 자체가 아이들의 발달 지연을 부르는 것은 아니고 또한 어느 정도의 영상 시청이 아이들에게 이로운지 해로운지 정할 수 없는 것이니 부모의 판단으로 아이의 깨어 있는 시간 중 영상 시청을 아이의 삶에 유의미한 시간으로 만들어주고 나머지 시간은 세상과 상호작용을 할 수 있도록 도와주는 것이 필요합니다.

2016년 발표된 미국소아과의사협회 가이드라인에 따르면 생후 18개월까지는 영상통화를 제외한 모든 미디어 콘텐츠 시청을 피하라고 권고합니다. 이 시기의 아이들은 미디어 콘텐츠를 시청하더라도 그 안에 담긴 의미와 내용을 이해하지 못합니다. 실제 세상에서 보고 만지며 상호작용을 하는 시기이기 때문입니다. 18개월 이후의 아이부터는 부모와함께 영상물을 시청할 수 있습니다. 이때도 제한적인 시간에 한하여 시청해야 합니다. 24개월 이후부터는 고품질의 콘텐츠를 기준으로 부모와 함께 시청하기를 권고합니다. 자녀의 이해를 돕고 자녀의 미디어 시청 습관을 만들어줄 수 있는 시기입니다.

24개월 미만의 아이들은 스크린에서 얻은 정보를 현실세계에 적용하는 것에 어려움을 겪습니다. 인지 능력이 부족한 이 시기의 아이들은 현실과 스크린속 세계를 별개의 세계로 인지하기 때문입니다. 아동 심리학자 조진 트로세스(Georgene L. Troseth) 박사는 한 연구에서 생후 24개월 아이들을 데리고 실험을 진행했습니다. 한 그룹에게는 방에 장난감을 숨기는 모습을 영상으로 보여주고 다른 그룹에게는 그 모습을 현장에서 실제로 보여줬습니다. 그 결과 미디어로 보여준 아이들은 방에서 장난감을 찾는 데 어려움을 보인 반면 현장에서 본 아이들은 쉽게 장난감을 찾을 수 있었습니다. 이를 통해 24개월 미만의 아이들은 영상 미디어로 학습하는 것이 어렵고 24개월 이후의 아이들은 학습은 가능하나 현실세계에서 물체와 사람과 상호작용하며 배우는 것 보다는 효율이 떨어진다는 것을 알 수 있습니다.

2. 초, 중, 고등학생

영어를 좋아하든 싫어하든, 대한민국에 영어를 잘하는 학생은 드물어요

자녀가 이미 한국어로 콘텐츠를 소비하는 데 익숙해진 학생이라면 어떻게 할까요? 핵심은 같습니다. 영어에 노출을 늘려서 영어로 보고 듣는 것을 익숙하게 만들고, 영어 자막을 이해의 보조 도구로써 사용해서 보고 듣고 읽는 영어 인풋을 총 동원하여 영어를 못하지만 영어 콘텐츠를 소비할 수 있게 만드는 것. 그리하여 관심사 주제를 영어로 보는 것이 재미있게 만들어서 주도적으로 노출을 늘리는 선순환을 만들어주는 것입니다.

학생들은 두 부류로 나뉩니다. 영어를 좋아하는 아이들과 싫어하는 아이들. 싫어하는 이유는 여러분도 잘 아실 겁니다. 외우고 문제 풀고 시험 보는 것이 재미가 없으니까. 뭐라는지 모르는 글을 주고 해석해서 문제를 풀라는데 누가 좋아하겠습니까? 반면 영어를 좋아하는 아이들도 있지만 좋아한다고 해서 영어를 잘하는 것도 아닙니다. 주로 영어 성적이 좋은 아이들이 영어를 좋아하지만, 〈노는영어〉에서 영어를 잘한다는 기준은 '내가 하고 싶은 말을 내 멋대로 영어로 떠드는 데 부끄러움이 없는 상태'를 말합니다. 즉, 영어를 좋아하든 싫어하든 영어를 잘하는 학생은 드뭅니다.

영어를 좋아하는데 왜 한마디도 못 할까요?

영어를 좋아하는데 시험 성적도 좋지 않고 말도 잘 못하는 학생이 있습니다. 그는 취미 생활을 영어로 해왔습니다. 헤드폰을 끼고 영어 사용자와 게임을 하고, 영어로 본인의 유튜브 채널을 운영해왔습니다. 그리고 영어로 콘텐츠를 소비하는 것에 익숙합니다.

이 학생과 면담을 하고 저는 〈노는영어〉가 정말 해결책인가에 대한 의구심이 들었습니다. 〈노는영어〉가 모두의 영어 문제를 해결해줄 답이 맞다면, 중학교 2학년부터 고등학교 3학년까지 영어로 놀아온 이 학생은 이미 영어를 잘해야 했습니다. 하지만 레벨 테스트를 위한 기초 질문에 답하지 못했습니다. 자기소개를 어려워했습니다. 뭐가 문제였을까요?

문제는 인풋과 아웃풋의 불균형에 있었습니다. 이 학생은 레벨 테스트에서 받았던 질문을 분명 이해했습니다. 하지만 대답을 할 줄 몰랐습니다. 안 해봤기 때문이죠. 자기소개도 할 수 있었습니다. 그러나 하지 않았습니다. 본인 머릿속에 떠오르는 말이 맞다는 확신이 없었고, 자신의 발음과 억양이 부끄러웠습니다. 그래서 안 하는 것을 택한 것입니다. 학생은 질문에 대답하기를 주저했습니다. 한국어로 답하는 것에도 말입니다. 이유는 간단했습니다. 자기 생각을 꺼내본 경험이 부족했기 때문입니다.

'내' 이야기를 해본 적 없는 아이들

주입식 교육은 아이들에게 생각을 표현할 기회를 주지 않습니다. 우리가 일상에서 하는 말들, 가족과 친구와 하는 말들은 생각이 필요 없는 패턴인 경우가 많습니다. 집안에서 하는 대화, 친구와 학교에서 하는 대화가 아이들이 말을 하는 대부분입니다. 그 대화를 관찰해본 적 있나요?

밥 먹어 – 응
학교 어땠어? – 재밌었어
시험 잘봤어? – 응
숙제 다 했어? – 응
주말에 놀러갈까? – 응
어디로 갈까? – 아무 데나
뭐 먹고 싶어? – 햄버거
야, 어제 드라마 봤냐? – (드라마 줄거리 이야기, 배우 이야기)

야, 어제 게임 어땠냐? – (게임 상황 이야기)

발표해볼 사람? – (제공된 지식 발표)

읽어볼 사람? – (문자 읽기)

뭔지 아는 사람? – (외운 지식 발표)

아이들이 하는 말의 대부분은 대답이거나, 해봤던 말이거나, 보고 듣고 읽은 것에 대한 설명이거나, 배우고 공부한 지식을 되새기는 것입니다. 해본 적이 없는 말을 하거나 나의 생각을 표현하거나, 나의 주장을 전달하거나, 내 의견을 설득하는 등의 '내' 이야기는 해본 경험이 적습니다. 남이 하던 말, 남의 반응, 남이 준 지식, 정보를 넣기만 했지 꺼내본 적이 없는 아이들은 한국어도 자기의 생각을 표현하라고 하면 잘하지 못합니다. 영어는 말할 것도 없죠.

다양한 질문으로 '말 자신감'을 심어주세요

그 학생은 수년간의 취미 영어로 대화의 흐름과 핵심을 짚어내는 좋은 감각을 가지고 있었습니다. 영어로 빠르게 말하는 화자의 말을 이해할 수 있고, 주어진 문자, 시각, 그리고 청각 정보를 활용하여 말의 의미를 추론할 수 있었습니다. 하지만 상대적으로 정보를 받아들이는 인풋(Input)의 경험이 내보내는 아웃풋(Output)의 경험보다 많았던 터라 언어 능력에 불균형이 나타났습니다. 듣고 읽는 인풋은 수준급이지만, 말하고 쓰는 아웃풋 측면에서는 영어를 모르는 사람이라고 봐도 무방했습니다.

학생에게 가장 먼저 필요한 것은 자신감이었습니다. 생각을 표현하는 능력은 언어를 공유합니다. 한국말을 잘해야 영어도 잘할 수 있습니다. 모국어가 한국어라는 이유로 모두가 한국어를 잘할 거라는 생각은 틀렸습니다. 스스로 생각하고 주장의 논리를 구성하여 상대방이 이해할 수 있는 말을 하는 능력은 많이 해봐야 생깁니다. 이미 한국어를 잘하니 연습은 쉽습니다. 자신감이 먼저입니다. 내 생각을 꺼내는 것에 대한 두려움, 틀리는 것, 이상하게 보이는 것에 대한 걱정을 내려놓고 생각나는 대로 꺼내 보는 것이 좋습니다. 자기가 한 말을 자기 귀로 들으면서 고칠 점을 스스로 알게 됩니다. 영어도 마찬가지입니다. 기준을 낮추고 일단 입 밖에 꺼내는 것은 언어 능력 향상에 필수입니다.

한국어를 이미 잘하는 한국인 학생에게 기준을 조정해줄 필요는 없습니다. 안 해본 말, 생각해본 적 없는 말을 하는 것에 자신감을 심어줘야 합니다. 아이들에게 '예, 아니오'로 대답할 수 없는 질문을 하세요.

밥 먹었어? → 밥 뭐 먹었어?
학교 어땠어? → 오늘 뭐 배웠어?
시험 잘 봤어? → 어떤 시험이 제일 어려웠어?

아이들의 답변을 토대로 질문을 이어가세요. 이유를 물어보면 좋습니다.

뭐 먹고 싶어? - 떡볶이 - 왜 떡볶이가 먹고 싶어?
오늘 학교 어땠어? - 좋았어 - 뭐가 좋았어?

아이들은 처음에 뭘 꼬치꼬치 캐묻나 싶고 귀찮아 할 것입니다. 하지만 나의 생각을 묻는 질문에 대답을 하다 보면 자신의 생각을 정리하여 말하는 연습을 하게 되고 말하는 데 재미가 붙습니다. 그리고 그 생각을 들어주는 상대에게 고마움을 느끼게 됩니다. 우리는 내 이야기를 들어주는 사람과 대화하는 걸 좋아합니다. 아이들에게 그런 사람이 되어주세요. 아이와 관계도 좋아질 뿐더러 질문이 거듭될수록 아이의 표현력도 향상될 것입니다.

아이들에게 하는 몇 가지 질문들

"How are you?" 저는 학생들에게 매일 질문합니다. 수업을 시작할 때 기분을 묻죠. 그 대답은 좋거나 나쁘거나 둘 중 하나입니다. 일상의 대화라면 좋다고 하면 그냥 넘어가겠지만 저는 대화를 이어갑니다. 자기가 모르면 아무도 알 수 없는 내면의 감정과 생각을 표현해보는 연습은 언어의 전반적인 능력 향상을 가져옵니다.

"Why?" 기분이 좋다는데 이유를 물어보는 것이 일상적인 대화라면 이상할 수도 있지만 저는 좋든 나쁘든 이유를 물어봅니다. 이유를 경청하고 추가 질문을 던집니다. 그때 기분이 어땠는지, 어떤 생각이 들었는지를 묻습니다.

"What did you do today?" 그리고 오늘 하루 동안 뭐했는지 하루를 돌이켜볼 기회를 줍니다. 하루를 돌이켜본 경험이 없는 아이들은 자기가 그날 뭐했는지 기억하는 데 시간이 걸립니다. 하지만 금세 익숙해집니다. 하루에 하는 일들은 뻔하거든요.

이런 질문들은 영어 말하기에 익숙해지게 만들기 위한 질문입니다. 한국어와 어순이 다른 영어를 간단한 문장이지만 매일 말하다 보면 주어, 동사, 목적어의 순서가 몸에 배게 됩니다. 그날의 일을 물은 질문에는 언제나 과거형 동사를 사용해서 말하게 됩니다. 그것에 익숙해지면 그 말에서 동사의 시제만 바꿔 다른 말을 할 수 있게 됩니다. 그렇게 영어 아웃풋에 익숙해지도록, 그리고 자기 생각을 표현해볼 수 있도록 매일 10분을 투자합니다.

언어 능력 향상을 위한 질문은 개인적이거나, 정답이 없어야 합니다. '범인은 누구일까?'가 아닌 '범인이 누구라고 생각하니? 왜?'가 되어야 합니다. 스스로 생각하고 자기의 생각을 주장으로써 상대방에게 전달하는 연습, 상대방을 이해 또는 설득시키기 위한 논리와 근거의 사용은 이론으로 배울 수 있는 것이 아닙니다. 아이에게 영어 콘텐츠를 보여주고 내용을 파악해본 뒤에 질문을 해보세요.

'누가 제일 좋니?', '네가 주인공이었다면 어땠을까?', '걔는 왜 그랬을까?' 아이 스스로 내용을 되짚어보고 그것에 대한 자신의 생각을 표현할 기회를 주세요. 물론 한국어로요. 단답으로 대답하면 질문을 이어가세요. '왜? 왜 그렇게 생각해?' 짧게 대답해도 화내지 마세요. 안 해봐서 그런 것뿐입니다. '그랬구나 나는 이렇게 생각하는데….'라면서 예시를 보여주는 것도 좋습니다. 바로 대답을 못 해도 답답해하지 마세요. 아무 말하지 말고 재촉하지도 말고 조용히 아이 입을 보면서 기다려주세요. 생각할 시간을 충분히 줘야 합니다. 대답이 바로 나오지 않는다고 재촉하거나, 답을 말해버리면 아이가 스스로 생각하고 깨닫는 기회를 뺏는 것입니다.

우리가 10년 동안 영어를 배웠지만 영어를 못하는 이유, 졸업과 동시에 과학, 수학, 역사와 멀어지는 이유가 이와 같습니다. 배웠지만 배운 것이 아닙니다. 주입 받은 것입니다. 정답과 중요한 부분을, 시험을 위해 외워야 하는 부분을 주입 받았고 주입 받은 지식은 임시 기억에 머물렀다 사라지기 마련입니다. 스스로 고민하고 이해해야 합니다. 그래야 내 것이 됩니다. 충분히 기다리면서 아이에게 할 수 있다고 말해주세요.

'나는 너의 생각을 물은 거야. 이 질문에는 정답이 없어. 네가 말하는 모든 것이 정답이야. 괜찮으니까 생각나는 대로 말해봐.'

정답을 맞춰야 하는 것에 익숙해진 아이들은 자신의 생각에 확신이 없으면 말하기를 꺼려합니다. 틀리는 것이 두렵기 때문입니다. 나의 생각을 말하는 데 맞고 틀리거나 좋고 나쁜 대답은 없는 거라는 믿음을 심어주세요.

티칭이 아니라 코칭을 해주세요

우리가 자녀들의 영어 교육을 하는데 있어서 가져야 할 자세는 무엇일까요? 티칭(Teaching)과 코칭(Coaching)의 차이로 설명할 수 있습니다. 티칭은 가르치는 것입니다. 누군가가 정립해놓은 검증된 지식을 당사자가 아닌 대리인으로서 아이들에게 전달하는 것이 티칭입니다. 그것에 대한 이해보다는 지식 습득이 목적입니다. 피타고라스의 정의를 가지고 각도를 구하는 법, 달리는 기차의 속도를 구하는 법, 하늘이 파란 이유 등 누군가가 발견한 이 세상의 지식을 함께 알기 위해 아이들에게 가르치는 것이 티칭입니다. 반면 코칭은 함께 걷는 것입니다. 먼저 경험한 바에 따라 수강생이 어떻게 하면 효율적으로 배울 수 있는지 돕는 역할을 합니다. 무언가 배운다는 결과는 같으나 과정이 다릅니다.

지식을 습득하는 티칭과 달리 코칭은 지식을 발견합니다. 검증된 지식을 발견한 사람들이 그랬던 것처럼 코칭은 스스로 지식을 발견하고 내 것으로 만든다는 점에서 티칭과 다른 배움을 경험합니다.

〈노는영어〉를 하면서 우리가 아이들에게 해줘야 하는 것은 코칭입니다. 방향을 정해주는 것이 아니라 방향을 정하는 과정부터 함께 고민해야 합니다. 아이들은 좋고 나쁜 것, 옳고 그름의 기준, 그리고 취향이 형성되기 전입니다. 어쩌면 그들 자신보다 그들을 잘 아는 것은 아직 부모일 것입니다. 여태껏 관찰해온 아이의 성격적 특징, 취향, 집중의 정도, 관심, 학습 스타일 등을 토대로 아이가 나아갈 방향을 정하는 데 도움을 줘야 합니다. 스티브 잡스는 이렇게 말했습니다.

"대부분의 경우 사람들은 그들이 원하는 것을 보여주기 전까지 그들이 무엇을 원하는지 모른다."

아이들에게 필요한 것은 아이가 좋아할 만한 정보를 아이들의 취향과 성격과 체력에 맞게 보여주고 제한해주는 것입니다. 그러기 위해선 아이들과의 교감이 필요하겠죠. 본인이 아니면 아무도 모를 그들의 기분과 생각을 물어보세요. 그리고 그 답에서 아이들의 특징을 파악하는 것, 아이들에게 해줄 수 있는 코칭의 시작입니다.

느려도 확실하게

〈노는영어〉를 하는 학생들은 적당한 양의 지식을 온전히 이해하여 자신의 것으로 만듭니다. 배고픈 이에게 물고기를 주기보다 낚시하는 법을 가르치는 것. 스스로 배우고 생각하는 법을 알려주는 연습. 아이들의 앞으로의 삶에 중요한 기술이 될 것입니다. 그래서 〈노는영어〉의 진도가 상대적으로 느리게 느껴질 수 있습니다. 하지만 진도보다 중요한 것은 아는 즐거움을 느끼는 것입니다. 아이들은 주어진 시간에 스스로 고민하고 생각합니다. 문제의 답을 알려주기보다 문제의 답을 찾는 방법을 배우는 것이 중요합니다.

틀린 설명하기

일부러 틀리는 것도 소통을 위한 좋은 방법이 될 수 있습니다. 아이에게 설명했던 것을 다시 설명해줄 때, 아이가 아는 것을 언급할 때 일부러 틀리게 설명해보세요. 처음엔 그것을 알아채지 못할 수도 있습니다. 아이들은 어른들이 하는 말에 대한 신뢰가 높기 때문입니다. "아, 맞다. 틀렸네. 이게 아니지. 너는 알고 있었지?" 부모가 틀릴 수도 있다는 점과 그것을 아이가 눈치채지 못했다는 것을 들키지 않도록 포장해서 알려주세요. 그럼 아이는 자기가 안다는 것을 인정받은 기분과, 모든 것을 다 안다고 믿었던 부모가 틀릴 수도 있다는 깨달음, 그리고 그 틀린 것을 내가 찾아낼 수도 있다는 생각에 당신의 설명에 집중하게 됩니다.

매일 할 필요는 없습니다. 어쩌다 생각났을 때 한 번, 헷갈려서 틀리는 정도의 느낌으로 틀려주세요. 그리고 아이가 틀린 것을 찾았을 때 아이의 지능이나 암기력을 칭찬하지 말고 그것을 발견한 관찰력이나 집중력, 예리함, 노력을 칭찬하세요.

틀린 질문하기

틀린 설명만이 아니라 틀린 질문을 하는 것도 소통에 좋은 기술입니다. 우리 인간은 단순히 남들에게 도움이 되길 바라는 마음에 지식을 입 밖으로 꺼내는 수고를 하지 않습니다. 우리는 그 방에서 가장 똑똑한 사람이 되기 위해 내 지식을 입 밖으로 꺼냅니다. 확실하지 않은 정보는 나에 대한 신뢰만 깎을 뿐입니다. 하지만 내가 안다고 확신하는 정보를 남에게 말할 때는 대화를 듣게 될 주위 사람들에게 내가 안다는 것을 보여주고 싶은 마음이 내면에 자리잡고 있습니다.

이런 본성을 이용한 것이 '틀린 질문하기'입니다. 아이들에게도 일부러 틀린 질문을 해보세요. 영어 관련이 아니어도 좋습니다. "진환이가 그 축구 잘한다는 애 맞지?" 그럼 아이는 진환이에 관한 이야기와 축구를 잘하는 또 다른 친구에 대해 이야기할 것입니다. 거기에서 아이의 주변인에 대한 정보를, 그리고 질문을 이어갈 수 있는 힌트를 얻을 수 있을 것입니다. 그러나 주변인이나 일상에 관한 틀린 질문은 자주 하면 안 됩니다. 자신에게 관심이 없는 것으로 보일 수 있거든요.

학습에 관한 질문도 좋습니다. 오늘 뭘 배웠는지 물어보고 그 주제에 대한 틀린 질문을 해보세요. "한국의 수도는 서울이지, 그럼 한양은 어디지?" 아이로 하여금 자기가 아는 지식을 설명하게 함으로써 자신이 똑똑한 사람이라는 기분이 들게 해주세요. 똑똑하다는 칭찬을 받는 것과 스스로 자신이 똑똑하다는 기분을 느끼는 것은 다릅니다. 전자는 자만하지만 후자는 똑똑한 사람이라는 느낌을 더 받고 싶어서 노력하게 됩니다.

질문법을 통해 아이가 자기의 기분과 생각을 표현하는 연습을 시키고 스스로 깨닫는 즐거움과 아는 것을 남에게 설명하는 재미를 느끼게 해주세요. '잘한다 잘한다' 칭찬만으로는 본인이 진짜 잘하는지 알게 할 수 없습니다. 직접 경험해봐야 합니다.

본인의 표현이 자기가 들어도 괜찮았던 경험, 해본 적이 없어 단답으로 하던 말을 생각할 시간을 거쳐 입 밖에 꺼냈더니 생각보다 할 만했던 경험, 설명에 집중했더니 틀린 점을 찾을 수 있었고 내가 그만큼 아는 게 많을지도 모른다는 믿음, 상대방의 틀린 정보를 고쳐주면서 내가 인정받는 기분과 내가 노력하면 똑똑해질 수도 있다는 희망, 그리고 남에게 도움이 될 때 기분이 좋아지는 경험. 이런 것들을 통해 아이는 스스로 생각하고 주도적으로 배우며 그것을 자신 있게 표현하고 노력과 집중의 힘을 깨닫게 됩니다. 그런 것을 아는 아이는 주입식 교육의 현장에서도 효율적으로 공부할 수 있고 공부에 여유가 있기에 주위 사람들에게 신경 쓸 줄 아는 사람이 됩니다.

4. 자녀를 위한 무료 콘텐츠 추천

유튜브에서 다양한 콘텐츠를 접할 수 있지만 너무 많은 선택지 중 어떤 것이 좋은지 선택하기 어려운 분들을 위해 몇 가지 추천합니다.

사실 외국인인 우리가 영어를 학습하는 데 나이를 구분하는 것은 의미가 없습니다. 경우에 따라 성인들도 어린이 만화를 이해할 수 없기 때문입니다. 하지만 이렇게 나이와 학년을 구분하여 콘텐츠를 추천하는 이유는 해당 콘텐츠의 타겟 연령층에 따른 콘텐츠 내의 영어 표현이 다르고 각 연령층마다 관심 있는 주제가 다르기 때문입니다. 〈노는영어〉에서 중요한 것은 시작할 때의 실력이 아니라 당사자의 관심입니다. 드라마를 알아들을 수 있는 아이라도 어린이 콘텐츠를 좋아할 것이고, 어린이 콘텐츠조차 이해할 수 없는 어른이라고 해서 어린이 콘텐츠를 억지로 보며 영어 실력을 키울 필요는 없습니다.

영유아(만 2세 이상)

1) Dave and Ava

2021년 기준 1,300만 구독자를 지닌 영유아 전문 교육 애니메이션 채널입니다. 현실감 있는 움직임의 캐릭터들이 세상을 경험하는 이야기를 담고 있습니다. 주인공 캐릭터인 데이브와 에바는 노래를 할 때를 제외하고는 말을 하지 않고 보고 만지고 듣고 배우는 것을 시청자와 함께합니다. 생활예절부터 시작하여 알파벳, 수의 개념, 색깔, 사물 등 간단한 어휘를 직관성 있는 영상과 함께 노래로 배울 수 있습니다.

2) Vlad and Niki

6,600만 구독자를 보유한 어린이 유튜브 채널입니다. 18개국 언어로 운영할 만큼 전세계적인 인기를 누리고 있습니다. 장난감 리뷰, 장난감 가지고 놀기,

요리, 여행을 아이들의 관점으로 촬영한 콘텐츠를 업로드합니다. 깔끔한 촬영과 뛰어난 영상 편집 기술로 아이들의 상상을 현실로 만드는 영상으로 인기가 많습니다. 화려한 색상의 장난감을 가지고 노는 아이들이 간단한 의사표현, 감탄사, 의문문 등을 말합니다.

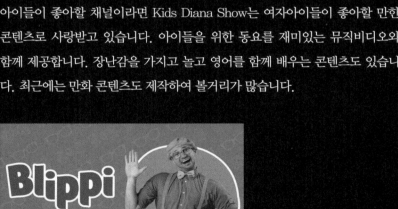

3) Kids Diana Show

7,800만 구독자의 사랑을 받는 여자아이입니다. 앞의 Vlad and Niki가 남자아이들이 좋아할 채널이라면 Kids Diana Show는 여자아이들이 좋아할 만한 콘텐츠로 사랑받고 있습니다. 아이들을 위한 동요를 재미있는 뮤직비디오와 함께 제공합니다. 장난감을 가지고 놀고 영어를 함께 배우는 콘텐츠도 있습니다. 최근에는 만화 콘텐츠도 제작하여 볼거리가 많습니다.

4) Blippi

1,200만 구독자를 거느린 어린이 콘텐츠 채널입니다. 성인 진행자가 아이들의 관점으로 장난감을 가지고 놀고 놀이터에서 노는 모습을 촬영한 영상인데

요, 섬세한 연출과 촬영이 돋보입니다. 아이들을 촬영한 콘텐츠와 달리 성인 진행자가 직접 체험하고 설명한다는 점에서 언어 습득의 기회가 풍부합니다.

초등학생

1) Ryan's World

3,000만 구독자와 함께 체험하고 실험하는 유튜브 채널입니다. 장난감을 가지고 노는 콘텐츠를 올리던 채널에서 주인공 아이가 성장하면서 아이와 함께 요리를 만들고 과학 실험을 하는 등 다양한 볼거리를 제공합니다. 부모님도 함께 나와서 대화하는 모습을 볼 수 있어 다양한 상황에서 사용하는 표현을 습득할 기회가 있습니다.

2) Raising da Vinci

4만 명의 구독자를 거느린 어린이 채널입니다. 과학 실험이 주를 이룹니다. 앞의 Ryan's World는 아이를 주인공으로 하여 신기하게 보이는 영상 편집을 한 반면 Raising da Vinci는 엄마의 관점에서 실제로 멋진 과학 실험을 아이에게 시켜줍니다.

화려하고 자극적인 영상으로 아이들의 시선을 사로잡지는 않지만 직관적인 촬영 기법과 자세한 설명으로 교육적으로 좋은 채널입니다.

3) Peppa Pig

전세계의 사랑을 받는 영국의 어린이 만화입니다. 단순하고 귀여운 그림체가 마치 영유아용 만화인 것 같지만 대화의 수준은 외국어를 배우는 학생들에게 적합합니다. 아기 돼지 페퍼와 가족들의 일상을 담은 내용인데, 매 화마다 다양한 상황에서 사용할 수 있는 표현들을 배울 수 있습니다.

영국식 영어를 접할 수 있는 콘텐츠입니다. 각 시즌마다 등장인물들의 표현력, 어휘력, 문장의 길이, 말의 속도가 조금씩 성장하여 영어를 배우고자 하는 학생들에게 도움됩니다. 학생의 수준에 따라 고등학생도 페퍼피그로 연습할 수 있습니다.

시즌 1~2까지는 말도 느리고 표현도 단순하지만 시즌3부터는 영어에 대한 이해도가 요구되며 시즌4부터는 원어민 아이들의 일상 대화 표현이 등장합니다.

저는 시즌4의 대화를 소리만 듣고 완전히 이해하며 그들처럼 생각을 표현할 수 있는 수준을 영어권 어린이의 4세 수준. 즉 제2의 언어로 영어를 사용하는 수준이라고 평가합니다.

1) BuzzFeed

2,000만 구독자를 거느린 종합 유튜브 채널입니다. 요리, 실험, 비교, 육아, 인터뷰, 운동, 과학, 유명인, 체험, 여행 등 다양한 주제의 고품질 콘텐츠를 제공합니다. 촬영 기법부터 편집까지 빈틈이 없습니다. 저는 버즈피드에서 볼 만한 것이 없기 힘들다는 말을 유튜브 추천을 바라는 지인들에게 하곤 합니다.

2) National Geographic

자연 다큐멘터리를 주로 다루는 미국의 TV 채널입니다. 유튜브에는 다큐멘터리의 일부를 짧게 편집해서 업로드 합니다. 바다, 산, 정글의 동식물들을 실감나게 볼 수 있습니다. 앞서 언급했듯 다큐멘터리는 다른 콘텐츠에 비해 영어 학습에 있어서는 난이도가 높은 편입니다. 화자의 표정과 입 모양, 상황 등으로 말의 의미를 추측해야 하는데 다큐멘터리는 대상에 대한 시각 자료를 보여주면서 내레이터의 설명을 들어야 하기 때문에 말에 의미를 추측하기 어렵습니다. 하지만 콘텐츠를 소비함에 있어 중요한 것은 수준보다 관심입니다. 궁금한 것을 알고 싶고, 보고 싶은 것을 보다 보면 난해한 말과 표현도 익숙해지기 마련이고 이후 시청하는 일상 대화는 쉽게 느껴집니다.

3) Jimmy Kimmel Live

미국의 TV쇼입니다. 지미 키멜이라는 진행자가 게스트를 인터뷰한다는 점은 다른 TV쇼들과 큰 차이가 없습니다. 하지만 지미 키멜 쇼는 어린이들을 대상으로 장난을 치고 인터뷰를 하는 콘텐츠가 있는데 외국인인 우리가 보기에 쉽고 재미있습니다. 일반인들이 할로윈에 자녀들의 할로윈 사탕을 다 먹어버렸다고 아이들에게 말하고 그 반응을 찍어 올린 것을 모은 할로윈 캔디 시리즈나, 어린아이를 대상으로 가짜 거짓말탐지기로 장난치는 시리즈, 길거리 어린아이들을 대상으로 인터뷰하는 콘텐츠는 누구나 부담 없이 보기 좋고, 영어권 국가 아이들의 일상 대화를 간접적으로 체험할 수 있습니다. 다시 한 번 말하지만 우리는 영어권 국가의 4세 아이 수준의 영어가 목표입니다. 아이들이 듣고 말하는 것을 유심히 관찰하고 따라 합시다.